主办　中国修辞学会

主编　胡范铸　甘莅豪

# 中国修辞

ZHONGGUO XIUCI

2017

学林出版社

# 目　录

## 本卷特稿



## 中国修辞学年度论文选



## 中国修辞学会年度论文选



## 重要学术活动述评

## 全国修辞学博士论文文摘选

·本卷特稿·

# 语用研究的逻辑断裂与理论可能*

胡范铸

（华东师范大学，上海 200062）

语用学研究已有几十年的历史，引起了越来越多的关注。不过，在理论建构上，迄今为止，学术界很少注意到现有的语用学存在着深刻的逻辑断裂，由此，也就忽略了巨大的创新可能。

## 一、语用研究的逻辑断裂

科学、系统的理论应该是基于某一个基本假设和核心概念而逻辑展开的一个过程，它应该有效地覆盖已知的、有关的各种理论命题，但现有的语用学教材或者著作都无法做到这一点，存在着三个断裂：

第一，语用学的基本假设与工具性范畴之间关系的断裂。语用学的基本假设是什么？它有哪些工具性范畴？基本假设与工具性范畴之间有何逻辑关系？迄今没有语用学著作对此加以有效说明。

第二，范畴与范畴之间的关系的断裂。语用学现有范畴之间的关系是离散的，预设、指示、蕴含、会话结构一个一个地讨论，但对彼此之间的关系几乎毫不理会。离散的范畴有它的价值，但很难说可以构成一个学科，最多只能形成研究的态势和领域。

第三，覆盖的理论命题之间关系的断裂。这表现为：一是关注的命题相当有限，语用学讨论来讨论去，只是"指示的种类"、"会话结构如何分析"、"直接言语行为与间接言语行为的关系"等，其他东西几乎都付之阙如；二是语用学讨论的这些命题与其他学科讨论的命题本来具有高度的关联性，可是，现有的语言学研究似乎依然视而不见。例如，一说言语行为，就只想到"阐述"、"指令"之类。顾名思义，"政治言语行为"也是言语行为，但任何一本语用学教材里都不加讨论；"演讲"应该也是言语行为，语用学教材里也没有。再如，汉语语法学中有陈述、指令、疑问、感叹四大语气。语气就是言语行为的功能类型。由此似乎应该是语用学的题中应有之义，可是现有的语用学著作对此依然不管不顾。凡此种种，那么多的与语言运用有关的问题，语用学著作几乎都不加以关注，这不能不说非常遗憾，无疑也制约着语用学的进一步发展。

不过，这也为后来者的理论创新提供了具有诱惑力的可能。

我们认为语用研究有三大基本问题：第一，语用学应该怎么定义？第二，语用学有没有核心概念？如果有，到底该如何确定？第

---

* 本文为"语言学研究新动态暨 2016 年《外国语》高层论坛"专家发言稿。

基金项目　国家社科基金项目"新媒体条件下政治传播与国家形象修辞案例库建设研究"（批准号 16BZZ001）。

作者简介　胡范铸，教授，华东师范大学国家话语生态研究中心主任。研究方向为语用学、国家和机构形象修辞学、政治传播等。

三，语用学的范畴有没有体系？如果有体系，应该如何推演？

对于这三大问题，西方语用学著作几乎不加思考，可是，西方学者没有做的中国的学者就不能做吗？答案显然应该是否定的。

## 二、语用学如何定义

什么是“语用”？通常有不同的定义方法，最简单的、基于日常经验的定义就是“语言的运用”，由此，所谓语用学，就是语言使用学或者说语言运用学。第二种是基于符号学的定义：符号与符号的关系是所谓的句法问题，符号与所指的关系是所谓的语义学，符号与使用者的关系是所谓的语用学。这似乎很有道理。但是，很多东西很难一定概括为语言符号是与使用者之间的关系。就拿语用学的基本范畴来说，指示、预设多大意义上与使用者有关呢？更多的应该是语义问题，比如“预设”，最基本、最核心、最典型的预设是“语义预设”，这一术语本身是否已经显示：说语用学只是“符号与使用者的关系”难以成立。又有说语用学就是“结合语段和说话者来确定话语的含义”的这样一种理论，这似乎也有道理。但是，能否据此在更上位的概念中确立它的合适位置，依然令人疑惑。

语用学跟语言学什么关系？

人们通常会说语用学是语言学的下位学科，是研究语言运用的下位学科，研究语言符号体系的运用，等等，但是另外的知识又告诉我们，修辞学也是语言学的下位学科、分支学科，它也研究语言运用，那么，修辞学跟语用学什么关系？有人说，这是完全不一样的。对，是不一样，从学术传统来说，西方修辞学从亚里士多德开始，一直到今天的修辞学，更多的是以“说服”为中心，汉语的修辞学更多地以“美化”为中心，语用学则是这几十年从语言哲学当中分化而来的，两者似乎很不一样，学术传统很不一样。但是，如果回到理论的起点上来考察，既然语用学是研究语言运用的，修辞也可以定义为语言运用的过程，那么，两者实质上是完全一样的。尽管大多数学者都认为它们是有分别的，但在我的理解中，在本质上这两者是一回事情，只不过有些学者更强调这一方面，有的学者更偏重那一方面，都被原有的所谓的路径所束缚。从发展看，从本质上看，都是一回事情，也就是修辞学就是语用学，语用学就应该是修辞学。

那么，在这个意义上，语用学也罢，修辞学也罢，又该如何定义呢？这就需要在元语言理论意义上对语用学重新思考，需要重新思考“什么是语言学”？

语言学最简单的定义就是“对语言现象、语言问题系统性的、理论性的思考”，如果这个定义能成立，它就可以覆盖所有的现有的对语言的研究。那么，接下来就是第二个问题：语言学中的“语言”其实是有多种定义的，可以把语言定义为符号体系，但也可以把语言定义为其他东西。由此就产生了各种“语言学”：语言学$_1$是“基于语言是符号体系假设的语言学”，语法学、音系学等都是在这个思想指导下展开进行研究的。但语言不仅仅可以定义为“符号体系”，它还可以定义为“行为过程”，就发生学的角度而言，语言最初就是一种行为，符号体系是后来的事情，这样就有了“基于语言是行为过程假设的语言学”，这是语言学$_2$。其实，语言不仅可以定义为符号体系和行为过程，它还可以定义为“社会制度”，这样就有了“基于语言是社会制度假设的语言学”。国家语委的核心工作就是要关心作为社会制度的语言或者语言制度在整个社会制度中如何恰当地安排的问题，关心作为人权的一个部分的语言权利在社会当中如何得到恰当的安排，作为人权的一个部分的语言权利如何与其他权利相匹配。

有不同的假设，就有不同的语言学。因此，语用学并不是“基于符号体系假设的语言学”的下位学科、分支学科，而是与“基于符号体系假设的语言学”不同面向的另外一种语言学。

## 三、语用学的核心范畴如何提取

如果说语用学就是基于语言是一种行为过程假设的语言学,则它有没有核心概念?如果有,这个概念能否确定?如何确定?

语用学研究有哪些重要范畴?最典型的语用学著作告诉我们:预设、指示、会话结构、语境等。问题是这些范畴之间有联系吗?假如把语用学教材的第一章、第二章、第三章、第四章等章节的顺序全部打乱,似乎也没有大问题,因为它不是一个层层递进、逻辑推演的过程。

什么概念才能够成为语用学的核心范畴?"语境"行不行?有人就试图从语境的角度考察语用学,但是,如果以"语境"为核心,是不是应该叫作"语境学"呢,何以还是"语用学"?有人试图将"顺应"作为核心概念,可是,顺应只是语用问题之一,何况语言运用从来不会简单地一边倒地顺应,言语行为跟语境之间就不能说只是顺应关系:没有言语行为哪来语境,双方应该是彼此建构的关系。有人试图将"关联"作为核心概念,关联是很重要,但是关联也不能解决所有的问题。还有人试图将"模因"作为核心概念,可是,模因论更是比喻性的概念,难以确切解释语用的基本过程。

到底什么才是语用学的核心范畴?我以为应该是"言语行为"。首先,这是由于只有"言语行为"才能够统摄语用学的各种范畴:预设、指示都是指言语行为和它的语境的关系,会话结构只是言语行为的一种结构方式,直接言语行为、间接言语行为就更不用说。更重要的是,我们可以从对语用学的基本定义开始推演出其核心范畴:既然语用学就是研究人们如何用语言来实现自己意图的一种过程,很自然地,它的核心范畴就应该是"言语行为",用这个核心范畴才能推导出一系列的其他范畴。

这里的言语行为到底怎么定义?根据我对言语行为的重新定义,所谓言语行为,它大概可以分为三个层面:

第一,人类以言语实施自己意图的行为。动物都有动作,这些动作当中有些是互动性的,有的是非互动性的;在互动性的行为当中,有的是表达某种信息的,有的是无所谓传递某种信息的;在互动性传递信息的行为当中,有的是用语言来实现的,有的是用非语言(如画幅画,做个动作等)实现的。"用语言表达自己意图的互动性行为"就是言语行为。

具体地说,言语行为就是指:某行为主体在一定的人际框架和语境条件中,根据自己的意图结构出一个语篇,借助一定的媒介,使得另外的行为主体做出有关联的反应这样一种游戏。

再具体地说,是指一种言语行为的话语部分。我们现在语言学研究言语行为,理论上牵涉到说话人、听话人,但在分析句子的时候,实际上都是分析它的话语部分,很少把前后关联放进去。

## 四、语用学的范畴体系如何构拟与推演

语用学的范畴体系能不能构拟?如何构拟?如何推演?对言语行为的重新定义其实已经包含了它的一系列的可以推演的工具性范畴。

其中,一是"行为主体"。任何言语行为都要有行为主体。

二是"人际框架"。任何言语行为都是在一定的"人际框架"中实现的。一般以为,人际框架只是"我"和"你"的互动,通常认为,言语交际就是"我说你听"的过程。有人就提出人称代词分为:一类叫人称代词,另一类叫人际代词:第一人称和第二人称是直接参加言语交际的,所以叫人际代词;第三人称不参加交际,所以只是人称代词。这话似乎很正确,可以找很多语料来证明,但是经不起老百姓俗语的追问。我们平常说"隔墙有耳",一个帅哥带着个美女到宾馆去,隔音效果很差,一定会深

刻地影响他想说什么和怎么说？这里显然第三者也在无形中参加了交际。语言生活中不但有“隔墙有耳”，还有“反隔墙有耳”。在《三国演义》里面，周瑜半夜升帐，蒋干在旁边偷听，自以为听到了秘密，其实周瑜就是专门让他偷听的，这就是反隔墙有耳。中国政治语言、中国新闻语言最大的缺点就是缺乏第三者意识、他者意识。可以说，有没有第三者意识是成人语言和儿童语言的根本性区别，是语言现代性的重要标志之一，也是理性语言和巫术语言的根本性区别，跳大神如入无人之境，但是任何一篇论文都要经得起全世界读者的检验。也就是说，一个完整的人际框架是“我、你、他”三者之间互动的关系。三者中，“我”是说话者，“你”是听话者，“他”是监督者；而“我”又可以进一步分化为“动作实施者”和“动机提供者”两种角色。这在语言生活中，一般是无标记匹配的：“我”想说的就是我说的，“我”想吃饭，“我”说我想吃。但是很多时候它是分离的，两个律师庭辩，恶狠狠地好像要把对方杀掉的样子，你以为他们真的是那样啊？为什么律师要攻击得那么起劲呢？是委托人出钱的呀，动机的提供者是委托人，动作是律师提供的。钱钟书有个比方，说律师辩护的时候就像你一把刀砍过来，我一把刀砍过来，不过这个刀是剪刀，剪刀的特点是什么呢？两个刀砍来砍去，彼此毫无损伤，倒霉的是夹在当中的当事人，对于律师来说，诉讼费越多，他们砍得越厉害，但他们自己一点没损伤。（胡范铸，2009b）

三是“语境”。语境有各种参数。

四是“意图”，言语行为就是用语言实现自己意图的过程，意图有意图的基本结构等。

五是“语篇”。言语行为小到一句话，大到语篇，甚至超语篇，就是若干语篇构成一个超语篇。

六是“媒介”。用口语说出来、用文字写出来或者用键盘打出来一定会深刻影响你的句法语义。

七是“规则”。言语行为是说话者使得另外的行为主体做出有关联的反应这样一个事件，这个事件也是一种游戏。维特根斯坦说语言本质上是一种游戏。游戏有几个特点：第一，可选择性，你可以说中文，你也可以说英文，甚至不说话。第二，一旦说就要遵守规则。

八是行为类型。

……

这样，语用学可以成为不断推演的过程：核心概念就是言语行为，然后既可以推演出一系列工具性范畴，又可以推演出一系列理论命题。

就拿行为类型来说，我们一说言语行为就分为五类，因为奥斯汀分五类，塞尔后来也分五类，只不过分类标准不一样，塞尔还振振有词，批评奥斯汀的理论只是对英语动词的分类，不是对言语行为的分类。他自己不是也这样吗？难道只能这样分类吗？政治言语行为是不是言语行为？也是。撒谎是不是言语行为？也是。可是，在迄今的语用学的言语行为类型中，都没有合适的位置。由此，我们认为言语行为可以这样分类：第一是动作类型，第二是领域类型，第三是风格类型。

规则系统同样也是的，规则有构成性的规则，还有策略性的规则。传统修辞学讲的辞格，其实都可以归为策略性规则的组成部分。说构成性规则，也得分析言语行为的最高原则是什么。对此，有人说是“得体”，其实不对，得体不是语言运用的最高原则。有一个段子，说三个转业军人，有一个当了区委书记，另外两个约好某一天去看他，结果到了门口，请保安打电话进去，求见，拿起电话说“请总机转张书记”，总机就回答说，“对不起，张书记不在”。约好的，怎么会不在？然后过五分钟再打电话，想想刚才好像不太礼貌，不够得体，“对不起，小姐，麻烦你一件事情，能不能转张书记？”总机更干脆：“不在！”。想想不对，另外一个战友过来，“哪有你这样打电话的？”“喂，我找张某某！”马上通了。为什么，越客气越说明是下级呀。得体是语言运用的最高原则吗？显然难以成立。合意，完成自己的意图才是言语行为的最高原则。你今天想骂某人，他欺负了你，你会不会很有礼貌地说："我今天要骂你哟，不好意思哦，对不起哦，我马上要开骂了哦！"哪有这样骂人的？你的意图是什么？你要发泄你的愤怒，痛痛快快骂就是。因此，所有言语行为的最高准则都是"合意"。（胡范铸，2009a）不过，仅有合意行吗？还不够，还要"合法"，因为言语行为是一个互动过程，合法就是要对方能够接受，第三方能够接受。第三，"合算"。任何言语行为都是有成本的，你今天早晨只是跟对方打个招呼，可以随便点个头"嗯"一下，因为日常的言语行为所谓套话、礼节性的话，它的意图很简单，所以他愿意动用的成本也很低；但如果你要去买套房子，能够随便点头"嗯"一下吗？越是重要的言语行为，越要动用更多的成本去实现。言语行为有构成性的规则，只有满足构成性的规则，才能考虑它的策略性的规则。

就拿理论命题来说，当然也有各种可能性，如政治语言、新闻语言、法律语言、广告语言、教学语言，它的构成性规则如何确定？策略性规则如何研究？我们一说语言的技巧，马上想到文学语言，这个作家用这个技巧，那个作家用那种技巧。其实，技巧最复杂的是政治语言。因为它对人的生活影响太大了，政治语言里面的所谓技巧、花样、策略很多，可惜中国还没有多少人认真研究过政治语言学，常常把毛泽东著作中语言的"句子生动""比喻形象""成语准确"之类就当作政治语言研究的主要话题。

这样一个框架还可以继续不断地向前推演。比如刚才说到的语气问题，现代汉语语法学有四大语气，包括陈述、疑问、祈使、感叹，而语用学谈到言语行为的动作类型则把它分成五类，阐述、指令等等，彼此如何衔接？我们说言语行为是什么？某行为主体在一定的人际框架和语境条件中，根据自己的意图结构出一个语篇，借助一定的媒介，使得另外的行为主体做出有关联的反应这样一种游戏。首先，言语行为的基本角色，动作角色分为给与和索取，根据给与、索取标的物的不同，给与信息就是陈述，索取信息就是询问；给与动作是承诺，索取动作就是指令。非常清晰，不要管那么多复杂的标准。而且这样可以进一步深刻地回应语法学当中很多错误的认识，例如，语法学中有一个流行很多年的错误认识：疑问句包括有疑而问和无疑而问，无疑而问就是反问。这是通常的认识，尽管已经有人进行了批评，但是整体上没有解决这个框架。实际上，这是个错误的框架。道理很简单，疑问已经包括"疑"和"问"两个语义参数，怎么里面还可能出现无疑而问？女人里面包括人，很荒唐嘛！逻辑关系错误，错误了几十年，没人改过。应该是询问里面包括其他问的各种可能性。询就是问。询问包括有疑而问、无疑而问。进而言之，反问就是无疑而问吗？"难道他不知道？"我可不可以有点疑？完全可以呀！那么，反问的本质是什么？我们回到最初的定义上，既然所谓的询问都是向对方索取信息，反问索取什么呢？反问其实索取的是"对方对自己所提供命题的附和信息"：我提供一个命题，要求你附和，仅此而已，跟是否"疑"没有必然的关系。再如"考问"，考问就是疑问，疑问就是有疑，那么，请看下面的问答：

——"同学们，一加一等于几呀？"

——"我不告诉你！"

有这样的回答吗？有，不过只是网上的段子。生活当中的考问这样回答行吗？你不告诉我，你回家吧，对不对？那么考问怎么定位呢？是老师不知道吗？不对。老师索取的是"听话者对说话者所提供命题的认知信息"，是看你对这个命题的认知状态。

这样，就形成了下图所示的逻辑关系。

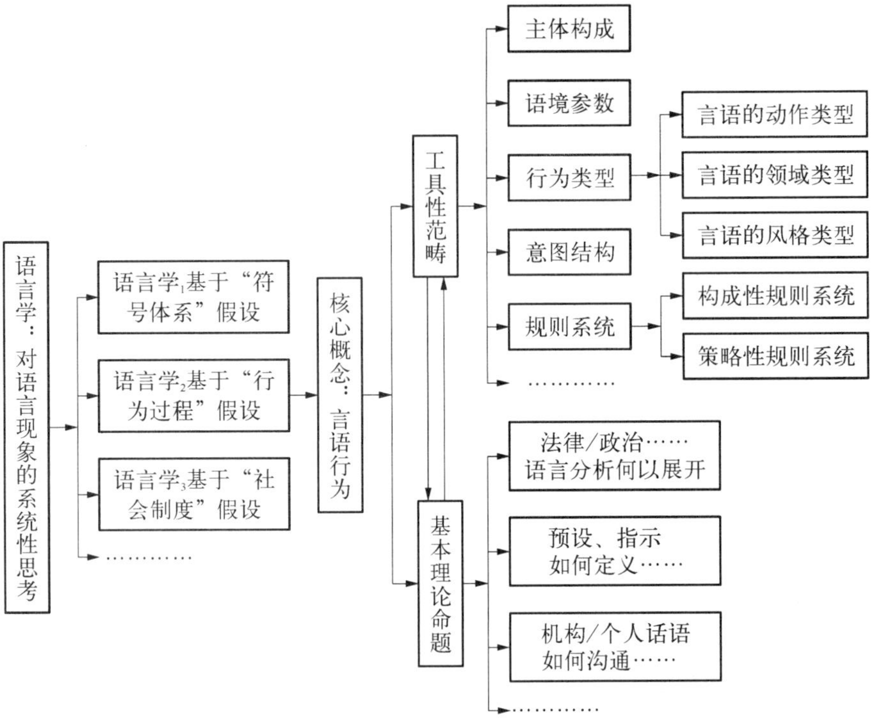


最后，我们可以形成这样的认识：

第一，语言学就是对语言现象的系统性思考，由此出发可以形成语言学[1]，基于符号体系假设的语言学；语言学[2]，基于行为过程假设的语言学；语言学[3]，基于社会制度假设的语言学；乃至语言学[4]，语言学[5] 等。

第二，从语言学[4] 出发，它的核心概念是言语行为。从言语行为出发，可以推演出各种工具性范畴，同时，也可以推演出各种理论命题。这里有主体构成，有你我他的互动，有语境参数，有行为类型，有意图结构，还有规则系统，等等。

这就是我的所谓的基于“新言语行为分析”的语用学的一个框架，也是基于“新言语行为分析”的修辞学的框架。（胡范铸，2015）

## 参考文献

胡范铸.言语行为的合意性、合意原则与合意化.《外语学刊》，2009，(4)：65—68.

胡范铸.“言语主体”：语用学一个重要范畴的“日常语言”分析.《华东师范大学学报》(哲学社会科学版).2009，(6)：66—72.

胡范铸.幽默语言、谎言、法律语言、机构形象修辞、实验修辞学……研究的逻辑起点——基于“新言语行为分析”的思考.《华东师范大学学报》(哲学社会科学版).2015，(6)：1—9.

# 信息碎片化时代:《问题驱动的广义修辞论》微阅读*

谭学纯

(福建师范大学文学院,福建 福州 350007)

**摘　要**　聚焦一个核心问题,追问中国修辞学在语言学科注册而游离于语言学学科结构的症结;围绕修辞学与"交叉学科/跨学科/多学科"的学术关联,挖掘派生问题;结合理论与应用,探讨解决问题的可能性,为中国修辞学科建设与发展提供基于广义修辞观的观察与思考。

**关键词**　问题驱动　广义修辞学　学科认知　学科发展

信息碎片化带来阅读取向的变化——有论者认为是逃离深度阅读,走向浅阅读。我则倾向于:浅阅读可以是阅读主体的选择,但不是信息碎片化时代的专利。越是被大数据裹挟的海量信息包围,人们对阅读的要求应该越高,而不是越低、越浅、越平。不管是注重休闲性、审美性的非学术阅读,还是注重科学性、逻辑性的学术阅读,都不会因为进入信息碎片化时代而选择浅阅读,可能更多地趋向微阅读。重视在"表达-接受"互动过程中综合考察修辞活动"三个层面"的广义修辞学,希望读者以更少的阅读成本,获取更多的学术信息。微阅读也许不失为一种尝试。

阅读疲惫,学术阅读尤其疲惫。如果读得太累,也许微阅读可以让读者从沉闷的漫漫长途找回轻快的节奏。下文提取的微阅读信息,出自即将出版的书稿《问题驱动的广义修辞论》。串联这些信息碎片的,是问题意识以及带有个人探索性质的解决问题的思路。

## 导言　中国修辞学:学科之问和学术之问

1. 中国修辞学在语言学科注册而游离于语言学的学科结构,问题出在哪里?问题的核心是什么?问题之间如何相互缠绕?由于修辞学与"交叉学科/跨学科/多学科"的关联度极高,修辞学的学科生态大于修辞学在现行学科目录中被规定的学科外延,这一重要的学术事实未经充分阐释。为此,有必要再思考:"交叉学科/跨学科/多学科"等掩盖的学科认知理据,及其在何种意义上与"修辞学"关联?这种关联如何在修辞学的学科性质和学术视野、学科生态和学术空间等不同层面产生多米诺骨牌效应?由此转动的学术魔方如何影响学科利益、学术资源、学术体制

* 基金项目　教育部人文社科规划基金项目(15YJA740039)。
作者简介　谭学纯(1953—　),男,安徽芜湖人,教授,博士生导师,语言学及应用语言学博士点带头人,主要从事广义修辞学、应用语言学研究。

相互制衡、相互协调、共同作用的活动和文化资本的博弈？

## 第一章 问题驱动的学科认知：指向“修辞学”的三个关联性概念及其学理

2. 修辞学与“交叉学科/跨学科/多学科”的概念纠缠，隐藏着学术运作机制中某些不容易观察到的东西。学者选择某个概念，也就选择了与这个概念相关联的学术表达，而某种学术表达的背后有学理、有逻辑，并且折射出概念使用与理解的学理和逻辑。这种学理和逻辑透露出概念使用与理解的主体对修辞学科问题的认知，有关修辞学“研究什么/怎样研究/为什么这样研究”等学术理念和学术操作的一些具体问题，在深层都纠结于“交叉学科/跨学科/多学科”这几个基本概念。

3. 学术研究是思想的馈赠，学术表达如何选择“交叉学科/跨学科/多学科”等与“修辞学”的匹配是思想的权利。我无意指认“交叉学科”“跨学科”抑或“多学科”哪一个概念是修辞学的自然原配。如果越过概念术语的语义，让概念A取代概念B或概念C，可能制造概念术语的不可承受之重。“交叉学科/跨学科/多学科”当中的任何一个概念，都无力删除与“修辞学”匹配的其他概念。在这个问题上，我尊重他人思想的权利，也坚守自己思想的权利。深思细察可以发现：关联修辞学的“交叉学科/跨学科/多学科”有不同的语义指向，需要从不同层面、不同角度观察与解释。概念的语义指向，以及概念掩盖的认知逻辑，是概念之辨所需要的理论清醒。所以，概念之辨的结果并不重要，重要的是过程，以及这个过程中展现的思想、智慧和逻辑的力量。不奢望通过概念之辨找到一个标准答卷。学术争鸣在很多情况下都是不同观点的相持，很少有论争的一方心甘情愿地撤出自己的理论站位，但是难求共识不等于没有理论收获。每一轮概念之辨，都可能引入不同的观察和思考角度，站上不同的认识深度。

4. 语义分析及可以佐证的学术事实也许可以共同支持一种区分：从学科性质着眼，修辞学属于交叉学科——以语言学为主，涉及符号学、文学、传播学、新闻学、心理学、教育学、民俗学、宗教学、社会性、人类学、哲学等众多领域的交叉学科；从研究视野着眼，修辞学是跨学科的——可以广泛介入相关学科领域，同时可以是相关学科领域的公共关注对象。

5. 在修辞学学科生态的意义上，“多学科”是一个层级性的构架：修辞学归属于二级学科语言学(大同行)，交叉于一级学科中国语言文学以及相关的非中文一级学科(超同行)。在三个层级的学科生态中，小同行和大同行、超同行可以共同探寻修辞学科的生长点，共同开发学术空间。

6. 不同层级学术共同体介入修辞学研究的学术面貌，区别特征明显：小同行和大同行的学术资源主要来自语言学；超同行的学术资源主要来自超语言学。也许正因为这样的缘故：巴赫金批评“纯语言学”的修辞研究，倡导“超语言学”的修辞研究。朱莉娅·克里斯蒂娃同样表示，描述词语的文本功能不能满足于单纯的语言学，需要使用“超语言学”方法。这在某种程度上也许需要走出学科硬约束，在“纯语言学”和“超语言学”之间重建生态平衡系统。在开放性的学科生态中，小同行与大同行、超同行进行信息交换，共同为学科生长注入创新性能量。这也是广义修辞观在“纯语言学”和“超语言学”之间寻找平衡的支点，正视多学科构建的学科生态，分析修辞学的生存处境、探讨学科发展途径的认知理据。

## 第二章 问题驱动的学科思考：大生态中修辞学科的生存现状

7. 学术史上的经典文献清楚地告诉我们：除修辞学之外的语言学其他子学科，解释世界的方式“趋同”大于“相异”；修辞学解释世界的方式与语言学其他子学科是“相异”大于“趋同”，二者的区别作为不同的学术基因延续在后世注疏及相关研究中。如果说语言学在传统研究范式向现代研究范式的转换中，除修辞学之外的其他子学科不同程度地呈现出某种接近自然科学的学术面貌；那么，修辞学则最多的保留了人文科学的特征：从研究范式到概念术语，从技术路线到学术表达，修辞学科有着区别于语言学其他子学科的纯正血统。不同的血统，是各自的出身、各自的基因。血统不可改变，出身不可过户，学科的知识谱系由学科基因框定。学科评价需要考虑这个前提，不宜出于转基因想象，给出忽视学科特点的评价标准。

8. 有一种失语叫学科话语改容。研究范围属于修辞领域的学术产品变换学术表达关键词，进入学术表达的“修辞”变换为“非修辞”符号，如同进入国际消费的人民币兑换成美元一样。“修辞”被“非修辞”话语重新包装，映射出不同学科符号资本的博弈，传递出“哀修辞之不幸、痛修辞之不争”的苦涩。更换话语包装的背后，有难言的无奈。问题的严重在于：“去修辞化”导致“修辞”成为隐身的学术符号，最终会不会导致“修辞”成为退出学术视线的学科符号？会不会在修辞界学人的修辞韬晦中不自觉地自己黑了修辞学？

9. 如果说修辞研究“去修辞化”可能逐步耗竭修辞学科建设的热情；修辞学科“空心化”则可能迅速掏空学科建设与发展的动能，二者互为学科建设的负能量。当负能量积聚到积重难返的程度时，一些失望的小同行难免产生打酱油的心态。“我修辞，故我在”，就此而言，修辞学科的边缘身份乃至某种意义上的缺席，也许都可以从修辞研究“去修辞化”和修辞学科“空心化”的学术现实中解读出某种逻辑。

10. 学术研究水平评价的前提是价值公正，如何在价值公正的前提下评判修辞学研究水平？学术评价的观测点应该是学术成果？还是学者？或是学科？抑或上述观测点对应于不同权重的综合考量？学科是学者所属学术共同体的共同身份，学者是作为学术人的个体符号，学术成果才是反应学术含量可以真实触碰的物质形态。学科或学者可能是一个传说；学术成果可能不是传说（排除伪鉴定或水军点赞）。证明学者存在感和学科价值的是学术成果。学术震撼来自学术产品会展，而不是学者秀，更不是以学科的名义为学者加分，进而为所属学科的学者成果加分。因此，作为学术评价指标的权重分配，我个人倾向于：学科＜学者＜学术成果。

11. 假定有两项研究成果，一项是关于鲁迅作品的国民性批判和现代性启蒙研究；另一项是关于鲁迅作品教材教法的研究，二者出自同一研究者之手，例如都是北京大学已故教授王瑶的旧稿，如果这两项成果在同一学术评价环节相遇，即使后者的学术含量超过前者，后者胜出的可能性也远远小于前者。在这样的情况下，与其说是两项研究成果的学术 PK，不如说是研究成果所属强势学科或弱势学科的没有悬念的游戏。然而，这是公正的学术评价吗？

12. 优化的学术体制，是注重作为学者的个体研究能力？激发研究主体的学术创新潜能？还是滋长研究主体的学科投胎意识？引导个人期待学科红利？

## 第三章 问题驱动的学科发展思路：融入大生态的广义修辞学研究

13. 从国际版本到传统资源，无论是全球视野中有国际影响的修辞学家同时在修辞学、文艺学和哲学领域发言，还是本土传统文史哲不分家的解释世界方式，都是小同行、大同行、超同行共同在场的修辞学研究。于是，问题产生了：如果修辞研究仅仅是小同行的业内游戏，中国修辞研究既可能缺少融入全球视野的前提，也可能丢弃传统学脉？但这些问题，较少进入学科发展的观察角度。学科成员一般理解的学科形象，只是学科活动和学科成员学术成果的总和，较少思考学科框架、研究格局、学科建设思路、提振学科形象等多重因素的相互牵扯和相互作用力，也较少思考这背后的学术逻辑。在这个逻辑链条上，问题的产生和解决思路共同指向——修辞学研究为什么要融入大生态？如何融入大生态？怎样在学科大生态中寻找有利于修辞学科建设与发展的位置，需要智慧，更需要执行力。

14. 为提振修辞学科形象而提高研究成果显示度和关注度的最直接可行的方式，是融入大生态的修辞学研究成果在大同行、超同行的学术视野显身。既然修辞学研究的学术认同需要考虑学科大生态，小同行走出自家庭院，在别人的话语场，行云流水地叙述，应是另一种气象、是另一种格局的学术美学。小同行的研究成果在大生态中的主流期刊跟大同行、超同行的成果共同进入阅读视野，让大同行、超同行从他们阅读的学术文本，接触修辞学科的思想、理论以及其将转化为学术叙述的学术话语，也许更具有实际意义，并可能产生“话后行为”。当然，小同行必须面对的困局是：弱势学科向强势学科展示研究成果的学术含量，必当增加难度系数。但难度系数也是自我提升的刺激因素：刺激有思想、有智慧、有方法、有技术、有文献支持的学术生产。

15. 武林中人期待知遇，拳术或棒术、刀法或剑法，是他们无言的表达。没有交手的时候，他们可能互相蔑视，甚至呵斥对方“快快下马受降”。一旦彼此交手，他们会从彼此的出招和接招中读出对方的攻防能量：是否快、准、狠？是否老辣？是否流畅？有无破绽？如果说交手是在共同的游戏规则中使武林中人通过近距离接触互相欣赏(《水浒传》中的王伦之类除外)，学林中人则在小同行、大同行、超同行彼此的学术叙述和学术阅读中互相发现和相互走近(自视“学术帝”者除外)。修辞研究融入大生态的意义，就是促进小同行、大同行、超同行的互相发现和相互走近。

16. 不同的研究模式，各有存在的理由和价值。研究模式与研究成果的质量之间没有直接的对等关系。研究模式只是产生研究成果的一种可能性，研究成果本身才反映实现这种可能性的执行力。正像好莱坞模式既可以制作奥斯卡经典，也可能创造失败的记录。同样的模式生产的研究成果，既可能是精品，也可能是泡沫；学术面貌既可能新潮，也可能陈旧。

17. 学术研究总是在探寻更优化的理论和研究模式，没有“独孤求败”的理论，也没有“独孤求败”的研究模式。小同行意识到学习大同行的优点，借鉴大同行的成功经验，是理性行为，也是学科输血。问题是，在学科输血和学科造血之间，如何选择更利于学科生长？

18. 小同行介入大同行的相关研究，是以学科输血的方式介入？还是以学科造血的方式介入？可以各取所需。应该指出的是：小同行并不是重复大同行的同类研究，更不是简单地模仿、甚至克隆大同行的研究模式，而是能不能提供大同行相对忽略的修辞学观察与解释？大同行视野中的中国语言学发展史、中国语言学研究史、中国语言学思想史，理论上应该有修辞学发展史、修辞学研究史、修辞学思想史的参与，而后者的参与必须是有自己的学术面貌和学术形象，如果修辞学克隆语言学强势学科的研究模式、复制大同行的学术面貌，等于对自我在场的学术弃权。所以，当修辞学界抱怨在语言学学术期刊“缺席”，抱怨丧失话语权的时候，也应该有必要反思：修辞学科究竟是以自己特色鲜明的学术形象出场，还是借语言学强势学科的包装出场？

19. 每一个学科都有自己的特点，不同学科的研究模式实际上都是回答本学科需要解释的问题。在A学科能够充分体现解释力的研究模式，克隆到B学科，解释力不一定同样充分。“学我者死，似我者俗”，模仿秀即使乱真，也是复制他人，这在某种程度上恰是学术之忌。完全照搬强势学科的研究模式解决修辞学问题,在理论和操作上可能都会遇到难题。

20. 大同行成熟的语法分析模式,克隆到修辞学科,不一定具有同样的解释力。语法提供一个清晰的句法模式,框架性地"压制"与该模式不相匹配的成分;修辞有条件地为这个不匹配成分的合法身份提供支持。语法异中求同,在形态纷呈的树叶中提取相同的基本粒子;修辞同中求异,描写并解释世界上没有两片相同的树叶。语法和修辞的学科特点各异,可以互相渗融。但语法研究取得的成就,不宜产生修辞研究"语法化"的错觉,修辞学的语言学面貌不等于语法学面貌。2008 年,复旦大学举办"望道修辞论坛",我曾坦率地在会上表示:这次会议发给代表们的研究成果汇集可以更名为"望道修辞论坛语法版",复旦师友笑而不语;出语相赞、反对学科克隆的是语法学家陆俭明。

21. 大同行同样比较成熟的语义分析模式,有时可能只是解释修辞问题的起点,而不是终点。例如,当我们说一位女性"魔鬼身材"而不会受到"人格侮辱"之类的指控时,表明这位女性根本没有按照"魔鬼"的自然语义进行话语交际。"魔鬼身材"的话语生产和话语频率,背后是消费文化和商业逻辑;是经济、娱乐与火辣的女性身体共同捆绑、共同构筑的修辞幻象。"魔鬼身材"中的"魔鬼",是"魔鬼杀手"之"魔鬼"的美学变脸,内在机制是通过语义的修辞化变异完成的。这里存在需要解释而现有语义研究较少解释的话语空间,这个解释空间主要在修辞学。

22. 观察与分析小同行对超同行"修辞学转向"的反应,有些问题值得思考:当超同行的主流期刊先后发出修辞研究进场信号时,背后的学术逻辑是什么?小同行的学术反应整体上滞后。在跨学科视野下吸收外源性智慧,以自己的研究成果与超同行对话的理论自觉,与修辞学"墙外开花"的学术风景不相称。从学术传播的角度说,超同行不断重估和开发修辞学的学术价值,小同行的敏感度不理想,似乎忽视了与超同行就修辞学研究保持近距离学术接触的机会,或者说小同行似乎不太在意要不要在学科交叉地带"接球"。小同行面对外部机遇的回应能力,及介入超同行前沿研究并引起学术关注的能力,从整体上看,也许有待提升。

23. "修辞学转向"究竟是学科建设的负能量还是正能量?抑或在兼有二者的情况下是弊大于利还是利大于弊?当学科观察延展到大生态的时候,我们是否敏感到超同行陆续进场将增加修辞学研究走势向上的推力,有助于修辞学在社会价值中枢发言。对此做出学术回应是可以有所作为的"时机窗口"。问题是:当机会出现的时候,我们是否如马云所说的"看不清、看不起、看不懂"?等到看懂了的时候,我们是在学术走势形成之前狙击?还是学术走势明朗之后跟风?等到学术走势清澈见底的时候,"时机窗口"会不会已经关闭?

24. 不管是修辞学的"交叉学科"性质,还是"跨学科"视野;不管是多层级学术共同体构建的修辞学科大生态,还是"多学科"共享的学术空间,对研究主体来说,有一个共同的要求:知识结构"1+X"中的"1"代表小同行的学科知识;"X"代表大同行、超同行的学科知识。修辞研究者调动"1+X"的知识库存,处理相关信息,形成当前学术文本。"1+X"中的"X"的覆盖面可以因人而异,但最好不要缺失。这个"X",在陈望道来说,真正延伸到了"多学科"——这是中国现代修辞学奠基者最优秀的学术基因。

## 第四章 问题驱动的修辞学研究:价值提升有无可能

25. 修辞技巧是修辞学研究的一个十分重要的话语场,但"技巧"之外的修辞世界更广阔。以"技巧论"为认知基点的"修辞"定义,锁定修辞技巧的同时,屏蔽了更丰富的"修辞"内涵。在可以见到的大量学术文献中,"修辞"成为“修辞技巧”的类义表达，成为说话、写话的一种技术性包装。由此产生的一个必然结果是：修辞学研究的学术性在技巧性中稀释。修辞学研究价值缩水、修辞学研究“小儿科”的诟病，多因此而来。

26. 学术界强调在相同的学术层次与国外同类研究对话，却忽视了一个隐蔽的问题：关注焦点主要限于修辞技巧的中国修辞学研究，会不会不知不觉地拉开与国外修辞学研究前沿对话的距离？可能的结果是，“我”读不懂“他”的修辞研究；“他”看不上“我”的修辞研究。一个专注于话语行为的微表情；一个关注重大事件的修辞能量。这是修辞学研究“技”与“艺”的对话，是修辞学思想不对等的对话，是修辞学者话语权力不对称的对话。从价值诉求到学理蕴含，注重细枝末节的“修辞技巧论”相对于修辞理论的宏大叙述而言，都在国际性的学术对话中处于弱势。

27. 修辞研究走出技巧论，即走出以追求话语效果优化为唯一指归的认识坐标，但不等于修辞技巧没有研究价值。倡导走出技巧论，只是希望“修辞学”的学术含量不要被误读为“修辞技巧”的技术含量，不要让国内语言学教科书中关于修辞的“技术范”屏蔽了修辞世界的纵深风景。因此，与巴赫金严厉批评修辞技巧不同，广义修辞学不拒绝修辞技巧，而是参与修辞技巧研究，但不主张修辞研究在“技巧论”中封闭。为此，我们在《广义修辞学》中提出划分修辞功能的三个层面。走出“技巧论”的修辞学研究，同时向修辞诗学和修辞哲学层面延伸。

28. 修辞诗学研究的切入点在诗学和修辞学的交叉地带，修辞诗学的构想，既对诗学研究前沿动态做出理论回应，也注重实践层面的学术操作，在重视同类研究学术积累的基础上，走出国内目前“就诗学谈诗学/就修辞谈修辞”互不相干的研究格局，驱动诗学研究和修辞学研究突破自我限定，有选择地吸收国外“诗学-修辞学”研究的理论资源，为建设中国化的修辞诗学提供来自诗学和汉语修辞学领域的理论思考和操作实例。立足于诗学和修辞学双重视域，修辞诗学探寻诗学和修辞学在更广泛的领域中相互诠释的理据和路径，探讨如何通过学科对话和不同学科经验的相互激活，重辟研究路径，在学科优势整合、研究方法互补的良性运作中，构拟中国化的修辞诗学。

29. “语言是思想的直接现实”曾是影响深远的经典表述；但人们尚未深入认识其反向表述“语言建构我们的现实”，——这是《广义修辞学》试图在修辞哲学层面探讨的问题。

30. 如果说“修辞技巧论”影响中国修辞学研究格局之大气；“表达中心论”则影响中国修辞学研究格局之完整。修辞表达效果的优化，在修辞接受中证实或证伪。

## 第五章　问题驱动的辞格研究：传统品种能否出新

31. 由于陈望道在中国修辞学界的学科奠基地位和广泛影响力，《修辞学发凡》的辞格研究模式一直为其后的学者们效仿。今天的学者面对这一学术现实，既应该看到后来者对学术先驱的崇敬，也需要对学术传承过程中的学术创新以及学者心态和学术体制作深度透视——这里的负面因素不是上一代学者的缺失。因为一代学者有一代学者的学术使命，一代学者有完成自己学术使命的学术环境和理论背景。我曾经打过一个比方：当年陈望道的辞格研究，买进的是原始股。原始股炒作八十多年之后，跟进的股民如果套牢，应该反省的是自己，而不是陈望道的辞格研究模式。

32. 在“表达-接受”的互动过程中，“飞白”辞格的生成与理解经历了出错、仿错、纠错的流程：从辞格生成过程说，表达者 1 出错，表达者 2 仿错，因此，“飞白”又称“拟误”。而从辞格理解过程看，“拟误”的命名并不确切，因为辞格理解的纠错是从辞格生成的认知偏误回复到正确认知。仿错或纠错都经历潜在的语义还原，也就是说，表达者和接受者共同完成了隐形的语义变异和语义还原，这个还原过程有时观察不到。

33. 在“郎才女貌”婚恋故事中，两性相遇相知相悦有各种不同的机缘和表现方式，这是“可变项”。“貌”和“才/财”的角色分配和“郎才/郎财-女貌”的角色功能是“恒常体”。不同的婚恋故事，在同一个抽象的结构框架内进行开放性的叙述填空，这是仿拟结构的可变成分和不可变成分转换为“郎才女貌”婚恋故事的“可变项”和“恒常体”在修辞诗学层面的仿拟。如果“郎才女貌”的婚恋故事插入“郎财女貌”的角色安排，多半出于修辞诗学方面的考虑：让“郎才”和“郎财”围绕“女貌”的博弈成为推动语篇叙述的能量。中国民间故事中的财主或角色功能相当于财主的有钱有势的恶少等，以“郎财”的角色身份 PK“郎才”，追逐“女貌”，在不同的民间故事中被设计为不同的“可变项”。

34. 比喻作为修辞格，首先是一种话语技巧。正因为如此，比喻研究之难，首先在于走出人人都能注意到的话语技巧。这方面最大气、最具颠覆性的研究，当属海登·怀特的历史哲学著作《元史学：19 世纪欧洲的历史想象》，当兼有“真理之源”和“错误之源”的比喻成为海登·怀特历史哲学的核心概念时，我们不得不重新思考：历史与修辞相遇对于传统史学理论的改写所产生的巨大能量，更值得思考的是：比喻研究如何走出话语技巧而成就了一位有重要国际影响的后现代主义历史哲学家和新历史主义文学批评的代表人物？

35.《元史学：19 世纪欧洲的历史想象》的译者陈新注意到三十年来海登·怀特的理论研究始终围绕“历史”“比喻”“想象”三个概念展开，《元史学：19 世纪欧洲的历史想象》《话语的比喻：文化批评论集》《比喻实在论：模拟效果研究》《形式的内容：叙事话语与历史表现》，借助比喻理论寻找想象与历史之间的联系，希望在真实与虚构之间确立一个话语连续统。陈新评述怀特的学术研究亦文亦史亦哲，也是广义修辞学希望找回的中国本土传统文史哲不分家的学术记忆。

## 第六章　问题驱动的语言教育研究：修辞缺失及延伸探讨

36. 依据走出“修辞技巧论/表达中心论”的广义修辞观，本文所论语言教育的修辞缺失，不仅仅是基于狭义修辞观的“修辞”知识点。语言教育应重视而疏于重视的，是更值得挖掘和解释的修辞资源。

37. 人生活在被定义的世界里，定义世界的方式却可能因为认知的角度不同而体现出极大的差异：有概念化的认知；有修辞化的认知，后者对人把握世界的方式的影响比前者更大——这是一道高考语文试题中可挖掘的修辞问题。

38. 从高考优秀作文的语义修辞化重建，到拥有更为广泛的读者的精美语篇，被忽略的修辞问题值得我们思考：考场内外，修辞认知支持的语篇看点，很大程度上在于作者如何为语篇关键词重建修辞化的语义？以及我们如何解释这些关键词承载的修辞义推动语篇建构的叙述能量？

39. 培养学生的语言能力，起点可以是裸词或裸句，但终点不能回到裸词或裸句。诺贝尔文学奖得主米兰·昆德拉《生命中不可承受之轻》的写作密码，是参透了一个词“轻”，这个成就了一部世界经典的词，不可能是裸词。在“表达-接受”互动的读写交流中，更有助于开启心智的，是对携带了附加值的词句的感知，是对词句进入更大的语言结构——语段、语篇之后所承担的功能的感悟和认知。

40. 由于我们重视的语言能力偏于静态规则，疏于动态的运用；语言研究注重的“解释力”和“科学化”，指向常规的言语运用和言语理解，言语的变异运用和理解每每成为修辞主体不按规则出牌的例外，可是言语运用中的出彩常常是“例外”。这在一定程度上突出了一种现象：以提升语言能力为目标的母语教育在“例外”面前变得尴尬。语言教师“在囧途”的大概率事件，往往是学生的“例外”，让教师有些晕。

41. 修辞的诞生，或许就是修辞主体不满于既定认知框架和既定话语秩序的一种另类表达。修辞热衷于换一个方位重新认知事物，并为之重新编码。这决定了修辞思维的创新性本质。修辞不乏深刻的片面，拒绝面面俱到的肤浅——与其什么都说了却等于什么都没说，不如挖掘事物原先晦暗的一角，将其置放到聚光灯下。当然，这也在一定程度上制造了潜心规则的语言研究对修辞的不满，修辞对新的表达方式的追求，使得规则的追认总是跟在修辞后面奔跑。更不安分的是，规则好不容易追认了修辞的创新追求，新一轮的追求又悄悄地开始了。相比之下，一些虽经历时性演变而最终以共时性方式凝固的语言现象，可控的程度大于不太可控的活语言。但是，唯其因为修辞现象的可控性低于语言学其他子学科的语言现象，所以，修辞试图解释不可控的动因和机制，才是应该受到尊重的精神劳动。

42. 语言教育的对象是活生生的人，如何让人回到鲜活的生命状态享受语言教育？如何挖掘隐性的修辞资源，使之融入可操作的教学脚本？我们的理论滞后，实践也滞后——语言教育怎样以尽可能低的成本获取尽可能高的成效？语言教育课程资源怎样开发、配置和利用？师生交往、学生交往、媒体信息、社会生活、公共事件、历史文化等课程资源，怎样转化为课内教材的延伸体并进入学生的修辞视野？课程设计、教学思路、教学组织的调整、更新和多样化，怎样转化为相应的修辞形象融入语言教育的课堂细节？语言教育的课堂训练、课外练习、考试命题思路怎样进行修辞化设计？语言教育工作者怎样塑造自己的语言形象？语言教育质量评估体系怎样构拟？需要设计一套什么样的用于评估的元语言，这套元语言如何融入包括修辞元素在内的各种参数条件？如何让修辞学研究更好地介入公众语言能力培养，提升修辞学研究的科学化、学术信度和影响因子，形成与公众语言生活的良性互动？学者思考和行政决策在何种程度上碰撞？专家行为和政府行为如何协调？如何有利于产生建设性的成果，付诸可操作的语言教育实践？这些，需要修辞学研究拿出有干预力和解释力的成果，需要广大语言教育工作者的积极参与。

# 元框架：话语实践中的修辞发明与争议宣认*

刘 涛

（暨南大学新闻与传播学院，广东 广州 510632）

**摘　要**　框架是人为构造的并加以组织化而形成的一套理解事物的、相对稳定的心理结构。框架运作的底层语言涉及逻辑学意义上的范畴论问题。范畴是一种基础性的框架语言，铺设了一切释义行为发生的元框架（meta-frame），本质上指向框架运行的底层释义系统。框架生产对应的是一个深刻的修辞发明（rhetorical invention）命题，其目的就是在修辞学意义上进行争议宣认，即通过对争议点的发明与构造而赋予争议本身既定的认知框架。在话语实践中，定义框架、知识框架、情感框架和价值框架构成了四种普遍存在的元框架形态。然而，话语实践中的争议宣认方式往往因为修辞情景的变化而呈现出一种演变和流动状态，而这引申出"浮动的框架"（floating frame）这一崭新的理论命题。

**关键词**　元框架　修辞发明　争议宣认　定义框架　知识框架　情感框架　价值框架

美国认知语言学家乔治·莱考夫（George Lakoff）在《别想那只大象：明确价值与重塑框架》中提出一个令人深省的论断：控制话语权的两大核心利器是隐喻（metaphor）和框架（frame）①。简言之，如果能在话语行为中掌握框架生产的主动权，并且巧妙地使用隐喻这一修辞手法，必然能够在话语争夺实践中处于优势地位。莱考夫的语用学研究发现，美国共和党通过对一系列核心政治语汇的发明与生产，输出了一套通往公共议题生成的认知框架，最终，"以框架的方式"实现了右翼话语的合法化生产。共和党的话语实践无疑是成功的，以至于美国民主党前主席霍德华·迪恩（Howard Dean）不无遗憾地感慨道："要是民主党早几年读了莱考夫的作品，恐怕不会早早地离开白宫，也不会丧失在国会的优势以及最高法院的阵地。"② 莱考夫竭力强调的政治语汇生产，实际上对应的是一场修辞实践，即在语言维度上构筑公共议题的理解方式。在多元主体实践中，一个成功的修辞实践不仅包括话语思想层面的"内容建设"，还包括话语实践层面的"框架建设"，后者本质上对应的是一个修辞学问题。

所谓框架，就是人为构造的并加以组织化而形成的一套理解事物的相对稳定的心理结构。按照欧文·戈夫曼（Erving Goffman）的经典解释，框架意味着一种"阐释图式"（schemata of interpretation），它能够帮助人们

* 基金项目　国家社科基金重大项目"提升中国政治话语体系的国际影响力研究"（15ZDA042）；霍英东教育基金会青年教师基金基础性研究课题"环境传播的基本理论及典型案例库建设研究"（141099）。
作者简介　刘涛，暨南大学新闻与传播学院教授，博士生导师，复旦大学信息与传播研究中心研究员。

① ［美］乔治·莱考夫著，闾佳译.别想那只大象［M］.杭州：浙江人民出版社，2013，第7页.

② The Framing Wars, *The New York Times*, 2005.07.17, quoted from www.nytimes.com/2005/07/17/magazine/the-framing-wars.html.

“辨别、感知、确认和命名无穷多的事实”①。从符号学意义上讲，框架意味着一种元语言形式，悄无声息地创设了一条理解事物的意义管道，也即赋予我们理解事物的一套底层语言②。莱考夫从认知心理学层面对框架的内涵给出了如下描述：“框架，是你看不见也听不到的东西。他们属于认知科学家称为‘认知无意识’(cognitive unconscious)的环节，是我们大脑里无法有意识访问、只能根据其结果（推理方式和常识）来认识的结构。”③正因为框架铺设了一种无意识认知方式，因而限制了意义的自由发挥和肆意入侵，传递的是一种经由特定意义管道“挤压”之后的“授权”的意义。从认知心理学上讲，框架是一种极为稳定的图式话语，它的功能就是对人们的认知方式进行锚定和规约，所谓的普遍性、共享性、认同性构成了框架逻辑的基本特点。认知科学研究发现，“框架具有这样的特点：如果顽固的框架跟事实不相吻合，那么，人会抛弃事实，保留框架。”④我们常说“人们总是愿意听到自己希望听到的东西”，其实揭示了顽固的框架是如何影响并塑造我们对于事实的理解，本质上反映的是一个深层的框架依赖命题。

本文立足于修辞学的方法论视角，尝试对话语实践中的框架问题进行相对系统的理论思考。为了从理论上把握框架的内涵和工作原理，本文研究的主要思路如下：第一，为了理解框架的本质属性以及框架深层的意义逻辑，本文将从范畴论的理论维度揭示框架运行的底层语言问题，也就是元框架问题；第二，框架并不是先天存在的，而是修辞学意义上的构造物，如何理解框架的“存在方式”？本文将立足于修辞发明这一修辞学传统，详细探讨话语实践中框架发明与构造的修辞原理；第三，框架“出场”的重要功能就是开展“争议宣认”工作，究竟存在哪些基础性的框架形态或者说框架存在的范畴形态？本文将对话语实践中的“元框架形态”进行相对科学的梳理和分类，并对每一种框架形态的特征、内涵与工作机制进行分析。

## 一、元框架与框架运作的范畴问题

如果说框架意味着一套意义逻辑，如何理解所谓的“逻辑的逻辑”则指向逻辑学意义上的范畴论问题。在话语实践中，一种框架之所以能够建立相对于另一种框架的优越性，并不是因为框架本身的固有属性决定的，而是因为它们被纳入到一个基础性的范畴体系中，这使得二者在认知逻辑上获得了一套共享的语义系统，因此才有了比较的可能性与现实性。所谓的话语冲突，本质上体现为框架冲突，而框架冲突的发生语境则追溯到一个更大的范畴问题。正是在特定的范畴中，我们才可以谈论框架以及框架冲突。范畴确立了框架运作的底层语言，因而决定了框架冲突的发生逻辑和表现形式。

逻辑学意义上，范畴意味着一套基础性的语言系统，其功能就是建立了系统内部的语义逻辑和编码法则。框架的形成，必然依赖于相应的范畴系统。所谓框架的“语言”，本质上受制于一个更大的范畴“语言”的结构性支配和规约。中文语境下的“范畴”最早出现于《尚书》中的“洪范九畴”。“九畴”实际上意味着九种范畴系统，每一种范畴都是相对独立的逻辑系统。比如，“九畴”中的“第一畴”就是“五行”，而“五行”恰恰意味着一种面向基本物质的分类系统，其中的“相生相克”就是这一范畴中的逻辑推演系统，一定意义上确立了我们认识世界的一套逻辑结构。可以说，“五行”是一

---

① Goffman, E. *Frame analysis: An essay on the organization of experience*. (Boston, MA: Northeastern University Press, 1974): p.21.

② 刘涛.环境公共事件的符号再造与修辞实践——基于兰州自来水污染事件的符号学分析[J].新闻大学,2014(6),第26页.

③ [美]乔治·莱考夫著,闾佳译.别想那只大象[M].杭州：浙江人民出版社,2013,第1页.

④ [美]乔治·莱考夫著,闾佳译.别想那只大象[M].杭州：浙江人民出版社,2013,第58页.

种高度凝练、意义稳定的一套“解释的集合”。当我们进入“五行”这一范畴，实际上便进入了一种既定的语义系统，所有的释义行为只能在既定的逻辑体系中发生。尽管说“五行”范畴中依然存在诸多认知框架，但所有的框架都共享了一套基础性的语义系统。因此，范畴问题决定了框架深层的释义系统，一定意义上构成了框架运行的底层“操作系统”。

显然，范畴铺设了一切释义行为发生的元框架(meta-frame)。所谓元框架，就是解释框架的框架，本质上指向框架实践的释义系统。每一种范畴都意味着一套相对独立的逻辑推演系统，一定意义上决定了框架的发生逻辑和意义系统。离开范畴所确立的逻辑系统，上层的框架结构便无从谈起，也就谈不上建立在元框架之上的框架冲突或框架对话问题。概括来说，作为一种共享的、基础性的、集合式的逻辑系统，范畴解决了框架运作的元语言(meta-language)问题。如同词典作为符码意义生成的“解释的集合”，元语言就是解释语言的语言，旨在回应释义行为发生的编码规则和底层逻辑。符码只有形成体系才能发生作用，而关于体系的意义与逻辑就是元语言①。类似于元语言之于语言的功能和意义，元框架以一种基础性的框架系统作用于具体的框架实践，因而铺设了框架运行的游戏规则。正是基于特定的范畴系统，框架得以形成并获得意义，从而确立了我们关于现实世界的“理解方式”。因此，作为一套意义集合，范畴实际上指向释义行为中关于“逻辑的逻辑”，即关于框架的底层诠释体系。通过对范畴的识别和把握，我们可以接近这一“框架的框架”。

如果说范畴确立了框架运作的底层语言，我们如何在学理上理解范畴系统的逻辑原理？根据亚里士多德的“范畴论”，范畴的本义是指“各种说明事物之词”。正是借助对特定词语的识别，我们得以进入不同的范畴体系，从而形成相应的认知框架。亚里士多德给出了十种基本的范畴形态——“实体”、“数量”、“性质”、“关系”、“地点”、“时间”、“姿态”、“状况”、“动作”和“遭受”②。严格来说，范畴指向哲学话语的分类系统，因而旨在揭示关于事物的“种”与“属”的普遍性认知③。例如，在现实认知活动中，当我们尝试在“是什么”或“有什么”维度上来把握事物的属性内涵时，实际上已经激活并征用了“实体”这一认知范畴，以此确立我们的认识“对象”。而当我们尝试回应对象“如何”、“怎么样”等其他属性问题，这便需要进入亚里士多德提到的“数量”、“性质”、“关系”、“地点”、“时间”、“姿态”等其他九大范畴，即从其他范畴体系进一步丰富认识对象的其他属性。不同于亚里士多德的十大范畴划分，罗马时期的修辞学关键人物波伊提乌(Boethius)在《话题辨析》中提出了话题认知的范畴划分问题。他根据论据与问题“本质”的关系，将话题分为内在话题、外在话题和中间话题，而每一种话题都存在诸多认识范畴。比如，波伊提乌将内在话题分为“实质”、“定义”、“描述”、“名称解释”、“后果”、“整体/类别”、“部分/种别”、“直接原因”、“物质”、“形式”、“目的”、“效果”、“毁灭”、“应用”和“相关的偶有属性”等十四种范畴④。总之，范畴铺设了话语认知的分类网络，而不同的范畴意味着不同的语法系统，因而构成了人类认识活动的元框架形态。

如果说范畴旨在揭示根本性的“语法问题”，框架则尝试回应范畴之上的“语言问题”，具体的话语实践则构成相应的“言语问题”。在亚里士多德的十大范畴中，不同范畴之间的

---

① 按照学者赵毅衡的观点，元语言可以分为三种：第一是社会文化的语境元语言，第二是解释者的能力元语言，第三是文本自身的自携带元语言。参见：赵毅衡.符号学原理与推演[M].南京：南京大学出版社，2011，第233页.

② [古希腊] 亚里士多德著，方书春译.范畴篇 解释篇[M].北京：商务印书馆，1986，第11页.

③ 王天成.从传统范畴论到先验范畴论——康德的先验逻辑对传统形而上学范畴论的批判改造[J].社会科学战线，2004(2)，第34页.

④ [罗马] 波伊提乌.话题辨析，转引自刘亚猛.西方修辞学史[M].北京：外语教学与研究出版社，2008，第170页.

语义系统是互斥的——彼此之间既不存在“种”或“属”意义上的决定关系或含纳关系，也不存在认识论意义上的比较关系或推理关系。然而，在同一范畴体系之中，往往存在不同的具体框架形式。尽管说每一种框架赋予事物的理解方式是不同的，这些框架却共享了相同的逻辑系统。就具体的话语实践而言，框架冲突的前提是进入同一范畴系统，在共同的逻辑系统之中完成“争议”的命名、解释与判断，以此实现合法性的生产与争夺。例如，在环境传播实践中，普遍存在四种基本的话语范畴——生存极限主义、生态理性主义、生态现代主义和绿色激进主义①。每一种范畴又存在多种不同的话语形式，从而形成了我们理解环境问题的多种话语框架。作为一种通往“绿色政治”(green politics)范式的话语体系，绿色激进主义话语范畴包含诸多微观话语形式或认知框架——深生态主义、生态女性主义、生态区域主义、生态宗教主义、生态浪漫主义、绿色消费主义、欧洲绿党政治、社会生态主义、生态马克思主义、全球生态主义②。尽管不同框架之间存在差异或冲突，但都共享了绿色激进主义话语范畴所铺设的基本的语法系统，即寻求某种相对激进的绿色变革。因此，绿色激进主义话语涉及根本性的语法问题，相应的话语框架则涉及阐释性的语言问题，每一种话语框架规约下的话语实践则涉及表征性的言语问题。

可见，范畴涉及逻辑学的本体论问题，根本上指向我们对事物的认知方式与过程。从认识论和现象学的角度来看，范畴是一种辅助概念，每一种范畴都是人为创造出来并加以组织化而形成的相对稳定的逻辑体系。必须承认，当我们尝试谈论范畴时，首先需要明确谈论的主体对象，否则，用来表达范畴的词语便是空洞的，其尝试揭示的语义逻辑则是断裂的、破碎的、不成体系的。在亚里士多德看来，对主体对象的识别和确认是逻辑本体论的重要问题。在通往事物本身的述说体系中，“事物本身，有些可以用来述说一个主体，但绝不存在于一个主体里面”，例如，“人”可以用来述说一个具体的人，但并不是每个具体的人都可以表达作为“种”或“属”意义上的“人”，而“有一些东西则是存在于一个主体里面，但绝不可以用来述说一个主体”，例如，白色可以存在于具体的事物之中，但不能在存在意义上表示事物本身③。因此，范畴的“出场”，是为了帮助我们更好地识别主体对象以及主体所处的意义系统。正是借助特定的范畴系统，我们得以接近框架的构成系统和运行法则，以及框架规约下的事物的特征、内涵及其所处的关系。

由于范畴问题涉及根本性的游戏规则问题，我们便不难理解当前中国对外传播为什么特别强调“范畴创新”。如何加强国际传播能力建设，增强国际话语权，习近平在2013年8月19日全国宣传思想工作会议上给出了纲领性的阐释——“精心做好对外宣传工作，创新对外宣传方式，着力打造融通中外的新概念新范畴新表述”④。显然，这里的“新范畴”其实就是在呼吁规则的创新，即建立自己的话语系统，形成一套关于框架的编码系统和解释体系。如果我们的话语框架依赖于他人的范畴体系，那势必处于国际话语权建设的从属地位。离开范畴的创新，便谈不上话语框架的创新，其结果就是在国际舞台上陷入“他塑”而非“自塑”的尴尬境地。因此，如何将中国的发展优势和综合实力有效地转化为话语优势，客观上需要我们在范畴问题上进行创新，也就是设立一套理解国际议题的范畴系统，从而解决国

① Dryzek, J. S. *The politics of the earth: Environmental discourses* (2nd Ed.). (New York: Oxford University Press, 2005): pp.8-21.

② 刘涛.环境传播：话语、修辞与政治[M].北京：北京大学出版社，2011，第73—86页.

③ [古希腊]亚里士多德著，方书春译.范畴篇 解释篇[M].北京：商务印书馆，1986，第10页.

④ 习近平在全国宣传思想工作会议上强调：胸怀大局把握大势着眼大事 努力把宣传思想工作做得更好[N].人民日报，2013，8：21(01).

际话语权争夺的游戏规则问题。

## 二、修辞发明与框架存在的"争议之维"

框架意味着一种"象"，即认知之"象"。然而，框架并不是一种纯粹的"物象"，更多的是被发现的，被激活的，被挪用的，即框架总是伴随着特定的话语实践"出场"。如同任何无意识话语一样，我们接近并把握框架的唯一途径就是观察其在现实世界的各种"表达"。换言之，框架并不是借助某种因果逻辑被"证明"的，只能是在特定的思维活动中"显现"的，这便构成了框架的"存在方式"。在基督教话语体系中，"上帝"的"存在"依赖于一系列"神迹"的意象聚合，所谓的"道成肉身"，便是认识"上帝"的一种典型的"显现"方式。正如法利赛人在无数的"神迹"中发现"上帝"并确认其"存在"一样①，框架也是在特定的议题情景中才"显现"出来并发生作用。如果离开具体的议题情景，框架也就无从谈起。

由于人是依赖框架而存在的动物，在人们的日常生活中，框架是如何显现的？换言之，作为一种无意识的认知方式，框架超越了人们直观的感知体系，我们如何发现框架的"存在之所"？回答这一问题，首先需要回到框架发生作用的问题原点上。当我们谈及话语，其实就是在谈论合法性问题。源于框架所铺设的意义逻辑，话语的合法性才得以确立，进而成为一种"自然而然的"意义网络。合法性对应的是一个"争议"问题——正因为人们的言说体系出现了巨大的争议和冲突，人们才特别关注并维护自身话语的合法性。合法性伴随着争议实践而存在，并且随着争议的演变而呈现出一种流动状态。正如亚里士多德所说："说服性的演说目的在于使人下判断。已经判断的事情，用不着争辩。"②可见，回应争议的有效途径就是开展论辩，这必然涉及亚里士多德特别强调的"修辞手段"的选择和使用。争议的意义在于创设了特定的修辞情景，透过"论辩"行为及其产生的劝说效果，我们能够接近不同言说主体的话语框架及其深层的正当性诉求。

当不同话语尝试对某一议题给出不同的诠释体系时，争议便产生了。我们只有进入具体的争议实践中，才能发现不同话语的逻辑体系，从而揭开话语深层的框架面纱。可见，框架存在一个普遍而深刻的"争议之维"或"争议之所"，争议不仅铺设了框架"出场"的修辞情景，也构成了框架认知与存在的"显现"方式。从争议那里发现框架，识别框架，是抵达框架深层意义逻辑的一般认知过程。在具体的话语实践中，框架的"作用方式"就是尝试对争议进行宣认，使其服务于特定话语的合法性建构目的，这一过程对应的修辞实践便是争议宣认(argument claim)。

争议宣认拥有一个悠久的修辞学传统。如果说早期修辞学强调对修辞资源的搜集与修辞手段的创新，古希腊修辞学家赫尔玛格拉斯则将修辞实践的核心转向对具体争议点的构造、生产与确立，并在此基础上提出了影响深远的"争议点理论"。按照赫尔玛格拉斯的观点，修辞活动的首要任务并不能局限于对修辞手段的创新，而是要确立修辞情景中的核心争议点。所谓争议点，就是不同主体在议题协商过程中可能引发认知分歧或冲突的典型论题。只有当争议点确立之后，才能围绕争议点来组织、探寻、构筑自己的"论证框架"。赫尔玛格拉斯以法律修辞为例，将"事实"(fact)、"定义"(definition)、"品质"(quality)和"程序"(procedure)确定为修辞情景中的四大核心争议点，相应地也形成了四种争议宣认方式——"事实宣认"、"定义宣认"、"品质宣认"

① 整部《圣经》中，耶稣在多个场合显露神迹，以展现并确认神的大能和荣耀。单在《约翰福音》中，耶稣就行过七个神迹，分别是"盲人复明""死人复活""变水为酒""海面上行走""医治大臣儿子""五饼二鱼喂饱五千人"和"治愈卧躺池边38年的病人"。

② [古希腊]亚里士多德著，罗念生译.修辞学[M].上海：上海人民出版社，2005，第119页.

和“程序宣认”①。具体来说,“事实宣认”强调在客观存在的事实与证据维度上对事物进行认定,“定义宣认”强调对事物的本质属性进行界定,“品质宣认”强调对可能影响人们观点和判断的其他相关因素进行鉴定,“程序宣认”强调对裁决过程中的标准是否适用、程序是否合法、权责是否明晰等问题进行判定。可见,四大争议点实际上再造了四种基本的认知框架,我们可以沿着相应的框架逻辑来把握争议。

显然,“争议宣认”对应的是一种框架实践。当我们尝试在话语维度上把握争议时,实际上已经激活、挪用或再造了一种新的认知框架,这一过程涉及的修辞学命题就是修辞发明(rhetorical invention)。在古典修辞传统中,修辞发明是开展修辞行为的首要任务,而且一直处于修辞研究的核心地位②。古希腊修辞思想的代表作《献给赫伦尼厄斯的修辞学》(又称《古罗马修辞手册》)在修辞学史上提出了修辞研究的五大命题——“发明”(invention)、“谋篇”(disposition)、“文采”(elocution)、“记忆”(memory)和“发表”(delivery)。这五大命题成为后来修辞学研究的五大领域,修辞发明则是其中极为重要的构成内容③。

所谓修辞发明,“指的是修辞者根据所承担的说服任务搜寻并选定可讲、该讲、值得讲的话点的那个过程。”④简言之,修辞发明强调在修辞实践中“寻找想法”,以便于修辞者在争议宣认活动中达到更好的修辞效果。按照玛蒂娜・乔丽(Martine Joly)的观点,修辞发明在于“寻找话题、论据、场所和与主体或所选择的原因有关系的扩展技巧和说服技巧”⑤。可见,在具体的修辞实践中,修辞发明强调对修辞议题的确立、修辞主题的选择、修辞框架的生产、修辞过程的规划以及修辞行为的设计,其功能就是在劝说实践中达到较好的修辞效果。

亚里士多德最早提出修辞发明理论,认为修辞发明的核心命题是对各种“说服手段”的选择与运用。他将修辞分为典礼演说(表现修辞)、政治演说(审议修辞)和诉讼演说(庭辩修辞),并提出了三种最佳的“修辞手段”——“夸大法最适用于典礼言说。例证法最适用于政治言说。修辞式推论最适用于诉讼演说”⑥。《古罗马修辞手册》提出了一种整体性、系统性的修辞发明理论,强调在“引言”、“陈述事实”、“分点讨论”、“证明”、“驳斥”和“结语”这六大话语结构中开展修辞创新,甚至对每一部分应该采用什么文体规范和例证类型都进行极为详细的界定⑦。古希腊修辞学家昆提利安拓展了亚里士多德的修辞发明理论,他将“谋篇”也纳入到修辞“发明”的范畴,认为修辞发明不仅包括对“说服手段”的发明,还包括对“主题”(subject)和“言辞”(word)的发明。

如何开展修辞发明?如果说早期的修辞发明主要围绕“话题”(topos)展开的⑧,后来则逐渐发展为以“争议”为导向的“话题修辞模式”。古罗马修辞学家西塞罗认为修辞发明的目标是为了回应争议,“发现真实或显然真实

---

① 转引自刘亚猛.西方修辞学史[M].北京:外语教学与研究出版社,2008,第77页.

② 古希腊修辞学家昆提利安在长达十二卷的鸿篇巨制《论言说者的教育》中划出五卷篇幅讨论修辞发明,认为修辞发明决定了修辞的成败。

③ 古罗马修辞学家西塞罗对这五大主题进一步理论化,将其视为修辞学的五大传统任务或五大修辞艺术。中世纪中叶以来,已经成型的五大修辞命题开始受到相邻学科的挤压,“记忆”已经退出修辞研究范畴,“文采”成为文学语言的专属范畴,热拉尔・热奈特(Gérard Genette)最终将“发明”“表达”和“谋篇”概括为三大核心修辞传统。

④ 刘亚猛.西方修辞学史[M].北京:外语教学与研究出版社,2008,第62页.

⑤ [法]玛蒂娜・乔丽著,怀宇译.图像分析[M].天津:天津人民出版社,2012,第81页.

⑥ [古希腊]亚里士多德著,罗念生译.修辞学[M].上海:上海人民出版社,2005,第49页.

⑦ 献给赫伦尼厄斯的修辞学[A].罗马修辞手册[C],转引自刘亚猛.西方修辞学史[M].北京:外语教学与研究出版社,2008,第83页。

⑧ 关于修辞发明的“话题”研究,古典修辞学的代表性著作包括西塞罗的《话题》,昆提利安的《论言说者的教育》和波伊提乌的《话题辨析》。

的论点，使有争议的说法显得真实”[①]。古典修辞学建立在演说和雄辩传统之上，阿那克西米尼认为修辞发明的核心步骤是“证明”。如何接近并把握“争议”的内涵与本质，修辞发明主体上转向了“修辞证明”，也就是通过对特定框架的发明来完成事物意义与秩序的命名、建构与确认。亚里士多德将修辞手段简单区分为“事实证明”和“修辞证明”，前者主要建立在证据和材料基础之上，后者则围绕语言本身的象征实践（symbolic practice）展开，强调在语言维度上构造一套关于事物意义的理解框架。如果说“事实证明”依赖于直接存在的事实，“修辞证明”则更多地“从被考虑到的事实中推断出可能真实的结论”[②]。亚里士多德指出，“修辞证明”建立在修辞发明之上，“当我们采用适合于某一问题的说服方式来证明事情是真的或似乎是真的时候，说服力是从言说本身产生的。”[③]可见，探讨争议宣认的“修辞证明”途径与方法，也就是在修辞发明维度上完成争议本身的修辞宣认，已经成为后续争议点理论研究的重要内容。

纵观古希腊以来的修辞发明理论，争议点的发明一直都是修辞发明的核心议题。每一个争议点都是修辞发明的结果，即被人为构造的一套通往争议宣认的意义逻辑。因此，任何一个争议点对应的是一套相对独立的框架体系，其根本的发明逻辑就是尝试“以框架的方式”完成对事物的命名、描述和诠释。古希腊时期以来，争议点的修辞发明与创新成为一个永恒的修辞命题。从公元前4世纪古希腊修辞学家阿那克西米尼提出的“事实”、“情形”和“动机”三个争议点，到公元前2世纪希腊修辞学家赫尔玛格拉斯提出的“事实”、“定义”、“品质”和“程序”四个争议点，再到公元前89—前86年间保留下来的《罗马修辞手册》提出的“格物”、“释法”和“司法”三个争议点，以及公元2世纪罗马修辞学家赫摩根尼（Hermogenes）提出的“事实”、“定义”、“品质”、“正当性”、“抗辩”、“反控”、“转移罪责”、“请求宽恕”、“条文与精神确认”、“法律冲突”、“条文歧义”、“同化”和“反对”十三个争议点……当争议点进入修辞发明的逻辑体系，其标志性产物便是相应的框架形式。

因此，在通往“争议宣认”的修辞实践中，修辞发明的重要内容就是框架发明，而围绕争议点的修辞争夺，本质上体现为一场框架争夺。当一个争议点被发明出来，实际上再造了一种理解事物的新的“语义场”，这使得人们能够按照新的话语逻辑完成对争议的宣认实践。在当前国际舆论场中，谁能够在修辞发明实践中生产并输出新的框架，谁便掌握了“争议宣认”的话语权，进而在全球公共议题的意义世界里占据议题设置的制高点。美国政府在“9·11”议题上的“争议宣认”是通过对一系列认知框架的挪用、支配和管理实现的。“9·11”之后，布什政府重点炮制并输出的一个概念是“邪恶轴心”（Axis of Evil）[④]。其实，Axis（轴心）和Evil（邪恶）并非两个普通概念，而是作为两个“原型概念”激活并招募了相应的文化框架——Axis是第二次世界大战语境下对法西斯轴心国的通用表述，Evil是《圣经》中对撒旦/魔鬼的特定称谓。二者对应的是不同的认知意象及其原型话语，前者旨在激活人们的第二次世界大战思维而将伊朗、伊拉克、朝鲜三国直接定性为“敌人”，后者旨在挪用一定的宗教话语框架而在基督教世界里形成无意识认同。显然，当Axis和Evil组合起来成

---

① Murphy, J. J. *A short history of writing instruction: From Ancient Greece to contemporary America*. Davis, (CA: Hermagoras Press, 1990): p.137.

② Murphy, J. J. *A short history of writing instruction: From Ancient Greece to contemporary America*. Davis, (CA: Hermagoras Press, 1990): p.140.

③ [古希腊] 亚里士多德著，罗念生译.修辞学[M].上海：上海人民出版社，2005，第24页.

④ 2002年1月29日，布什总统在年度国情咨文（State of the Union Address）第一次使用了“邪恶轴心”（Axis of Evil）这一概念。

为一个新的概念话语——“邪恶轴心”，布什政府重构了一种强大的“争议宣认”模式，即在修辞学意义上将“美国的敌人”建构为全世界“共同的敌人”。总之，“邪恶轴心”就是一个被精心发明的“争议点”。正是在对“邪恶轴心”的修辞发明实践中，一场旨在重构全球政治秩序的“反恐”话语框架随之确立。

## 三、“争议宣认”的四种元框架形态

在“争议宣认”过程中，究竟存在哪些框架形态，或者说我们应该如何理解框架的认知范畴？纵观古希腊以来修辞发明研究的争议点理论，每一个争议点总是对应于特定的框架形态，即争议点的生产往往意味着框架的生产。然而，传统修辞学对于框架形态的分类，大多聚焦于特定的议题领域[①]，而且大都延续了亚里士多德以来的演说传统[②]。如何超越传统框架实践研究的有限性，即立足于话语实践这一基本的意义活动，确立一种普遍意义上的关于框架形态的分类范畴，成为修辞学意义上框架研究必须突破的一个理论命题。罗马修辞学家赫摩根尼在《论争议点》中指出，我们回应争议的主要途径就是对其进行“区分”和“证明”。换言之，成功的“争议宣认”行为，一方面依赖于我们对不同框架之间的“区隔体系”的认识，这种“区分”必须是基础性的、根本性的范畴学意义上的区分方式，另一方面取决于我们借助何种框架逻辑来“证明”宣认行为的合理性与正当性，这涉及我们对于认识活动中的元框架的形态辨认。由此可见，如何理解“争议宣认”实践中的框架形态，客观上需要我们立足于框架存在的分类范畴，从认识活动中的“元框架形态”入手。

综合亚里士多德等学者关于范畴论的理论探讨，以及诸多争议点理论关于框架资源的梳理，本文将框架存在的范畴形态区分为四种，也可以视为四种“元框架形态”——定义框架（definition frame）、知识框架（knowledge frame）、情感框架（emotion frame）和价值框架（value frame）。之所以给出如此区分，主要考虑到人们认识活动的方式、逻辑与过程：纵观人类的认识活动，情感与理性构成两种基本的认知系统。理性话语实际上是一个相对比较宽泛的范畴体系，我们可以根据认知活动中所依赖的元框架形态进一步细化。综合亚里士多德、阿那克西米尼、赫摩根尼等修辞学家的争议点理论，话语实践中的“说理”实践存在三种基本的元框架形态：第一种元框架是定义框架，其对应的是亚里士多德范畴论中的“性质”范畴[③]。定义框架直接体现了认识活动中的框架依赖，即尝试回答“争议的本质究竟是什么”；第二种元框架是知识框架，也就是在话语维度上确立的认知方式和意义网络。知识框架既是话语运作的媒介，也是话语生产的果实，其功能就是尝试在科学逻辑上建立一套争议宣认的知识体系[④]；第三种元框架是价值框架，属于认识活动中最基础、最隐蔽、最抽象的一种认知行为。价值框架提供了一套把握世界的认知图式，而且往往在文化维度上塑造了人们的认知判断和理解方式[⑤]；此外，除了“说理”维度上的理性诉求之外，修辞实践中的情感诉求及其对应的道德语法问题也是人

---

① 在古典修辞传统中，修辞实践及其相关的理论建设大多围绕特定的议题领域，体现出明显的时代性，相应地形成了围绕特定议题而展开的应用修辞研究，如亚里士多德主要关注演说议题，阿那克西米尼主要关注论辩议题，赫尔马格拉斯主要关注法律议题，西塞罗主要关注政治议题，昆提利安主要关注教育议题，赫摩根尼主要关注审议议题，圣奥古斯丁主要关注神学议题等等。

② 古典修辞学主要围绕“劝说”（亚里士多德语）与“善言”（昆提利安语）展开，并且认为修辞行为存在于有限的修辞环境中，而新修辞学则转向了“对话”与“沟通”，并强调修辞存在于人类象征活动中的各种有意识或无意识实践之中，这其中最有代表性的就是肯尼斯·伯克的“认同说”（identification）。

③ ［古希腊］亚里士多德著，方书春译.范畴篇 解释篇［M］.北京：商务印书馆，1986，第 30 页.

④ 刘涛.作为知识生产的新闻评论：知识话语呈现的公共修辞与框架再造［J］.新闻大学，2016(6)，第 104 页.

⑤ Austin, E. W., & Pinkleton, B. E. *Strategic public relations management: Planning and managing effecitive communication programs* (2nd Ed.). (Mahwah, NJ: Lawrence Erlbaum Associates, 2006): pp.291 - 293.

们特别关注的一种修辞实践[①]。由于人们的认识活动与行为总是伴随着一定的情感活动，而情感本身存在相对独立的道德运作逻辑[②]，因此，认识活动中的第四种元框架是情感框架。概括来说，四种框架形态确立了“争议宣认”的四种认知方式和逻辑法则：定义框架旨在揭示争议的本质属性，知识框架旨在揭示争议的科学逻辑，价值框架旨在揭示争议的心理过程，情感框架旨在揭示争议的道德语法。接下来我们分别对四种框架形态的内涵及其运作逻辑进行分析。

**（一）定义框架**

亚里士多德认为，定义就是对事物本质的描述。当我们尝试对事物的本质进行描述和界定时，实际上是进入到一定的范畴体系中，并在此基础上确立事物认知的意义逻辑。定义的发生语境往往针对一定的事物或事件，但定义行为本身则尝试超越事物所处的现象系统，而将其置于一种具有普遍认同基础之上的范畴系统，从而对其本质内涵进行概括和宣认。相对于其他的框架，定义框架的意义网络是一种“元系统”，更多的是对事物属性的基础性的、根本性的、系统性的界定，因而在话语实践中占据着不可低估的分量和作用。我们为什么需要定义框架？定义框架是如何“出场”？因为面对一个争议性的事件，人们总尝试对其进行根本性的、终极性的、一劳永逸的把握——“这究竟是一个什么性质的事物”。当我们尝试接近争议的本质时，实际上就已经调用了定义框架。

定义框架涉及一个深刻的话语权问题。话语权的重要标志就是定义权，强调对争议进行命名和界定。定义权的实现并非事物的内在属性决定的，而是在定义框架的生产实践中完成的。具体来说，争议的本质属性及其意义系统并不是固定的、内在性的、一成不变的，而更多的是框架建构的产物[③]。当定义框架尝试接近争议的本质时，我们却不得不面对一场永不停息的意义流动实践。正如斯拉沃热·齐泽克（Slavoj Zizek）所说：“事实从不为它们自身说话，而永远是被一个诸种话语机制的网络驱使着说话。”[④]正因为事物本质属性的“浮动”特性，不同权力主体都尝试对争议进行命名和界定，并赋予其一种独立的、排他的理解框架，以此构建自身话语的合法性。在中国官方的修辞框架中，如果说早期的暴力事件还被“习惯性”地被命名为“打砸抢烧事件”，2014年云南昆明火车站暴力事件则第一次被定性为“恐怖主义”。此后，“恐怖主义”便作为一种普遍的定义框架进入官方的话语体系，以一种压倒性的优势完成了对其他对抗性话语的根本性压制和否定，从而改写了人们对暴力事件的传统认知。从“暴力袭击”到“暴恐袭击”，对应的是定义框架的流动过程，也反映了社会治理和政治话语的观念转型。可见，这里的“恐怖主义”就是被发明、构造并挪用的一种框架形态，其功能就是对事物的性质进行根本性的界定和宣认，从而以一种排他性的方式接管人们的认知系统。

其实，定义框架指向亚里士多德在“范畴论”中所论及的一种重要范畴形态——“性质”。在面对争议的话语争夺实践中，定义框架的“出场”往往对应的是一种“定性”行为。按照亚里士多德的理解，“性质”是指“人们所借以被称为如此等等的那种东西”[⑤]。亚里士多德区分了四种性质，也可视为把握“性质”范畴的四种理解方式：第一是“习惯”或“状态”，第二是“天生的能力”，第三是“影响的性质”，

① 刘涛.情感抗争：表演式抗争的情感框架与道德语法[J].武汉大学学报(人文科学版)，2016年(5)，第102—113页.

② ［美］乔纳森·特纳著，孙俊才等译.人类情感：社会学的理论[M].北京：东方出版社，2009，第159—177页.

③ Laclau, E. Politics and the Limits of Modernity. In Thomas Docherty (ed.), *Postmodernism: A Reader* (pp.329－343). (New York: Columbia University Press, 1993): p.435.

④ Zizek, S. The Spectre of Ideology. In Slavoj Zizek (ed.), *Mapping ideology*. (London: Verso, 1994): p.11.

⑤ ［古希腊］亚里士多德著，方书春译.范畴篇 解释篇[M].北京：商务印书馆，1986，第30页.

第四是“物的形或形状”①。概括来说，我们可以从“状态”、“特质”、“影响”和“物形”四个维度来理解事物的“性质”，也意味着“争议宣认”实践中定义框架的四种生产方式。

首先，就事物的“状态”而言，“性质”反映的是事物长久表现出来的“习惯”，而“习惯”又是“状态”的持续作用和结果。亚里士多德认为，“各种知识和各种德行都是习惯”，“习惯”相对于“状态”而言具有更大的稳定性。因此，“习惯必然同时是状态，但状态不一定就是习惯”。“除非由于年积月累，一种状态本身已经变成为根深蒂固、很难消除”，这种情况下我们可以称“状态”为“习惯”②。相应地，对于“状态”意义上的“性质”而言，定义框架的基本内涵就是对事物的“习惯”或某种稳定“状态”进行概括。为了对特定语境下的争议进行宣认，定义框架发生作用的潜在逻辑是：因为一个事物具有某种“习惯”，它必将延续其一以贯之的某种“状态”，这次的“表现”只不过是已有“习惯”的某种微妙呈现。

其次，就事物的“特质”而言，“性质”反映的是事物之所以如此而必然依赖的东西。因为这些“东西”的存在，我们才可以开展后续的判断和推论。亚里士多德给了一个形象的解释：因为一个人具有了“善于奔跑”这样的“特质”，我们才可以断言他是一个“善跑者”，因而性质意味着那些“所有指天生的能干或天生的无能的那些词语。”③显然，这种性质关乎事物的“特质”，某种程度上决定了事物的外在表现，因而提供了一种通往“争议宣认”的逻辑之“因”。中国之所以强调对南海的领土主权，不是因为中国当前表现的某种“状态”，是因为中国拥有某种“先天的能力”——“历史性权”(historical right)，而这使得我国在南海领域的一切军事行动具有合法性。可见，在性质范畴的“特质”意义上，定义框架发生作用的潜在逻辑是：之所以对争议给出特定的理解，是因为我们可以在因果逻辑上进行诠释，逻辑之“因”则指向其他事物所不具备的某一“特质”。

再次，就事物的“影响”而言，“性质”反映的是事物因为他物的影响而具有的属性，即“影响的性质”。亚里士多德指出，“如果是由于某种经常的和持久的影响引起的，就称为影响的性质。”④“影响的性质”包含两方面的含义：第一是事物具有影响他物的能力。比如说糖是甜的，是因为糖包含有甜的性质，因此我们说糖有一种影响味觉的能力；第二是事物的属性就是影响的结果。一个人脸色苍白，可能是一种难以消除的特征，我们可以说他是一个苍白的人。显然，就“影响”意义上的“性质”范畴而言，定义框架发生作用的潜在逻辑是：一种属性之所以存在，完全是其他事物影响的结果，因此，可以在“影响的性质”这里界定争议的存在逻辑。

最后，就事物的“物形”而言，“性质”反映的是从“他们那里取得名称(这种名称叫作‘转成语’)的东西，或者以某种方式依赖于他们的东西，则被称为带有某种特殊性质”⑤。许多性质是从其对应的知识名称中引申出来的，其特点就是依赖于一些普遍共享的概念术语。当我们说一个事物是“中国化的”、“能歌善舞”、“角斗士”或“正人君子”，是因为这种性质是从“中国”、“歌舞”、“角斗术”、“德行”这些既定的名称中而获得自己的特性。亚里士多德断言：“那些从上面所举的性质的名称引申自己的名称或者以别种方式依赖着它的东西，就被称为具有某种特性的性质。”⑥由于性质是从其依赖的名称那里获得的，有些性质允许有程度的差异(如“社会主义民主政治具有更大

① [古希腊]亚里士多德著，方书春译.范畴篇 解释篇[M].北京：商务印书馆，1986，第30—37页.
② [古希腊]亚里士多德著，方书春译.范畴篇 解释篇[M].北京：商务印书馆，1986，第31页.
③ [古希腊]亚里士多德著，方书春译.范畴篇 解释篇[M].北京：商务印书馆，1986，第31页.
④ [古希腊]亚里士多德著，方书春译.范畴篇 解释篇[M].北京：商务印书馆，1986，第32页.
⑤ [古希腊]亚里士多德著，方书春译.范畴篇 解释篇[M].北京：商务印书馆，1986，第34页.
⑥ [古希腊]亚里士多德著，方书春译.范畴篇 解释篇[M].北京：商务印书馆，1986，第35页.

的优越性”)，有些性质则拒绝程度上的差异(如“市场经济和宏观调控是不能进行优劣比较的”)。前者具有比较的可能，后者则不具有比较的可能。因此，在“物形”意义上，定义框架发生作用的基本思路是：在对事物性质的界定上，要么正面出击，迎难而上，强调自身话语的优越性；要么另辟蹊径，启用新的知识体系，强调自身话语的独特性。

概括来说，在围绕“争议宣认”所展开的话语合法性争夺实践中，我们可以借助对事物的存在状态的认定、对事物发生原因与逻辑的认定、对事物影响他物的过程与方式认定、对事物特征表现的概念形态的认定建立“定义框架”，并在此基础上确立定义框架发生作用的意义逻辑。

**(二) 知识框架**

知识意味着一套意义体系，其核心内涵是思想，是话语。当一种知识被生产出来，它便在认识论意义上建构了一套把握世界的话语方式。所谓知识框架，即是由知识的话语实践所建构的意义网络。具体来说，知识构建了一套隐蔽的、匿名的、复式的、生产性的“排除的规则”(rule of exclusion)，从而在科学维度上帮助人们确立什么是合法的/非法的、积极的/负面的、健康的/不健康的社会认知，以此为合法性的生产提供一套科学的思维方式①。简言之，知识框架的逻辑基础是科学逻辑。正是通过对这些“排除的规则”的科学设定和精确操作，知识实际上搭建了一套有关社会认知的分类网络和含纳机制，这使得知识具有了对争议进行描述、分类、框定、推演、赋值的能力，从而赋予我们理解争议的一套科学逻辑。显然，科学逻辑构成了知识框架的语法体系，也构成了知识生产的权力基础。按照福柯的权力观，知识既是权力运作的媒介，也是权力生产的果实②。如果说权力运作依赖于具体的话语实践，那话语合法性的确立则离不开知识所创设的意义体系。因此，权力召唤知识，知识造就权力，二者总是在彼此的诠释体系中完成自身的逻辑确认，这便构成了知识框架发生作用的话语基础和权力内涵。

为了进一步理解知识框架的运作方式，我们不妨对知识框架范畴中最为典型的一种框架形态——概念框架(conceptual frame)进行分析。概念是一种最基本的知识形态，也是人类思维的基本构筑单位。任何知识系统的构成，离不开一系列概念形态的生产实践。当我们尝试从纷繁复杂的事物中提取某种共同特征，实际上就已经在概念维度上形成一定的知识单元。每个概念都是人为构造出来的指涉符号，那里储藏着巨大的意指结构，即通过对概念的意指实践及其意义争夺过程分析，我们可以接近概念框架的内涵和本质。从认知心理学上讲，知识意义上的观点和思想都不同程度地召唤并依赖相应的概念。那些依托于较多概念而形成的认知属于“高认知”，意味着我们可以快速建构相应的知识框架，而那些缺少概念支撑或依赖于较少概念支撑的认知属于“低认知”(hypocognition)，即“缺少你所需要的概念，缺少能用一两个词唤起的相对简单的固定框架”③。“高认知”是一种更为稳定的知识框架，“低认知”由于缺少足够的概念而意味着一种更为艰难的认知过程，其对应的知识框架也很容易因为其他概念的进入而发生改变。一个长期遭遇“低认知”折磨的群体，往往因为特定框架的缺失而难以形成特定的认同体系④。在“争议宣认”行为中，成功的修辞实践往往强调“高认知”知识话语的生产。换言之，知识话语依托的概念越丰富，且概念之间逻辑

① 刘涛.作为知识生产的新闻评论：知识话语呈现的公共修辞与框架再造[J].新闻大学，2016(6)，第104页.
② [法]米歇尔·福柯著，刘北成、杨元婴译.规训与惩罚[M].上海：上海三联书店，1999，第29页.
③ [美]乔治·莱考夫、马克·约翰逊著，何文衷译.我们赖以生存的隐喻[M].杭州：浙江大学出版社，2015，第38页.
④ 人类学家鲍勃·利维(Bob Levy)在塔西提岛上的一项研究发现，由于塔希提人没有“痛苦”这个概念，他们难以形成与“痛苦”有关的认知框架，也难以形成建立在“痛苦”框架之上的仪式系统。当他们经历痛苦时，而又缺少与痛苦有关的概念框架以及建立在“痛苦”框架之上的情感调适体系，这使得塔希提人的自杀频频发生。

关系更紧密，所传递的知识框架往往具有更大的劝服力。

作为知识体系中一种具体的框架形式，概念的意义实践的标志性产物便是概念框架①。而要理解概念框架的语法体系，不能不提到修辞学意义上框架生成的隐喻逻辑。乔治·莱考夫(George Lakoff)和马克·约翰逊(Mark Johnson)在《我们赖以生存的隐喻》中提出了著名的概念隐喻理论(conceptual metaphor)，认为人类的概念系统是以隐喻的形式存在的，同样是以隐喻的形式构成和发生作用的②。在认知语言学上，概念隐喻意味着不同概念系统在相似性基础上的转义关系，即从一种概念系统(始源域)来把握另一种概念系统(目标域)。正因为不同概念系统之间的相似性被发现了，隐喻创设了一个类比性的意义置换语境。显然，概念框架的语言基础是隐喻思维，隐喻构成了概念框架运作的逻辑结构。在具体的"争议宣认"过程中，当我们启用一个新概念时，总是在尝试在相似性基础上抽象出某种特征集合，而这一过程必然伴随着新的认知框架的激活、挪用与生产实践。例如，面对2008年的美国金融危机(financial crisis)，美国诸多媒体使用的概念框架是"金融风暴"(financial storm)。从"危机"到"风暴"，意味着在修辞发明上转向了"概念框架"的争议置换与再造实践。如果说是"金融危机"指向一种制度性的危机形态，"金融风暴"则在"争议宣认"方式上缝合了这一矛盾，即将"危机"巧妙地建构为一场不可避免的灾难——既然是风暴，那风暴终将过去，经济复苏便是一个值得期待的事实。不难发现，借助对一种新的"概念框架"的征用，西方媒体悄无声息地完成了资本主义意识形态的修复工作。

当不同概念按照一定的话语逻辑聚合在一起，并且相互接合(articulation)，最终形成一个关于话语的概念网络，这一意指实践所对应的意义结构则是知识体系③。简言之，概念之间的逻辑勾连与相互作用，构成了我们所说的知识体系。按照迈克尔·迈克吉(Michael C. McGee)的意指概念(ideographs)理论，知识话语研究"必须在与其他事物的关系中来理解"④。乔治·迈尔森(George Myerson)和伊冯娜·里丁(Yvonne Rydin)的研究指出，任何一种环境话语对应的都是一套关于环境认知的知识体系，其构造法则表现为一系列知识概念聚合而成的"环境网"(environet)⑤。换言之，环境话语合法性的确立，往往是征用了一系列具有内在逻辑基础的知识概念，并在这些概念的接合逻辑上编织话语的合法性与正当性。面对工业主义霸权话语的主导地位，环境主义话语的建构离不开对"生存极限"、"温室效应"、"生态平衡"、"生态民主"、"环境参与"、"生态难民"、"生态公民身份"、"绿色公共领域"、"可持续性发展"等诸多概念的生产实践⑥。同样，马克思主义政治经济学的合法性确立，根本上是建立在"资本主义"、"生产力"、"经济基础"、"阶级"、"生产资料"、"再生产"、"经济危机"、"剩余价值"、"社会必要劳动时间"等系列经济学概念所构筑的逻辑基础之上。这些概念内在关联，相互嵌套，逻辑严密，共同构建了马克思主义政治经济学话语的框架系统。可见，如果说知识框架的语法系统是知识逻辑，知识逻辑的构造原理则源于概念符号的聚合与接合实践。正是借助修辞学意义上的接合实践，特定的话语框架不仅被生产出

① 刘涛.意指概念：环境传播的修辞理论探析[J].现代传播，2015(1)，第58页.

② Lakoff, G. & Johnson, M. *Metaphors we live by*. (Chicago, IL.: The University of Chicago Press, 1980): p.6.

③ 所谓接合，强调在修辞学意义上建立事物之间的意义关联。关于接合的修辞过程与生成机制，详见刘涛.接合实践：环境传播的修辞理论探析[J].中国地质大学学报(社会科学版)，2015(1)，第58—67页.

④ McGee, M. C. The"ideograph": A link between rhetoric and ideology. *Quarterly journal of speech*, 66(1) (1980): p.14.

⑤ Myerson, G., & Rydin, Y. *The language of environment: A new rhetoric*. (London: University College London Press, 1991): p.7.

⑥ 刘涛.新社会运动与气候传播的修辞学理论探究[J].国际新闻界，2013(8)，第86页.

来，而且作为一种知识逻辑作用于争议的宣认实践。

**（三）情感框架**

所谓情感，就是“那些让我们开始关注周围世界的心理体验，要么被世界击败，要么被世界吸引。”①亚里士多德将修辞实践划分为三种劝说模式：“第一种是由演说者的性格（ethos）造成的，第二种是由使听者处于某种心情（pathos）而造成的，第三种是由演说本身有所证明或似乎有所证明（logos）而造成的。”②简言之，三种劝说模式可以概括为“诉诸人格”、“诉诸情感”和“诉诸逻辑”。显然，“诉诸情感”在修辞实践中有着更为深刻的含义：不仅强调情感对修辞效果的直接影响，同时强调修辞行为要符合情感本身的框架系统。

在亚里士多德那里，情感的深层语言系统是道义。道义是一套相对自主的逻辑系统，而且独立作用于个体的认同体系。不同的道义逻辑，决定了不同的情感反应。亚里士多德甚至将道义修辞视为一种专门的修辞手段，认为修辞行为不能忽视道义层面的规范体系。为了在“道义”上“证明”自身的观点，亚里士多德列出了庭辩修辞中三种常见的道义修辞策略：“指出被告违反了多种道义，例如破坏誓言、诺言和保证，这样给他罪上加罪。指出被告所害的人是他的恩人，他犯了双重的罪，不知报德，反而害人。指出被告违反了不成文法。”③其实，“道义”问题属于情感认知范畴，其潜在的假设是：道义是一种相对独立的判断系统，一定意义上构成了一切“不成文法”的语言基础。如果将一个问题巧妙地转换为一个道义问题，从而进入道义铺设的逻辑体系中，往往能够取得更大的劝说效果。亚里士多德甚至断言，“演说的技巧”其实就是夸大法，其功能就是诱发人们做出一定的道义判断。

在情感社会学那里，情感是一种结构性的社会事实。埃米尔·涂尔干（Emile Durkheim）在“集体化”、“客观化”、“社会化”三个维度上思考情感，提出“集体情感”（collective emotion）这一概念。从个体情感到集体情感，涂尔干转向了情感研究的社会向度，其目的就是将情感作为一种主观的社会事实来研究④。后康德主义学者对道德和情感进行了严格的区分——如果说情感是一种普遍的心理体验，道德则往往通往既定的价值或规范体系，并且以一种隐性的方式促使我们做出相应的认知判断（cognitive judgment）。乔纳森·特纳（Jonathan H. Turner）在《人类情感：社会学的理论》中尝试从社会文化层面解释情感发生的社会学原理，认为情感行为并非简单的心智反应或认知调适过程，而是群体性的，是社会性的，是结构性的，并且深刻地“嵌套在社会背景中”⑤。特纳指出了人类社会四种基本的情感形态——满意、恐惧、愤怒和悲伤。四种基本情感经过一次或多次复合后，会产生其他情感形态，如同情、忧伤、愧疚、绝望、妒忌、抑郁、复仇、弱势感、疏离感、正义感等。

其实，每一种情感形态对应于不同的情感实践，其暗含的情感能量（emotional energy）是不同的，释放途径也是不同的，而且沿着不同的道义逻辑作用于人们的认知过程与行为实践，相应地也构成了不同的情感框架。詹姆斯·贾斯珀（James M. Jasper）的研究发现，情感在社会行动中发挥着极为重要的角色和功能：第一是发起行动动员（motivation），第二是提供行动目标（goals）⑥。在社会总体

---

① Jasper, J. M. “*Emotions and Motivation.*” In R. Goodwin and C. Tilly (Eds.). The Oxford Handbook of Contextual Political Analysis. (Oxford: Oxford University Press, 2006): p.159.

② ［古希腊］亚里士多德著，罗念生译.修辞学[M].上海：上海人民出版社，2005，第 23 页.

③ ［古希腊］亚里士多德著，罗念生译.修辞学[M].上海：上海人民出版社，2005，第 65 页.

④ ［法］埃米尔·迪尔凯姆（又译为涂尔干）著，狄玉明译.社会学方法的准则[M].北京：商务印书馆，1995，第 63 页.

⑤ ［美］乔纳森·特纳著，孙俊才等译.人类情感：社会学的理论[M].北京：东方出版社，2009，第 72 页.

⑥ Jasper, J. M. The emotions of protest: Affective and reactive emotions in and around social movements. *Sociological Forum*, 13(3) (1998): pp.397 - 424.

性的结构系统中，情感同样是一个阶级概念，即不同阶级的情感构成、情感分配和情感能量存在明显的阶级差异①。按照斯宾塞·卡希尔（Spencer E. Cahill）的情感资本理论，情感框架决定了人们追求情感资本（emotional capita）的逻辑与方式。卡希尔指出，每个阶层拥有的情感资本是不对等的，即对正性情感（positive emotion）占有程度和支配能力是不对等的。情感框架发生作用的基本逻辑就是不断获得“情感惯习”（emotional habitus）和“情感性格”（emotional dispositions），从而实现“不同情境中个体的情感感知、情感反映、情感传达与情感管理”②。显然，情感框架系统中的“争议宣认”，一方面取决于我们诉诸何种性质的情感形态，另一方面取决于我们如何识别并理解参与主体的阶级属性。

情感框架是一种逼真的存在与事实，其基本的运作逻辑就是道德语法③。在“争议宣认”实践中，情感框架发生作用的道义原则就是执行“道德工作”（moral work），也就是在道义规范和是非立场上赋予争议本身特定的情感认知方式，从而达到调适情感和指导行动的目标。“道德工作”的标志性产物就是基于朴素的道德归因所形成的情感形态——道德情感（moral emotion）。贾斯珀列出了一些典型的道德情感形态——羞愧、自豪、同情、愤怒，以及一些复合型的厌恶、恐惧或生气④。道德情感深处存在一种“无意识语言”，其特点就是在负性情感（negative emotion）积累到一定程度时候启动“情感防御机制”，从而达到保护自我的目的⑤。情感防御的两种常见框架方式是情感抑制和情感转换，前者体现为对负性情感的抑制和疏导，从而免于负性情感对个体的持续创伤，后者体现为对负性情感的积极转换，从而生成一种正性的或低强度的情感形态。情感抑制的框架策略就是进行外部归因，将个体的不幸理解为“既定制度与秩序的不公平造成的”⑥。经过情感的外部归因实践，人们很容易将“愤怒”转化为一种“正义的愤怒”（righteous anger），从而将自我谴责转向社会谴责，认为他人或社会应该对自己的负性情感负责⑦。情感转换的框架策略就是激活、生产、置换了一种新的情感语境，并在此基础上形成新的情感形态。乔纳森·特纳总结出五种基本的情感转换策略：置换（displacement）、投射（projection）、升华（sublimation）、反向（reaction-formation）、归因（sublimation）。基于特定的情感转换机制，愤怒、悲伤、恐惧、羞愧、内疚等负性情感最终被转换为其他的情感形态——正性情感、低强度的愤怒、面向他人的愤怒⑧。

显然，这里的情感抑制和情感转换，决定了情感的“无意识语言”本质，即情感以何种方式实现情感本身的调适，以及情感以何种方式赋予个体一定的认知逻辑和行动逻辑，这种“无意识语言”深层的道义逻辑构成了情感框架的基本观念。在具体的“争议宣认”实践中，所谓情感框架的生产，也就是将争议转

① Jasper, J. M. “*Emotions and Motivation*.” In R. Goodwin and C. Tilly (Eds.) The Oxford Handbook of Contextual Political Analysis. (Oxford: Oxford University Press, 2006): p.166.

② Cahill, S. E. Emotional capital and professional socialization: The case of mortuary science students (and me). *Social Psychology Quarterly*, 62(2) (1999): p.112.

③ 刘涛.情感抗争：表演式抗争的情感框架与道德语法[J].武汉大学学报(人文科学版)，2016(5)，第102—113页.

④ Jasper, J. M. “*Emotions and Motivation*.” In R. Goodwin and C. Tilly (Eds.) The Oxford Handbook of Contextual Political Analysis. (Oxford: Oxford University Press, 2006): p.165.

⑤ [美]乔纳森·特纳著，孙俊才等译.人类情感：社会学的理论[M].北京：东方出版社，2009，第165—168页.

⑥ Turner, R. H. & Killian, L. M. *Collective Behavior* (3rd ed.), (Englewood Cliffs, NJ: Prentice Hall College, 1987): p.242.

⑦ Goodwin, J. & Jasper, J. M. “*Emotions and Social Movements*.” In J. E. Stets and J. H. Turner (Eds.). Handbook of the Sociology of Emotions. (New York: Springer, 2006): pp.611 - 630.

⑧ [美]乔纳森·特纳著，孙俊才等译.人类情感：社会学的理论[M].北京：东方出版社，2009，第83—86页。

化并接合到一个道义系统中，从而沿着情感本身的运作逻辑来形成一套关于争议认知的理解方式。

### （四）价值框架

在个体心理层面，框架意味着一套理解世界的认知图式。图式的功能就是以特定的方式完成意义建构。只有当已有的图式难以对现状进行解释和把握时，争议才会产生，即争议是认知图式遭遇挑战或威胁的产物。大脑认知最理想的状态是，人们可以借助已有的图式来同化争议，即借助图式本身的逻辑系统赋予争议一种稳定的意义，以此消除争议带来的诸多认知困扰。认知图式是分层次的，而不同层次的认知图式的稳定性是不同的。在不同的认知实践中，图式系统往往存在明显的差异。因此，接近争议宣认的图式系统，首先需要明确认知图式本身的层次结构及其语言系统。

按照埃里卡·奥斯汀（Erica W. Austin）和布鲁斯·平克里顿（Bruce E. Pinkleton）的认知层次理论（cognitive level of effects theory），个体的认知心理活动并不是铁板一块，而是区分为不同的认知层次。每个认知层次对应于相应的认知活动，并且具有不同的认知特点和效价水平（multi-cognitive level）。为了进一步揭示不同心理认知层次之间的内在关系，奥斯汀和平克里顿绘制出认知层次的金字塔模型（见图 1）。在这个金字塔形状的认知层次模型中，个体的认知行为从低到高依次是感知（awareness）、知识（knowledge）、观点（opinions）、态度（attitudes）、信念（beliefs）、短期行为（short-term behavior）、持续行为（sustained behavior）、价值（value）①。不同认知行为对应的是不同的认知图式。就认知图式的稳定性而言，随着认知层次的上升，图式的稳定性逐级增加。换言之，相对于低层次的认知行为，高层次的认知行为具有更大的稳定性，即图式改变的难度会越来越大。在具体的修辞实践中，我们可以相对容易地改变一个人的感知、知识、态度，但是要改变一个人的价值则是难上加难。

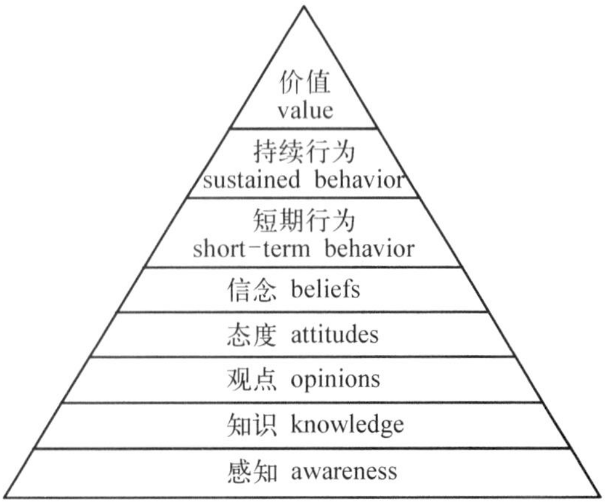


**图 1 认知层次的金字塔模型**

价值是一种极为稳定的认知图式，铺设了一套关于认知活动的底层语言，因而意味着一种基础性的元框架。具体来说，要理解"感知""知识""观点""态度""信念""行为"等认知层次的框架结构，我们不能忽视作为底层"操作系统"的"价值"框架的根本性作用，即价值图式深刻地影响了其他图式的意义结构和认知方式。所有尝试挑战价值合法性的"争议宣认"行为必然涉及价值冲突，其修辞效果也注定是有限的。在跨文化传播实践中，我们之所以强调价值"对话"，也是因为考虑到价值框架作为一种图式话语的稳定状态和排他性事实。正如奥斯汀和平克里顿所说："当那些自命非凡的游说组织试图去改变公众的价值时，他们最后却失望地发现，这种尝试经常是没有必要的（unnecessary），而且是不现实的（unrealistic）。"②显然，价值框架是一种牢固而持久的框架形态。而价值维度

① Austin, E. W., & Pinkleton, B. E. *Strategic public relations management: Planning and managing effecitive communication programs* (2nd Ed.). (Mahwah, NJ: Lawrence Erlbaum Associates, 2006): pp.291 - 293.

② Austin, E. W., & Pinkleton, B. E. *Strategic public relations management: Planning and managing effecitive communication programs* (2nd Ed.). (Mahwah, NJ: Lawrence Erlbaum Associates, 2006): p.293.

上的“争议宣认”,绝非古典修辞学意义上的劝说行为,而注定是一场基于主体间性的对话行为。

价值并非一个笼统的概念,而是存在不同的类型、形态和范畴。所有的价值问题,都可以简单地区分为四种价值形态——伦理价值、文化价值、公共价值和权利价值。由于不同价值形态的运行机制是不同的,而且彼此之间存在不同的逻辑系统,相应地也就形成了四种不同的价值框架。在“争议宣认”过程中,由于价值框架所确立的是一种稳定的心理结构,如果能够将争议勾连到一定的价值系统中,即转换为一个价值问题,那无疑会取得更大的修辞效果。纵观当前国际政治格局,西方话语优势地位的确立,主要体现为对人权、民主、自由、宪政等价值话语的激活和征用。中国在国际舆论场中的刻板印象的形成,也多是价值维度上框架冲突的结果。必须承认,西方国家对中国的“认知落差”,主要体现在政治民主、人权状况、民族宗教、官僚腐败等“敏感议题”上。如果无法在这些“敏感议题”上进行框架创新,尤其是价值框架及其深层知识系统的创新,那便会持续性地陷入西方话语的“他塑”境地。俞可平在《走向善治》中提出的“善治”、“增量民主”等概念实际上开拓了一种通往政治合法性认知的新的价值框架,这有助于我们超越单一的“民主—专制”框架,在全球话语场中注入一种替代性的价值框架。尽管这一框架还缺少一定的“国际语言”基础,且相关的话语内涵还需要进一步科学化、合理化和系统化,但其尝试开辟新的话语范畴的努力是非常可贵的。

如何理解价值框架的工作原理?社会学家弥尔顿·罗克奇(Milton Rokeach)在《人类价值的本质属性》中提出的“罗克奇价值量表”(Rokeach Values Scale)有助于我们进一步理解价值的微观构成以及价值运作的心理过程。按照罗克奇的观点,人类价值可以分为终极性价值观(terminal values)和工具性价值观(instrumental values),前者强调的是对生命的终极期望状态,后者强调的是实现终极性价值观所应该采取的行为手段。任何一种价值类型都对应于一系列内在相关的“元价值因子”(meta-value elements)。终极性价值观可以细化为救世、友谊、自尊、幸福、自由、平等、快乐、安全、睿智、社会承认、成绩感、内在和谐等具体价值话语,工具性价值观对应的是勇敢、宽容、正值、礼貌、责任、独立、自我控制、赋予想象、符号逻辑、雄心勃勃、助人为乐、心胸开阔等具体价值话语。而且,每一种终极性价值观都对应着相应的工具性价值观,如实现“平等”的前提是要“勇敢地坚持自己的信仰”,推行“救世”理想的前提是要具有“博爱”的品性,追求“家庭安全”的前提是要能够“宽容并谅解他人”……①概括来说,终极性价值观和工具性价值观分别对应于不同的价值框架,前者是后者不断沉淀和积累的一种稳定状态。因此,价值框架系统中“争议宣认”的逻辑与过程体现为:首先对争议所揭示的“问题”进行价值分类,即在四种价值形态——伦理价值、文化价值、公共价值、权利价值所铺设的价值系统中进行具体的价值识别和确认,然后在工具性价值观维度上开展更微观的价值分类与认知,最终抵达深层次的终极性价值观的认同。

## 结语与讨论:通往修辞实践中“浮动的框架”

总之,定义框架、知识框架、情感框架和价值框架构成了四种普遍存在的元框架形态。每一种元框架都提供了一套相对独立的逻辑推演系统,因而意味着对应于不同的“争议宣

① 关于价值话语的构成及其具体的测量方式,详见刘涛.文化意象的生成与构造——视觉修辞的心理学运作机制探析[J].现代传播,2011(9),第20—25页.

认”方式。然而,话语实践中的“争议宣认”方式往往因为修辞情景的变化而呈现出一种演变和流动状态,而这涉及“浮动的框架”这一崭新的理论命题。具体来说,当某一群体的话语框架遭遇挑战或威胁,一种常见的修辞发明策略则体现为对争议点的二次制造,即根据修辞情景的需要将争议接合到不同的框架形态中,从而赋予争议本身一种新的理解框架。在“雷洋事件”中,面对官方话语在整个事件进程中的不同描述和界定,底层话语在历时维度上分别启用了定义框架、情感框架、价值框架和知识框架,其目的就是尝试“以框架的方式”开展话语争夺实践。显然,通过对争议点演变逻辑的梳理,有助于我们相对清晰地把握不同主体的话语立场以及潜在的舆论演变结构。接踵而来的一个问题是,话语实践中的框架是如何演变和流动的?如何理解“浮动的框架”的基本内涵和发生逻辑,这是后续研究需要进一步突破和完善的框架理论命题。

# 基于批评性话语分析的网络语言暴力研究框架*

刘文宇　李　珂

(大连理工大学外国语学院,辽宁 大连 116024)

**摘　要**　在综述网络语言暴力研究现状的基础上,识别了当前两种主流研究范式并指出了其各自的不足。为了弥补当前研究在中观层面的关注不足,提出了网络语言暴力的批评性话语分析研究视角与框架。该框架利用微观层面互联网语篇分析来重构中观层面网络语言暴力的事件—过程,同时结合宏观层面的社会情境来展现“暴力的语言”向“语言的暴力”演变背后的驱动机制和社会操纵过程,可为下一步的网络语言暴力研究提供启示和引导。

**关键词**　批评性话语分析　网络语言暴力　污名化　网络欺凌　人肉搜索

## 一、引　言

近年来,随着互联网社交媒体、网络游戏平台和视频网站的快速发展,网络语言暴力(cyber language violence)现象日趋严重。网络语言暴力是以网络为媒介对他人或群体进行身心上的伤害,包括谩骂、歧视、诋毁、藐视、嘲笑、骚扰、攻击、侮辱、欺压、色情、性歧视等行为。2014 年,皮尤研究中心(Pew Research Center)在一项民意调查中发现,40%的成年互联网用户曾遭到网络暴力;而 18—24 岁的青少年用户群体中,约有 70%的人遭受过网络暴力①。作为一种新的社会问题,网络语言暴力引起了学界广泛关注并日益成为研究热点,但目前的研究多集中于社会学和社会心理学领域,鲜有从语言学角度进行网络暴力问题

* 基金项目　国家社会科学基金一般项目(15BYY057)。
作者简介　刘文宇(1971—　),男,辽宁锦州人,大连理工大学外国语学院教授,硕士生导师;李珂(1985—　),女,河南南阳人,大连理工大学外国语学院硕士研究生。

① Gentile D. A. *Media Violence and Children: A Complete Guide for Parents and Professionals* [M]. ABCCLIO, 2014: 16.

的研究出现。

网络暴力多以暴力语言为载体实现，因此，从语言角度分析网络暴力行为是一种直截了当的方式，而批评性话语分析可为此提供有力支撑。批评性话语分析旨在研究话语实践与权力和意识形态之间的关系，揭示语篇如何源于社会结构和权力关系，又如何为之服务[①]。因此，通过关注网络语言暴力事件中的话语实践和语篇，运用批评性话语分析，有助于识别网络情境下暴力语言的实施、确认、复制和强化过程，并揭示这一过程背后的社会互动关系和社会操纵过程，从而为网络语言暴力提供一个新的研究视角和思路。

## 二、网络语言暴力的研究现状

网络语言暴力表现形式多样，其中，污名化（stigmatization）、网络欺凌（cyberbullying）与人肉搜索（cyber manhunt）现象是最主要的三种形式。

### （一）污名化研究

污名化是主要存在于群体间的网络语言暴力现象。“污名”一词最早由美国社会学大师Goffman在*Stigma: Notes on the Management of Spoiled Identity*一书中提出[②]。近年来，社会心理学家尝试从社会认知角度探究人们如何建构类别，并将这些类别与定型联系起来，让学界对污名内涵有了更深认识，并促使污名的概念与特征发生重大转变。在污名化发生的社会经济与政治背景中，权力不平衡引发了差异识别、定型建构、对被贴标签群体的限定，以及“否定”“拒绝”“排斥”与“歧视”等社会控制机制运行。因此，污名化对权力运作的依赖被认为是与其内涵相关的第五要素。与此同时，Link & Phelan强调指出，“权力”引发“标签化”“定型”“排斥”“地位丧失”与“歧视”等控制机制共同出现则会导致污名[③]。如果单以“标签化”和“定型”两个认知要素来定义污名，会导致诸如律师、政治家、白种人等群体也被误当作污名化群体。因此，结合“权力”、“地位丧失”与“歧视”来界定污名化具有重要意义。

目前，污名化的研究成果主要集中于社会学与社会心理学领域。社会心理学学者偏好测量污名者的认知过程、感知与定型；社会学学者更多强调社会过程、权力与歧视。主要的研究方法有：① 统计分析的方法。该方法大多采用随机抽样，选取几百名或上千名不等的青少年群体、特殊病人群体为研究对象，并利用社会距离量表修正版等工具收集相关数据，进行相应的数理统计分析。例如，Butler & Gillis 和 Latner & Stunkard分别探讨青少年对自闭症、肥胖、厌食症等群体污名化看法及其看法引发的原因[④⑤]。② 拟剧论（Dramaturgical Theory）的方法[⑥]。该方法主要用于研究网络社区活动，污名化个体所属网络社区被比作“幕后”空间，社区成员在此空间中躲避社会负面评价。此类研究结果表明，社区患者疾病及患者网络表现与社会对该网络群体的保护力度、污名化抵制程度密切相关。污名经历会对社区患者心理、身体造成有害影响，甚至会持续加重患者病情。③ 文本分析法。该类方法主要对社会媒体中的文本或符号进行分析，从而揭示污名化背后的社会过程。例如，吴林隐和王斌通过典型网帖文本分析，发现恶搞、戏谑、人身攻击乃至集群性的网络暴力已经成为互联网污名

① 辛斌，高小丽.批评话语分析：目标、方法与动态[J].外语与外语教学，2013(4)：1.

② Goffman, E. *Stigma: Notes on the Management of Spoiled Identity*[M]. Englewood Cliffs, N. J. : Prentice-Hall, 1963：3.

③ Link, B. G. & Phlan, J. C. Conceptualizing Stigma[J]. *Annual Review of Sociology*, 2001(27)：377.

④ Butler, R. C. & Gillis, J. M. The impact of labels and behaviors on the stigmatization of adults with Asperger's Disorder[J]. *Journal of Autism and Developmental Disorders*, 2011, 41(6)：742.

⑤ Latner J. D. & Stunkard A. J. Getting worse: the stigmatization of obese children[J]. *Obesity Research*, 2003, 11(3)：453.

⑥ Yeshua-Katz D. Online Stigma Resistance in the Pro-Ana Community[J]. *Qualitative Health Research*, 2015, 25(10)：1348－1349.

化中国足球的常态特征，而网络表达的群体极化又让污名现象进一步加剧，并最终左右互联网足球评价舆论场①。针对特定弱势群体，罗彦杰以老人与失智患者为受污名者，通过Pan & Kosicki的第四种符号设计"修辞结构"对四家报纸76则新闻报道的符号分析，表明老人与失智者的社会身份负面居多，媒体在老人与失智患者污名化过程中至少扮演"贴标签"与"负面定型塑造者"等两种角色，无形中建构了老人与失智者社会身份②。"贴标签"等同于运用词和修辞（即符号）的表达过程；负面定型则相当于使用某些框架来报道老人与失智新闻。

### （二）网络欺凌研究

网络欺凌也称网络伤害、网络欺负，是网络空间情境下个体或群体之间网络语言暴力的主要方式。网络欺凌常见的发生渠道包括即时消息、电子邮件、社交网站、在线游戏等；常见的表现形式主要有言语辱骂、胁迫拍照、背后中伤、伪装身份四种类型③。越来越多的证据表明网络欺凌与校园环境密切相关，其施加者多为中学生，且该行为在英国、美国、加拿大、日本、中国等各国范围内都较为普遍。

研究早期，研究者曾采用扎根理论，结合焦点小组引导青少年在宽松、无威胁环境中表达自己对网络欺凌的看法与见解，进而探究该现象的复杂性。近年来，网络欺凌研究者大多通过自填式问卷、李克特五点式量表、精神病态量表（Psychopathic Traits Inventory-Short Version）④，对以互联网和手机为媒介的欺凌频率进行相关心理和行为结构测量；利用纵向设计方案揭示与网络欺凌行为相关的诸多风险因素。研究着重探讨以下两类关系：(1) 网络欺凌与性别、年龄、技术使用、父母干预与安全等各因素间的关系。研究结果表明：参与网络欺凌的学生比其他学生表现出更明显的暴力倾向，每天使用电脑的时间更长或将社交账户密码告知过朋友；网络欺凌与学生成绩不佳、逃课及课堂表现等呈现正相关关系。网络欺凌中既是施加者又是受害者的青少年学业成绩更糟，显现更多行为问题⑤；(2) 主动欺凌、被动欺凌、欺凌与网络欺凌间的关系。该类关系研究表明，网络欺凌易对受害者产生焦虑、孤独、抑郁等负面心理影响。其中，Hinduja & Patchin与Wright & Li应用广义紧张理论（General Strain Theory）解释欺负与网络欺凌间的关系⑥。广义紧张理论认为，积极激励因素缺失、目标阻滞、经历欺负等消极刺激因素的出现均能引起压力，个体的紧张和压力是引起愤怒与挫败的原因。当压力产生时，部分人可能会借违法犯罪或者欺凌去解决问题。因此，欺负作为消极刺激之一，可能导致青少年利用网络欺凌等不当方式缓解压力或其他消极情绪。由于近年网络欺凌测量工具多由研究者自行设计，且缺乏信度和效度检验，使得现有测量工具缺乏科学性和系统性。

### （三）人肉搜索研究

与污名化、网络欺凌不同，人肉搜索根植于中国的社会文化语境，是网民运用人际关系，借助于网络这一匿名平台，一人发动搜索，众网民从不同途径进行挖掘，从而获得某人的具体信息，并将其公布于网络的搜索方式。人肉搜索主要通过网民提问、跟帖等方式来获取

---

① 吴林隐，王斌.中国足球互联网污名化现象研究——对三个典型案例的分析[J].华中科技大学学报：社会科学版，2013，27(5)：116.

② 罗彦杰.老人、失智与污名：新闻报道如何建构受损身份[Z].中华传播学会2015年会，2015：12－18.

③ 师艳荣.日本中小学网络欺凌问题分析[J].青少年犯罪问题，2010(2)：26.

④ Orue I. & Andershed H. The Youth Psychopathic Traits Inventory-Short Version in Spanish Adolescents — Factor Structure, Reliability, and Relation with Aggression, Bullying, and Cyber Bullying[J]. *Journal of Psychopathology and Behavioral Assessment*, 2015, 37(4): 563.

⑤ Hemphill S. A., Tollit M., Kotevski A., et al. Predictors of Traditional and Cyber-Bullying Victimization A Longitudinal Study of Australian Secondary School Students[J]. *Journal of Interpersonal Violence*, 2014: 22.

⑥ Hinduja S. &Patchin J. W. Cyberbullying: A review of the legal issues facing educators[J]. *Preventing School Failure: Alternative Education for Children and Youth*, 2011, 55(2): 72.

搜索结果。由于我国《侵权责任法》对于网络服务提供者尚未作详细分类，匿名性网络空间搜索者的身份缺失以及网络群氓盲从心理使得中国式人肉搜索兴盛起来。

人肉搜索过程中，原本为了获取答案的搜索行为演变成了"话语"事件，这使得人肉搜索成为网络空间情境下群体与个体之间网络语言暴力的主要方式。人肉搜索中话语的生产性力量表现在两个方面：一方面，是对事件的建构作用。在搜索过程中，网民跟帖建构了一个社会事件，其中包括某种"社会关系"、某些人的"社会身份"以及某种"知识和信仰体系"。人肉搜索在事件建构过程中制造了一种"权力不平衡"，网民群体对社会个体的全景监控、群体攻击，导致被搜索对象处于非常弱势地位。被搜索对象及家人在"理亏"心理作用下只能示弱、道歉和求饶，这在一定程度上又助长了暴力。另一方面，这种权力压制其他话语。在人肉搜索中，当网民形成近乎一致的意见后，如果有人提出反对意见，会被认为与被搜索者同盟，也会遭遇斥责或搜索，进而对事件评价形成所谓的道德"舆论"。美国社会学家Smelser认为，集体行为理论对人肉搜索行为具有较强解释力①。集体行为是人类群体在"夸张"观念指导下进行的"非体制化"行为，往往缺乏耐心，具有侵犯性。人肉搜索是网络集体行为的一种特别类型，主要发生于虚拟网络空间。总体上讲，网民群体的人肉搜索行为以一种自我赋权的形式，扮演了诸如真相探索者、社会规范执行者、公权力监督者、文化批判者以及助人为乐者等重要的社会功能角色。但人肉搜索过程的暴力现象比较严重，民族主义、文化教育以及道德事件表现得最为突出。值得注意的是，谣言和暴力似乎是一对孪生兄弟，其共同出现的概率较高。在人肉搜索事件中，网民的行为遵循"紧急规范"的指导，这种"紧急规范"是高度"情境性的"，正义、愤怒致使谣言和侵犯性的言行具有一定程度的合法性。

## 三、当前网络语言暴力的主要研究范式与不足

通过对既有文献的梳理发现，网络语言暴力主要表现在以下四个层面：第一，个体价值和社会价值的冲突；第二，社会阶层（群体）之间的冲突；第三，个体与个体之间的意见、言论和价值不合引发的冲突；第四，现实世界中的冲突迁移到网络上，并使之扩大化。围绕上述四个层面，当前的网络语言暴力研究可归纳为以下两种研究范式：

### （一）网络语言暴力的行为主义范式

这一视角主要是从行为主义应用心理语言学角度研究网络语言暴力，将网络语言会话过程作为语篇，研究其文本和对话过程，重点是社会环境下语言和思想的发生、情绪和表现②。该范式多采用实证主义研究方法，以不同类别的学生或社会群体为研究对象，研究网络语言暴力条件下"网络"对人的需要、认知过程、发生机制等方面的影响及后果。这一范式主要用于研究网络暴力、攻击、欺凌、骚扰等，具体包括网络环境下的视频游戏中的性骚扰和歧视。网络语言暴力的行为主义范式主要是从微观层面研究互联网（包括社会媒体、自媒体、网络游戏、网络视频等）与暴力有关的语言需要、行为等对个体或群体的影响和因果关系。

### （二）网络语言暴力的情境—互动范式

这一视角主要是从社会学角度研究网络语言暴力在网络社会语境与网络语言运用之间的作用关系，主要包括三类理论：一是结构论，该理论将语言结构和社会结构关联起来，从而研究网络语言暴力背后的语言结构和社会结构之间的关系，并将语言结构（将语言理解为人类社会联系的网络）投射到社会结构中去寻找网络语言暴力的社会原因，其本质是建

① Smelser N. J. *Theory of Collective Behavior*[M]. Quid Pro Books，2011：4－22.

② Hemphill S. A.，Tollit M.，Kotevski A.，et al. Predictors of Traditional and Cyber-Bullying Victimization A Longitudinal Study of Australian Secondary School Students[J]. *Journal of Interpersonal Violence*，2014：64.

立在社会角色和阶层分析基础上的分析范式；二是功能论，该理论将网络语言暴力的研究归因于不同情境下，语言发挥着不同功能，从本质上功能论是结构论的一个细分，即将社会结构进行分类并将其转换为情境变量，从而寻求网络语言的社会功能差异化①；三是符号互动论，认为社会是人际符号互动的产物，把语言放到社会互动过程中去研究它的发展及其社会功能，该理论更加突出网络语言的价值和功能，将网络暴力的来源理解为语言和文本的符号互动，即一种符号暴力，如污名化、谣言、侮辱等②。网络语言暴力的结构—功能论和符号互动论的研究层面，主要是从宏观层面研究互联网与暴力有关的语言结构、功能、互动及其对社会的影响和作用，主要研究方法包括社会网络分析、语义网络分析等。

总体上讲，现阶段的网络语言暴力研究主要参照的是行为主义研究范式或是情境—互动范式。然而，上述两类研究范式对于网络语言暴力这一新兴的研究主题，从研究方法论上讲，均具有某种程度上的先天不足。其中，行为主义范式的特点是将语言暴力作为一种外生变量，即客观存在，然后研究语言暴力如何对青少年、女性、社会弱势群体、名人等造成影响，其核心并不是语言本身，而是行为及其后果，这类研究因过于微观化，对于语言自身的解释能力不足。结构功能论和符号论的研究范式，突出了语言的价值和作用，但这类研究着眼于宏观层面(结构和功能)的研究，将语言作为一个“黑箱”，从而希望能够建立新的社会秩序，这对于从语言学或社会语言学角度，显得过于宏大。

## 四、网络语言暴力研究的批评性话语分析视角与框架

网络暴力的载体是暴力语言，因此，从语言角度分析网络暴力是一种直接有力的方式，而批评性话语分析恰好能为其提供有力支撑。一方面，批评性话语分析探索的是话语实践、事件和语篇与更广阔的社会文化结构、关系和过程之间的因果关系③，批评性话语分析能够贯穿并连接微观的语篇、中观的话语实践和宏观的社会情境三个层面，弥补行为主义范式过于微观和情境—互动范式过于宏观的不足。另一方面，行为主义范式在历史上曾受到表征危机的强烈困扰，批评性话语分析恰是为了解决表征危机而出现的，从研究方法上来讲，有利于避免行为主义范式研究效度先天不足的问题。因而批评性话语分析可以为网络语言暴力研究提供一种新的研究视角和分析工具。

### (一) 批评性话语分析

批评性话语分析扎根于语言学、社会学、社会心理学、认知科学等众多学科，主要从语言学角度进行社会分析。该研究从某一社会问题出发，采用跨学科和超学科的研究方法，通过话语、过程、社会、实际问题分析以及分析者对分析过程的反思，并通过确定、消除解决问题的障碍来完成分析④。在批评性话语分析中，“话语”既可以是一个历史性事件、一个政治策略，也可以指与叙述、文本、演讲、主题相关的对话、语言等。批评性话语分析以话语观为出发点，将话语视为多维度、多模式、多功能现象，在语言学、互文、历史、社会及情景语境中进行解构和研究，以某种特定方式进行社会设定与社会建构⑤。与此同时，话语被描述成社会实践，能够反映话语事件与情境、机构、社会结构之间的辩证关系，并借此建构情境、社会身份、人与人、人与群体以及群体与群体间的关系。从批评性话语分析视角来看：语言是一种社会实践，反映现实并操纵社会过

① Hyland, K. Genre: language, context and literacy[J]. *Annual Review of Applied Linguistics*, 2002(22): 114.
② Bourdieu, P. *Language and Symbolic Power*[M]. Cambridge, MA: Hardward University Press, 1991: 22.
③ 辛斌，高小丽.批评话语分析：目标、方法与动态[J].外语与外语教学，2013(4)：2.
④ 武建国.批评性话语分析：争议与讨论[J].外语学刊，2015(2)：78.
⑤ Fairclough, N. & Wodak, R. Critical Discourse Analysis [A]. In T. A. van Dijk(ed.). *Discourse as Social Interaction* [C]. London: Sage, 1997: 279.

程；语言与价值观念、宗教信仰、权力关系相互影响；语言的使用可以促使话语改变和社会变革①。批评性话语分析从“主体—结构”和宏微观尺度两个维度可以大致分为社会认知方法、定因分析方法、社会行动者方法、语料库—语言学方法、话语—历史观方法、辩证—关系方法等六种典型研究途径。

**（二）基于批评性话语分析的“事件—过程”中观研究视角**

在批评性话语分析研究方法中，网络语言暴力可从两个方面来理解：一个是作为语言的暴力（violence as language），另一个是作为暴力的语言（language as violence）②，同时，网络语言与网络暴力可以形成相互转换的事件和过程，进而采用“事件—过程”的中观视角来研究网络语言暴力。该视角实质是从冲突理论出发，将网络语言暴力看作参与人（或群体、社会）所受环境刺激与行为反应（事件），并把社会心理物理过程（psychophysical mechanism）视作“事件”的决定因子。网络语言暴力行为可以作为一种文本或语篇，展现网络中参与人的认知、价值、兴趣、态度、偏好以及行动者的群体或阶层属性，并在群体、阶层差异和冲突条件下，通过文本或语篇作为“事件”表达这种冲突，利用其发生和转变的“过程”展现文本和语篇的价值和功能。同时，在网络情境下，分析群体对价值冲突需求如何进行反应和互动。该视角对于研究网络语言暴力中语言和文本的关系和变化，打开“语言”的“黑箱”，具有很好的理论价值。与当前国内外研究者的宏观“情境—互动”范式和微观行为主义范式不同，采用“事件—过程”视角研究网络语言暴力，更多是从中观层面研究暴力事件中参与人之间的价值冲突、关联及其演化过程。因此，批评性话语分析视角的“事件—过程”范式具有很强的操作性和实用价值。

**（三）网络语言暴力的批评性话语分析框架**

在基于批评性话语分析的“事件—过程”中观研究视角下，融合 Fairclough、Wodak 和 Foucault 的话语分析理论思想，形成了网络语言暴力的批评性话语分析框架，如图 1 所示。

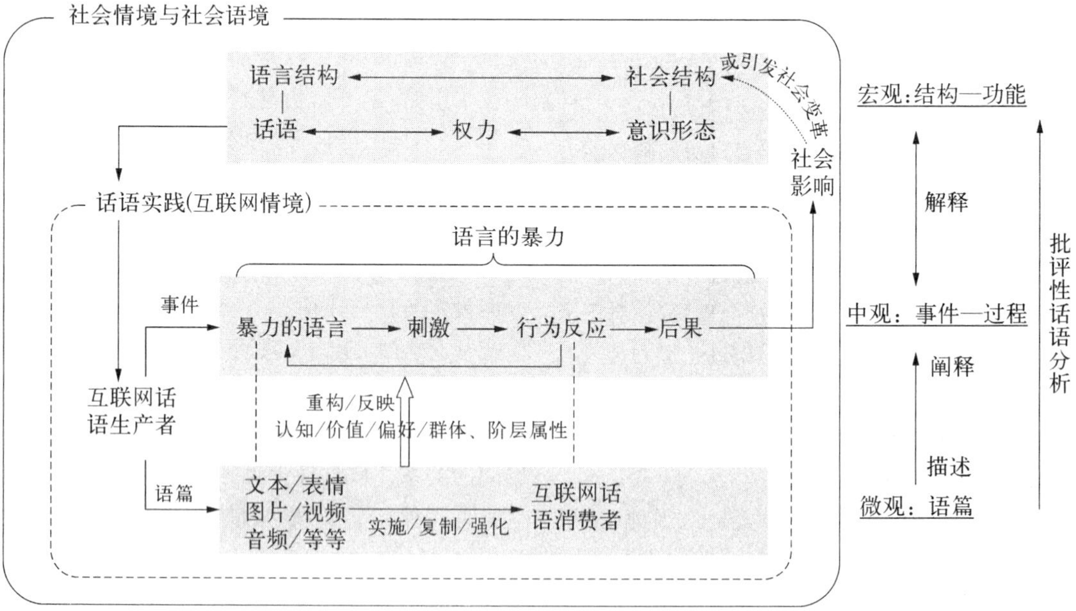


**图 1 网络语言暴力的批评性话语分析框架**

① Wodak, R. & Meyer, M. (Eds.). *Methods of Critical Discourse Studies*[M]. London: Sage, 2015: 22.
② UNESCO. Language as Violence, Violence as Language[J]. TIG Magazine, 2006: 16.

(1) 该框架包含从微观到宏观的三个层面，分别对应着批评性话语分析的三个核心概念：语篇、话语实践和社会情境与社会语境；并体现了批评性话语分析的核心逻辑，即系统地探讨话语实践和语篇与权力和意识形态之间的关系，同时结合社会结构和语言结构来解释权力与意识形态对网络语言暴力所施加的隐蔽影响。

(2) 在批评性话语分析的视角下，宏观层面的社会情境与社会语境被进一步结构化为一般意义上的话语、权力与意识形态之间的关系，以及语言结构与社会结构之间的对应关系。上述两类关系会对互联网情境下的话语实践(也就是网络语言暴力)产生潜在影响，体现为权力和意识形态对社会互动的操纵过程。

(3) 网络语言暴力作为一种话语实践，可以从暴力的语言和语言的暴力两个层面来理解，在框架中，暴力的语言对应着微观层面的语篇，语言的暴力对应着中观层面的事件—过程。暴力的语言(语篇)和语言的暴力(事件—过程)构成网络语言暴力话语实践的一体两面，二者相互对应且可以相互转换。其中，暴力的语言表现为一种文本、表情、图片、视频、音频等，可以反映出互联网话语生产者的认知、价值、偏好以及行动者的群体或阶层属性。上述暴力语言的实施、复制和强化的过程，容易对互联网话语消费者(个体或群体)形成强烈刺激，引发个体和群体之间对立冲突以及新一轮的暴力语言回应，形成正反馈并导致事件升级，造成严重的社会负面后果，致使暴力的语言逐步演化为语言的暴力。这一过程背后的认知、价值、意识形态等冲突以及事件操作过程，则隐藏在互联网的话语和文本语篇中被保留记录下来。因此，通过对互联网话语和文本语篇的批评性话语分析，可以重构网络语言暴力的事件—过程，并揭示个体或群体冲突背后的冲突关系与变化，同时展现权力与意识形态潜在影响下的社会操纵过程。一方面，有利于通过识别网络语言暴力背后的驱动机制和社会操纵的关键点，提出有效的干预策略；另一方面，通过揭示网络语言暴力中语言和文本的关系和变化，打开“语言”的“黑箱”，展现文本和语篇的价值与功能。

(4) 话语是一种社会实践，虽然其特点取决于社会结构，但话语又反过来影响甚至建构社会现实。从框架大的逻辑循环回路来看，这一逻辑体被结构化为：权力和意识形态对话语实践产生潜在影响，具体表现为暴力的语言向语言的暴力演进，其导致的后果会产生相应的社会影响，当社会影响积累到一定程度后，有可能引发社会结构的变革和社会语言结构的变化，从而完整地描述了二者之间的相互影响关系。

## 五、结　语

网络语言暴力随着互联网普及率的不断提高而日益严重，具体表现为污名化、网络欺凌与人肉搜索等多种形式，对个人与社会均造成一系列的负面影响，已然成为一个普遍性社会议题，亟待进行深入的研究。

(1) 通过对一系列国内外文献的梳理发现：① 污名化、网络欺凌等网络语言暴力相关概念较难界定、缺乏合理的行为判定标准，学界尚未形成完全统一的定义；② 研究范围较狭窄，主要集中于青少年群体以及特殊病人群体，对特殊行为人群和特定弱势群体关注不够，且忽视了当前社交媒体媒介下的性别、种族以及地域污名化现象；③ 当前，网络语言暴力研究的两种主流范式为行为主义范式和情境—互动范式，前者研究过于微观化，对语言自身的解释能力不足，后者则过于宏观，将语言作为一个“黑箱”，无力揭示话语实践中的过程与变化。

(2) 批评性话语分析为网络语言暴力的研究提供一个新的视角，通过在中观层面引入事件—过程的分析方式，提出了基于批评性话语分析的网络语言暴力研究框架。该框架将批评性话语分析的研究逻辑引入网络语言暴力研究中，在中观层面上将网络语言暴力的话语实践结构化为一个“暴力的语言”向“语言的暴力”进行逐步演变的过程，有利于弥补当前两种主流的研究范式（行为主义范式和情境—互动范式）在中观层面上的鸿沟，可以为下一步的网络语言暴力研究提供理论启示和引导。此外，该框架兼顾了网络语言暴力研究在概念层面上的结构化与批评性话语分析操作上的柔性，可以为具体的网络语言暴力批评性话语分析提供研究操作上的借鉴。

# 政务网站图像话语的政治功能初探*

王建华　周　毅

（浙江科技学院政务新媒体研究院，浙江 杭州 310023）

**提　要**　政务网站的图像话语与文本话语一样有建构功能，其视觉话语能力是政府执政能力的映现。数字化使图像的影响力超越了以往任何时代，但在我国的政务网站中，图像话语未能受到足够重视。政务网站的图像话语中，政府领导人像占绝对优势，所建构的多是领导沉溺“会海”的刻板印象，与人民隔膜的“他者”，图像话语未能较好体现政务网站辅政、助政能力。

**关键词**　政务网站　话语　图像　政治

一般而言，由点、线、面、色彩构成的造型符号系统所生成的话语即为视觉话语，视觉话语和文本话语同样具有表意能力。当今社会，物联网和云计算已由概念转为现实，电子政务、电子商务、电子出版、电子娱乐等数字化新媒体将现实活动更多地迁移于网络，构成“当今的虚拟生活”。（李宇明 2012）就像以往每一次新媒介的出现都会极大地拓展视觉的生存空间一样，视觉话语海量增长：全球日均约有 5 亿张照片被上传分享，每分钟有超过 200 小时的视频内容被分享（周民 2015：43）。数字化新媒体颠覆了传统图像的生产与传播，跨媒体和全媒体的多元链接、转换，使图像的影响力超越了以往任何时代。在政务领域，政务网站的视觉话语也不缺席，但尚未引起足够重视，这在一定程度上消减了政务网站应有的执政、辅政能力，某些时候甚至矮化了政府形象。导致这一现象的原因在于政务网站未能充分意识到视觉话语的功能。事实上，在网络问政辅政中，比之文本话语，图像等视觉话语毫不逊色。目前，政务网站中，视觉话语以领导者图像为多①，本文拟对此进行探讨。

## 一、图像关乎政治

图像自其产生起，即与政治相关。就话语

* 基金项目　国家社科基金项目“政务新媒体语言表达模式建构研究”（编号 15BYY046）、国家语委重大规划项目“政府政务新媒体的语言应用与政府效能”（编号 ZDA125－25）、浙江省哲社规划项目“文人画的语篇研究”（编号 16NDJC227YB）。

作者简介　王建华，浙江科技学院政务新媒体研究院院长、教授。研究方向：语用学、新媒体语言等。周毅，浙江科技学院政务新媒体研究院教授。研究方向：语用学等。

① 政务网站的视觉话语可归为静态的图像和动态的影像两大类。静态的图像有标识网站的图像标志（logo）、与短语并置标识栏目的线绘微图、风景和人物图片、漫画等。影像等动态的视觉话语不多，主要有两种，一是政府会议视频，二是与政策法规等相关的访谈视频，政务网站视觉图像多为图片，漫画尚未普及。

分析看，政治即思考、讨论“人们所认定的权势、地位、价值或财富资源”（詹姆斯·保罗·吉 2011：1）。作为一种视觉符号，图像除了有语言符号一样的象征性（symbolic），还有象似（iconic）性①，图像的象似性所致的直接知觉体验，使视觉能立即体验出意义。与此同时，图像意义解读又具有开放性。意义的迅速解读和解读的开放，使图像成为政治意义竞争激烈的场所（赵宪章 2012）。

事实上，即使在图像传播不易的传统媒体时代，图像就已在政治上受到重视。古代马其顿国王亚历山大消灭波斯帝国后，把自己的头像铸在银币上，第一次利用货币流通大规模传播图像，以自己的头像作为巩固其政治统治的手段（刘洪 2012：179）。当下，图像在政治领域更有“引擎工具”作用，“雷政富”“表哥”等事件是典型例证。

在政治领域，话语的基本功能是确定身份和维持身份。福柯（2003）认为话语是建造或积极构筑社会的过程：话语既构建知识客体，也构建社会主体和自我“形式”，构建社会关系和概念框架。哈贝马斯认为话语“将每一个单独的主体组织在‘社会’之中，‘自我’是在与‘他人’的相互关系中凸现出来的”（转引自章国锋 2001：40）。“女人”的身份是在和“男人”的相互关系中形成的；国与国间，一国通过建构他国身份（如威胁、危险和挑战等）来建构自己的国家身份。图像话语和文本话语一样，均由符号组构，在身份建构这一点上，政务新媒体的图像话语不仅和文本话语无本质差别，还具有天然的、更强的身份建构功能。

图像似乎以对象“事实如此”的样子记录，但事实并非总是对现实事物真实记录的客观存在。从社会符号学角度来看，图像等视觉话语和文本话语一样，对社会现实和心理现实既具有再现作用，又具有重构作用。视觉话语本身具有结构性，在社会意指体系内划分“自我”与“他者”的身份区别。皮埃尔·布尔迪厄曾以一张削去脸部的老妇人骨节粗大、静脉凸出的手部摄影图片，询问不同阶层的人的解读。在农民那里，得到了强烈赞赏：是一个好农民拥有的、令人赞叹的双手。农民观图者建构的是和老妇人同类的“自我”。而在中产阶级者看来，这只是一双身份低微的干粗活的老妇人的手，丑陋无美，是“他者”（转引自罗岗、顾铮 2003：46—75）。

当然，就像语言符号的意义必须依赖语境一样，视觉话语的意义也是不固定的，必须依赖于其他视觉话语、视觉话语所处的话语环境、观者读图看像时的个人偏好等（何伟 2015）。在政务新媒体领域，政治语境对图像话语的意义补充是十分重要的。

## 二、政务网站图像话语建构身份

视觉话语中，人像图片身份建构最为直接。相较其他新媒体，政务网站是政治争夺的场所。政务网站图像话语的身份建构，多通过“出现”或“不出现”的方式来实施。如图 1。

2016 年 9 月 3 日上午，中国第十二届全国人大常委会第二十二次会议批准了关于气候变化的《巴黎协定》。当日下午，作为 G20 峰会的一个重要活动，习近平同奥巴马、潘基文在杭州共同出席气候变化《巴黎协定》批准文书交存仪式。以上白宫图片报道的是批准文书交存仪式这一事件，但图像上没有出现这一事件的重要主体——出席仪式的中国国家主席习近平，出现的是奥巴马和联合国秘书长潘基文的人像。尽管浮窗标题“The U.S. and China Formally Enter the Paris Agreement”的“中美”和概要“President Obama joined President Xi of China in taking the necessary

---

① 根据皮尔斯的符号理论，符号特别是视觉符号有象征（symbolic）和象似（iconic）的特点。“象征”指符号的能指和所指之间的关系是任意的，由社会来规约，如红色交通灯除了指示汽车必须在这里等待外，在这一语境中红色还任意性地表示危险和禁止；“像似”是指能指和指称物相像，如照片中的猫和现实中的猫总是相似的。

**图1 北京时间2016年9月6日9: 50白宫网站截图**

steps to formally enter into force the historic Agreement to combat climate change”中的“中国习主席”等文本信息显示了中、美是事件主体,美国总统奥巴马和中国国家主席习近平是事件具体实施的国家代表。白宫以中国国家主席习近平人像的“不出现”,建构美国在类似应对全球天气变化等国际事务中的唯一主政身份。图中奥巴马微微俯首,联合国秘书长潘基文略略扬起的眉毛呈现潘基文略略仰视的视线,暗示国际事务中美国是主导者。白宫网站的这张图片以代表中国的习近平人像的“不出现”,将中国建构为“他者”。

我国政务网站中,除了为旅游服务宣传地域景观的风光图片外,人像图片占优势。人像图片中,高频“出现的”是各级领导,普通民众基本“不出现”。我们曾两次对杭州市政府网“图片信息”中的前100张图片进行截图,并将图片内容作了分类,详见表1。

表1的100张图片中,除“十佳农村特色礼堂”为建筑物图片外,99张均为人像图片。人像图片中,“‘飞天奖’在杭州落幕”为影星陈宝国手擎奖杯图像,“杭州工会‘会缘吧’首次活动现场火热”“我市启动新一轮大学生就业创业师友计划”“杭州市总工会善用‘互联网+’思维为青年职工搭鹊桥”等3张为普通青年群众人像,其余95张图片都是以市政府领导人像为主的个人或集体图像,领导人像图片占95%,呈压倒性的绝对优势。

另一次是2016年9月16日上午8点截图,也是100张图片(节省篇幅不再列表),时间是2016年6月20日至2016年8月2日。这100张图片均为人像图片,群众人像12张,以杭州市市级领导人像为视觉焦点的人像图片88张,占88%。群众人像多集中于交通部门,共5张:出租车司机们坐于会场学外语的图片(“千名的哥跟着老外学外语”)和肩佩“文明出行大使”绶带图片(杭州出租汽车评出‘十大文明出行大使’)、公交车司机坐于驾驶座(杭州公交首创使用支付宝乘车)和献血图片(践行“两学一做”公交电车公司开展无偿献血活动)、水上交通救援队员身着救援服站姿图片(杭州首次引进社会专业力量组建水上交通应急救援队);其余群众人像7张:文工团演员演出图片(中华全国总工会文工团走进环境集团慰问劳模和职工)、着警装的小学生图片(拱墅“小警察”夏令营正式开营)、毅行大会会场图片(2016国际(杭州)毅行大会将于9月下旬启动报名)、民生公益服务网上线启动仪式现场(杭州民生公益服务网上线启动)图片、一男子躺于病床医生俯身向男子的图片(杭州市造血干细胞捐献突破第100例)、2张青年男女进行某项活动的图片(杭州举行物流师职业技能大赛、七夕夜市总工会送幸福进企业)。和表1领导图像占95%相比,表2"出现的"群众有所增加,但总体看,普通民众不仅仍趋于"不出现";即使出现,也将近一半是出租司机和公交司机人像,且只出现青年和孩子,没有老年民众。

**表1 杭州市政府网站的100张图片信息表(2016年1月18日上午10时截图)**

| 序号 | 图片名 | 图片内容类别 |
|---|---|---|
| 1 | 项永丹调研水电社区和馒头山地区综合整治工作 | 领导主会参会 |
| 2 | 市政府就《政府工作报告》征求老领导意见 | 领导主会参会 |
| 3 | 市人大市政府举行工作联席会议 | 领导主会参会 |
| 4 | 我市召开交通运输行业迎B20峰会誓师大会 | 领导主会参会 |
| 5 | 杭州工会"会缘吧"首次活动现场火热 | 群众 |
| 6 | 张鸿铭调研下城区 | 领导调研 |
| 7 | 张鸿铭主持召开市政府第56次常务会议 | 领导主会参会 |
| 8 | 杨戌标调研"三农"工作 | 领导调研 |
| 9 | 张鸿铭专题召开在杭国际人士座谈会 | 领导主会参会 |
| 10 | 张鸿铭:坚决打赢安全生产攻坚战 | 领导主会参会 |
| 11 | 全市防范处置企业拖欠工资电视电话会议 | 领导主会参会 |
| 12 | 张鸿铭主持召开企业家座谈会 | 领导主会参会 |
| 13 | 张鸿铭参加新年祈福敲钟活动 | 领导主会参会 |
| 14 | 张鸿铭:助推转型发展争作更大贡献 | 领导主会参会 |
| 15 | 省考核组来杭考核"五水共治"和生态省建设 | 领导主会参会 |
| 16 | 我市召开G20峰会专题会议 | 领导主会参会 |
| 17 | 杭州市未保和预防工作会议召开 | 领导主会参会 |
| 18 | 市法学会召开三届三次理事(扩大)会议 | 领导主会参会 |
| 19 | 第十三届创新创业大讲堂开讲 | 领导主会参会 |
| 20 | 杭州欧美同学会,杭州留学人员联谊会成立大会 | 领导主会参会(杨戌标) |
| 21 | 市政府与市总工会举行第十八次联席会议 | 领导主会参会 |
| 22 | 张鸿铭调研上城区 | 领导调研 |
| 23 | "飞天奖"在杭州落幕 | 群众 |
| 24 | 2015中国影视艺术创新峰会暨第三届中国影视产业推介会开幕 | 领导主会参会(陈红英) |
| 25 | 张鸿铭:瞄准国际一流水平展现杭州独特韵味 | 领导主会参会 |
| 26 | 格力电器杭州产业园奠基 | 领导主会参会(张鸿铭、谢双成) |
| 27 | 张鸿铭:精心谋划新思路奋力推动新发展 | 领导主会参会 |

续表

| 序号 | 图　片　名 | 图片内容类别 |
|---|---|---|
| 28 | 张鸿铭：推进餐厨废弃物综合利用提高重污染天气应对能力 | 领导主会参会 |
| 29 | 市政府市政协举行工作协商联席会 | 领导主会参会 |
| 30 | 首届“网上丝路”市长论坛在杭举行 | 领导主会参会 |
| 31 | “城市之星”举行项目合作签约 | 领导主会参会 |
| 32 | 张鸿铭回见出席论坛的中国电子商务协会理事长张会生一行 | 领导主会参会 |
| 33 | 2015(第八届)杭州国际体验日启动 | 领导主会参会 |
| 34 | 侨界精英走进跨境电商综试区 | 领导主会参会 |
| 35 | 我市召开全国职工职业技能大赛动员大会 | 领导主会参会 |
| 36 | 项永丹检查和睦港水环境治理工作 | 领导主会参会 |
| 37 | 张鸿铭：坚持医德双馨保民幸福安康 | 领导主会参会 |
| 38 | 低碳产业互联网金融平台“碳银网”上线 | 领导主会参会 |
| 39 | 全国副省级城市暨大中城市侨务工作协作会议在杭召开 | 领导主会参会 |
| 40 | 电子商务与物流快递协同发展试点工作座谈会今召开 | 领导主会参会 |
| 41 | 我市表彰市容环卫工作先进集体和个人 | 领导主会参会 |
| 42 | “新丝路起点,IN时尚之都”开展系列活动 | 领导主会参会 |
| 43 | 杨戌标会见香港中华总商会访问团 | 领导主会参会 |
| 44 | 我市启动新一轮大学生就业创业师友计划 | 群众 |
| 45 | 2015中国(杭州)徽商产业博览会在杭举行 | 领导主会参会 |
| 46 | 韩美林再向杭州捐赠500件力作 | 领导参会 |
| 47 | 2015中国国际丝绸女装博览会在杭举行 | 领导主会参会 |
| 48 | 我市召开市各民主党派、工商联和无党派人士意见征求座谈会 | 领导主会参会 |
| 49 | 2015中国第二届大运河庙会在杭举行 | 领导主会 |
| 50 | 张鸿铭召开在杭海外留学归国人才创新创业座谈会 | 领导主会参会 |

**续表1 （图片信息的日期是2015年9月23日至2016年1月15日）**

| 序号 | 图　片　名 | 图片内容类别 |
|---|---|---|
| 51 | 杨戌标在临安督查调研时强调从严从实抓好信访维稳工作 | 领导调研 |
| 52 | 性别平等与企业社会责任国际会议在杭开幕 | 领导主会参会 |
| 53 | 陈擎苍赴杭州西湖风景名胜区管委会调研 | 领导主会参会 |
| 54 | 2015杭州(国际)物联网传感技术高峰论坛 | 领导主会参会 |
| 55 | 武汉园博会杭州城市文化周活动盛大启幕 | 领导主会参会 |
| 56 | 张鸿铭：千方百计扩出口稳增长确保完成全年目标任务 | 领导主会参会 |
| 57 | 向日文化风情展在杭举行张鸿铭出席并会见向日市市长 | 领导主会参会 |

续表

| 序号 | 图　片　名 | 图片内容类别 |
|---|---|---|
| 58 | 第二届杭州南投两岸亲子文创作品联展在杭举行 | 领导主会参会 |
| 59 | 我市召开建筑垃圾减量化和资源化利用现场会 | 领导主会参会 |
| 60 | 2015 世界创业论坛(WFnF)在杭开幕 | 领导主会参会 |
| 61 | 跨境电商综试区江干园区开园 | 领导主会参会 |
| 62 | 杭州总工会善用“互联网＋”思维为青年职工搭鹊桥 | 群众 |
| 63 | 第三届(2015)中国国际棋文化博览会开幕 | 领导主会参会 |
| 64 | 2015 年第五届国际(杭州)毅行大会启动 | 领导主会参会 |
| 65 | 杭州被授予“中国会展市场转化型示范城市”称号 | 领导主会参会 |
| 66 | 张鸿铭主持召开市政府常务会议 | 领导主会参会 |
| 67 | 我市召开第三季度经济形势分析会 | 领导主会参会 |
| 68 | 能源互联网和智慧能源的饕餮盛宴在杭召开 | 领导主会参会 |
| 69 | 西博会经济科技合作大会暨主题展盛大开幕 | 领导主会参会 |
| 70 | 2015《西湖论健》国际高峰论坛在杭州举行 | 领导主会参会 |
| 71 | 张鸿铭会见澳驻沪总领事 | 领导主会参会 |
| 72 | 2015“公述民评”面对面问政启动张鸿铭参加首场问政并讲话 | 领导主会参会 |
| 73 | 我市召开企业社会责任建设暨发展和谐劳动关系工作领导小组会议 | 领导主会参会 |
| 74 | 2015 中国(杭州)工艺美术精品博览会 10 月 15 日启幕 | 领导主会参会 |
| 75 | 第十七届中国杭州西湖国际博览会将于 16 日盛大举行 | 领导主会参会 |
| 76 | 2015 年天猫双 11 全球狂欢节在杭州启动 | 领导主会参会 |
| 77 | 十佳特色农村文化礼堂 | 无人像 |
| 78 | 张建庭赴江干区调研皋亭山景区开发建设工作 | 领导调研 |
| 79 | 陈擎苍：以“四个切实”提升信访工作水平 | 领导主会参会 |
| 80 | 第十七届西博会上海新闻通气会召开 | 领导主会参会 |
| 81 | 项永丹调研快速路网建设工作 | 领导调研、主会参会 |
| 82 | 我市召开京杭大运河(杭州段)“河长制”工作现场会议 | 领导调研 |
| 83 | 2015 中俄工程技术论坛在杭举行 | 领导主会参会 |
| 84 | 项永丹检查我市节日保障工作 | 领导主会参会 |
| 85 | 西湖区七大重点项目集中开工张鸿铭宣布开工 | 领导主会参会 |
| 86 | 张鸿铭：让全市人民度过欢乐祥和的节日 | 领导主会参会 |
| 87 | 杭产“绿水青山”纯电动公交正式发车张鸿铭出席并宣布发车 | 领导主会参会 |
| 88 | 我市召开城区防汛防台指挥部防御“杜鹃”台风会议 | 领导主会参会 |
| 89 | 张建庭调研“五证合一、一照一码”登记制度改革工作 | 领导调研 |

续表

| 序号 | 图　片　名 | 图片内容类别 |
|---|---|---|
| 90 | 张鸿铭：高度重视全力以赴筑牢防台防汛“钢铁长城” | 领导主会参会 |
| 91 | 吴爱英来杭调研公共法律服务体系建设工作张鸿铭陪同 | 领导调研、主会参会 |
| 92 | 陈擎苍：抓住党风廉政建设的“牛鼻子”进一步落实好“两个责任” | 领导主会参会 |
| 93 | 我市启动“高校毕业生就业引领工程” | 领导主会参会 |
| 94 | 杭州市委召开全市领导干部会议 | 领导主会参会 |
| 95 | 第七届服博会 24 日在杭开幕梁黎明出席 | 领导主会参会 |
| 96 | 张鸿铭：坚持不懈擦亮西博会这张城市“金名片” | 领导主会参会 |
| 97 | 费列罗杭州工厂正式投产张鸿铭在启幕仪式上致辞 | 领导主会参会 |
| 98 | 第七届中国国际服务外包交易博览会在杭召开 | 领导主会参会 |
| 99 | 项永丹调研杭州创新大走廊交通规划建设工作 | 领导调研、主会参会 |
| 100 | 杭州摘得欧洲货币集团“2015 年中国最佳城市” | 领导主会参会 |

和文本话语具概念、人际、篇章三大元功能相对应，视觉话语有再现、互动和构成功能。(Kress & Leeuwen 1996)就对现实世界的再现看，根据图像有无矢量，可将视觉话语两分为概念性再现和叙事性再现两大类。(李战子 2003、2016)概念性再现的图像，对图像中的人物、事件等提供的信息，时间性不明显，主要体现类别。统计杭州市政务网站的 183 张领导人像图片，领导主会参会的静态会议场景图片 155 张(前 100 张 6 张，后 100 张 22 张)，多为体现类别的概念性视觉话语，类别即领导，具体有以下三类：领导主持会议的个人特写；会场全景；领导们端坐主席台的合影。

利用图像话语构建身份，西方一些做法值得我们借鉴。如图 2。

**图 2　白宫网站首页(北京时间 2016 年 8 月 6 日 9 时截图)**

图 2 中的奥巴马身体前倾，双臂抵桌，脸部居于图片中间偏上，他的手臂和图中另一人像的手臂交叉，有矢量，为叙事性图片，再现动作过程。图中，奥巴马的头微微抬起，其视线向上投向图片右边的站立者。虽然站立者仅现局部，但从站立者所呈现的伸开的双手和肩膀高度可推测站立者略俯视或平视奥巴马。就观者看，图像中奥巴马的视线是关切而亲和的。图像建构的奥巴马是你我一样的普通人，和观者平等的“我们”，并非与观者相异的“他者”。

在我国各级政府的文本话语体系中，力倡关注民生，政府努力建构“我们”。但在政务网站的视觉话语中，民众的图像则多不出现，即使出现，也无法脱离刻板模式，所建构的则是与普通民众相异的“他者”。这与政务网站要塑造领导与民众近距离接触的初衷不符。实事求是地说，政务网站领导者高频现身所建构的"他者"身份对执政、辅政是不利的。各级政务网站应更新认识,重视图像话语的身份建构。

## 三、应重视政务图像话语的执政功能

语言能力是人类运用语言认识和改造世界的能力。和文本话语一样,图像话语能力也是语言能力的一部分。十多年前,研究图像话语的克瑞斯就已意识到:"我们生活的这个时代正展开着新的一轮交际手段的竞争,即将语言作为书写工具,还是将图像作为书写工具"(Kress 2001: 72)。网络虚拟语言生活中,图像和语言有同源性,而且已不断僭越语言表意的领地(赵宪章 2015)。以图表意、看图解意的视觉话语能力成为语言能力的一个重要部分。

在政务新媒体中,图像话语除了有语言功能之外,还具有政治功能。在国际政治舞台上,因图像而逆转的政治事件不乏其例。例如,当叙利亚三岁男童库尔迪的照片 2015 年 9 月 3 日在英国《独立报》网站刊出后,叙利亚难民的身份便不再是此前的"害虫""一群寻求利益的移民",而是具有人性的普通人、人道主义灾难的受害者,欧洲各国的难民政治即被逆转:从拒收叙利亚难民一变而为接纳并提供人道援助(何伟 2015)。因此,西方政府网站很重视图像话语的政治功能和执政功能。

在我国,政务网站的图像话语也和政府的执政能力紧密相关,当政府机构出场产生图像话语时,其图像话语能力即代表了政府的执政能力。政府网站是政府行使行政职能的平台,政务网站的图像话语能力也就是政府执政能力的映现。政务网站的一大功能是要拉近与民众的关系,反映民众的意愿,为民众做好服务。从目前政务图像话语的现状看,既存在着领导者图像身份建构的问题,又有领导图像过多、沉溺"会海"的刻板印象,还存在着领导者图像与民众图像隔膜为"他者"的弊病。这是需要正视的问题。从图像的生产过程看,当下智能手机的普及、便携,图绘软件的便利,图像生产已不再是画家、摄影家的专利,人人均可为图像生产者,"随手拍""就手画"已成为常态,为政务网站的图像话语提供了丰富的资源。事实上,在图片和影像等的无损复制,自由编辑和即时传输,日新月异的数字化技术等背景之下,政务图像话语的选择余地空前扩大,政务网站的图像报道如果还沿用传统媒体的静态方式、领导中心和漠视民众的做法,是有碍于政府执政效能的。在人人都是自媒体的互联网时代,还可能产生民众拍摄的图像话语倒逼或颠覆政务图像话语的后果。

当下政务网站中图像话语存在的种种不足,还未引起学术界和政府部门的重视,这不利于政务新媒体的传播,不利于政府执政能力的提升,不利于政府形象的构建。如何利用好新媒体、新技术,生产与选择政务图像话语,是政府提高执政能力的重要方面。在政务新媒体的建设和发展过程中,必须重视政务网站的图像话语,必须改进存在的问题,以更好地发挥政务网站的执政能力。

## 参考文献

巴赫金.《诗学与访谈》.石家庄:河北教育出版社,1998
段　钢.《寻觅图像世界的密码——图像世界的学理解读》.上海:上海人民出版社,2008
何　伟.图像与对外政策——艾兰·库尔迪和英国关于欧洲难民危机辩论.《世界经济与政治》,2015(12)
匡文波.到底什么是新媒体?.《新闻与写作》,2012(7)
蒋　跃.《绘画形式语言研究多维视野下的绘画形式理论研究》.合肥:安徽美术出版社,2008
李宇明.中国语言生活的时代特征.《中国语文》,2012(4)
李战子.多模式话语的社会符号学分析.《外语研究》,2003(5)
李战子.话语分析与新媒体研究.《当代修辞学》,2016(4)
刘　洪.《像非像:视像传播机理研究》.北京:高等教育出版社,2012
凌晨光.艺术作为话语分析的对象.《天津社会科学》,2012(6)
米歇尔·福柯著,谢强、马月译.《知识考古学》.北京:生活·读书·新知三联书店,2003
罗　岗、顾　铮.《视觉文化读》,南宁:广西师范大学出版社,2003
马蒂娜·乔丽.《图像分析》.天津:天津人民出版社,2012
闵学勤、郑丽勇.当代视觉文化的公共性及其治理.《文艺理论研究》,2015(2)

聂绛雯.图像化变量与新闻播报的语体变化——从纸媒新闻到电视新闻.《当代修辞学》,2014(3)
詹姆斯·保罗·吉,杨炳钧译.《话语分析导论：理论和方法》(第二版).重庆：重庆大学出版社,2011
章国锋.《关于一个公正世界的乌托邦构想——解读哈贝马斯〈交往行为理论〉》.济南：山东人民出版社,2001
张浩达.《视觉传播：信息、认知、解读》.北京：北京大学出版社,2012
赵宪章.文学和图像关系研究中的若干问题.《江海学刊》,2010(1)
赵宪章."文学成像"缘自"语中有象".《中国社会科学报》,2014 年 10 月 17 日 B01 版
赵宪章.语图符号学研究大有可为——"文学图像论"及其符号学方法.《中国社会科学报》,2015 年 10 月 8 日 006 版
周　民.《电子政务发展前沿(2015)》.北京：中国经济出版社,2015
Kress, G. *Sociolinguistics and social semiotics*. London & New York: Routledge, 2001
Kress, G & Leeuwen, T. V. *Reading Images*. Burwood: Brown Prior Anderson, 1996

# 批评话语分析中态度意向的邻近化语义构建

宋健楠*

(西安外国语大学英文学院,陕西 西安 710128)

**摘　要**　本文在 Chilton(2014) 邻近化批评话语分析的基础上着重关注意向性与邻近化语义的支配与表征关系,从话语/语篇"参与者"的心理现实与态度意向两方面探究邻近化语义的主体生成过程与主体间识解方式。建立态度意向主导的邻近化语义构建模式,基于此对英美不同时期的三篇反恐演说进行 CDA 的邻近化意向阐释。研究发现,心智空间的态度意向与话语空间的邻近语义关系密切;态度意向能够为邻近化 CDA 提供基于心智空间的阐释视角;此外,邻近化消解政论语篇中的自我印记从而弱化话语权势。

**关键词**　邻近化　批评话语分析　心理现实　态度意向　阐释

## 1. 引　言

"邻近化"(proximization)一词最早由 Chilton(2004: 60)用来描述情态的盖然性渐进,后经 Chilton(2005, 2010)、Cap(2006, 2008,2010,2014)扩展与完善,形成系统化的语篇分析范式,并逐步应用于批评话语分析(CDA)。Dunmire(2011)、Cap(2013, 2014)、Hart(2014)、Chilton(2014)等利用邻近化研究工具先后分析了政治演讲、健康与环保话语、科普说明文等功能语类,展现出极强的 CDA 活力。与传统 CDA 范式相比,邻近化 CDA 在承袭 Van Dijk(2011)社会-认知模式的基础上,积极吸取进化心理学(evolutionary psychology)相关理论,在强调语言与社会结构的映射关系时,重视心智模型的介质与转化功能,不仅承认话语意义具有主体间的理解规约性,更加强调主体本身的理解自治性。就 CDA 而言,"进化心理学有助于构建话语的心理现实"(陈鹤三 2011),由邻近化促生的心理反应是人类适应自然环境的进化成果,"现代人类的各种行为都在参照与适应其祖先基于优势选择而逐步形成的心理模块与程序"(Hart 2010: 20)。因而,通过建立邻近化思维定式与邻近化语义构建的协作关系,有助于揭示话语实践如何促

* 作者简介　宋健楠(1986—　),男,陕西西安人,博士,讲师。研究方向：认知语言学、功能语言学。

进态度价值与意识形态的主体间有效传递，进而达到操控、说服与归化受话者的效果，为CDA提供基于心理与认知的新思路。

长期以来，CDA的文本产生和理解过程往往不被重视（田海龙 2014），其认知研究多以话语/语篇“观察者”为视角，即将文本看作成品（product）加以静态的认知解读，缺少基于“参与者”视角的在线（on-line）心理阐释①研究。这导致CDA模式很难从分析语篇上升到阐释语篇的层面（武建国、林金容 2015）。就政论语篇的批评分析而言，其邻近语义的主体自洽构建及主体间识解过程仍有待进一步系统研究。本文以Chilton（2014）邻近化理论为基础，结合英美反恐演说文本，从心智模型的态度意向性角度阐释邻近化语义的主体构建过程、主体间识解方式及其CDA意义。

## 2. 态度意向的邻近化语义构建

### 2.1 邻近化的心理现实性

构建语篇的整体意义时，不可避免地需要涉及评价态度、时间先后以及空间概念，Chilton（2014）认为语言对外部世界的描写实际是依据价值认识、时间区间与空间距离等参照项目做出的语义概念化表征，可看作是由评价、时间与空间三条假想轴线（E－T－S axis）构成的三维几何空间，称作话语空间（discourse space）。三轴交汇的位置为指示中心（deictic center），是评价、感知、体验、观察进而编码外部世界的规约参照点，通常被默认为Here，Us，Now and Right（如图1）。Cap（2011：66，2013：293—317）指出，以指示中心及其附近区域为基点，以此衡量其他实体（entities）在三轴上的概念化移动，朝向指示中心的近体（peripersonal）移动就是邻近化，表征在话语中即形成距离邻近的语义概念。这里的“距离”可理解为价值观差异的空间隐喻、时间点概念化的间隔及双方的物理位置关系。如评价轴远近 beyond reproach/bring to justice，时间轴远近 near future/remote history，空间轴远近 close friends/distant enemies 等。发话者通常会塑造一个假想的敌对势力（evil them）以及正义的我们（justice us），描述出前者正在向后者移动的概念场景。

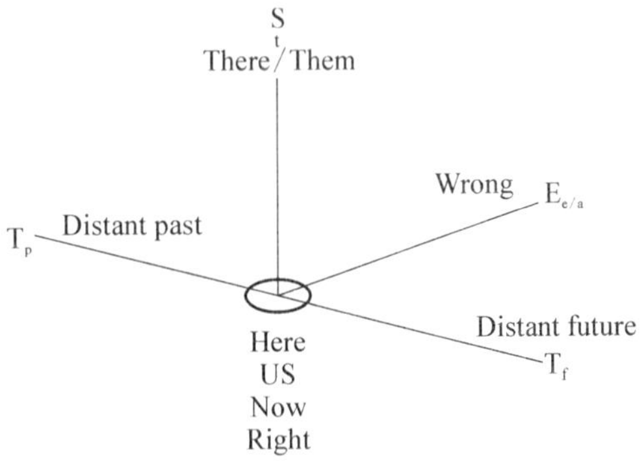


**图1 E－T－S三轴话语空间（Hart 2014：165）**②

进化心理学认为，对信息的反应并非取决于它的结构逻辑，而取决于其所处的环境基础与感知参照。人们对世界的感性认知源自身体的心理体验，身体感知与心智相互交错，心智成为人与外在自然沟通的中介，身体体验为心智空间提供体验输入，逐步形成对世界的抽象认知框架。当人们面临外界威胁时，需从自身角度对其性质和可能的危害程度做出心理评价，进而估计面临威胁时自身可动用的应对资源，即人类的行为模式与认识方式是适应进化环境的结果（Buss 2008）。“人们利用环境信息激发不同的场景内容，预测发生在这些场景中某些行为的后果及自身必须采取的措施”（Gardenfors 2004：239）。Lazarus 和

① 本文对“阐释”的认识基于伽达默尔（Gadamer 2006）的相关论点，即语言是体验的中心，个人通过语言这一中介理解一切体验。阐释过程即是读者通过文本的语义特征理解语言现象背后所反映的原始意图，从而揭示各类体验在文本中的意义化过程。

② 评价、空间轴的实际命名存在差异，但内涵基本相同。Chilton（2014）称其为情态轴（modal-axis）与距离轴（distancing-axis）；Cap（2013）称其为价值轴（axiology-axis）与空间轴（space-axis）；Hart（2014）称其为评价轴（evaluative-axis）与空间轴（space-axis）。本文采取Hart（2014）的称谓，原因在于Hart（2014：164）针对评价轴的定义更为完备，将其内涵细化为认识论（道德判断与态度介入）与价值论（喜爱或反感的情感）两方面，语篇分析的可操作性较强。

Folkman(1984)的实验表明,心理知觉源自环境并最终形成主导人们行为的态度意向:舒适美好的事物离自身越近越好,可怕厌恶的威胁离自身越远越好。发话者如欲证明其政治意图的合理性,会塑造一个应激源、一种情形或事件,给它们打上负面威胁的价值标签并沿着评价轴、时间轴、空间轴向指示中心移动,建立邻近话语与威胁迫近之间的心理联想效应,促进受话者对预防措施合法性的首肯。可见,邻近化具有发话者的主体意向,其语义的构建过程是发话者参照移动场景的态度赋义过程,因此,Hart(2010: 34)认为邻近话语是"对人们心智表征的再表征或再表达"。

### 2.2 邻近化的态度意向

Searle(2004: 161)指出,语言的意义是意向性的衍生,心智空间存有语义衍生的原始意向。意向性是发话者有意识的语义导向行为,是一种利己的、满足主观意向表达需求的语言主观化操作。

徐盛桓(2013)认为,影响话语态度意义的意向因素包括心理状态、心理估量与心理取向。心理状态是发话者对事件本身正误、性质、价值的绝对意识,如信赖与否、赞同与否或喜爱与否等主观评价认识。实体的价值特征受到心理状态的赋义影响,形成预设的态度或渐进的认识情态,如命名方式、情态盖然等。心理估量是发话者对事件发生要素重要性与相关性的估计与衡量,如时间的先后安排或因果逻辑关系等,直接制约时间邻近的语义安排。"心理取向是对对象以常态的、形象的、委婉的、责备的等态度取向加以观察和叙述"(徐盛桓 2013: 180),因此,心理取向决定发话者对实体移动观察角度的选取,如由此及彼、由远及近的空间视角。由于评价轴为语篇情态与价值定位提供了认知解释的基础(Bednarek 2006: 116),因而具有基础性地位,就态度意向而言,心理状态的改变蕴含着心理估量与取向的变化,换言之,当确定了评价轴移动的方向后,时间与空间轴的移动方向随即也被确定,即从"wrong, future/past, them, there"朝向"right, now, us, here"。

Fairclough(1989)指出意识形态与语言的接口过于狭窄。CDA 中关于"意识形态"的定义尚未统一:Kress & Hodge(1979: 6)将意识形态定义为由特定观点组成的观念系统;Fowler(1991)将它等同于价值观;Fairclough(1989)视其为人们尚未意识到的、隐含于其语言交际习俗中的常识性设想(转引自李桔元、李鸿雁 2014: 91),但均将制度化的抽象价值观作为意识形态的核心内涵。与之相比,态度意向同样包含制度化的价值观念,"人的需要是具体的,在语言活动中转化为语言活动的意图、意向、倾向、目的,而作为一项具体的语言活动,意图、目的往往是在语言活动开始之前就已观念地形成了"(徐盛桓 2013: 176)。我们认为意识形态是话语空间的抽象价值潜势,是语义整体的态度取向;而态度意向存在于心智空间,是具有意识形态导向的具体价值示例,参与抽象价值观在评价、时间与空间三轴的语义转化与理解。意识形态在一定程度上影响态度意向的形成、分布与应用,但同时受到态度意向的反作用。通过建立心智空间邻近化意向与话语空间主观化语义的映射关系,可以阐释发话者的意识形态。

发话者以主体间的迫近体验作为意向传递的前提,参照心智空间的邻近化意向构建话语空间的邻近化语义。具体而言,发话者从评价、时间与空间轴的语义角度构建附带自身意识形态的话语空间,同时经由心理状态、心理估量和心理取向支配邻近化语义在心智空间的意向性生成,进而促进受话者形成与迫近体验相同的心理现实。受话者受到来自发话者针对其心理现实性的邻近化意向操控,营造出与发话者互动的话语与心智空间,自然接纳发话者的意识形态。态度意向的邻近化语义构建模式如图 2 所示。就 CDA 而言,意向性支配下的邻近化语义构建模式可被用来阐释发话者的话语组织策略与政治意图,即受话者通过揭示邻近体验的语义化过程,可理解邻近话语背后隐含的原始意向。

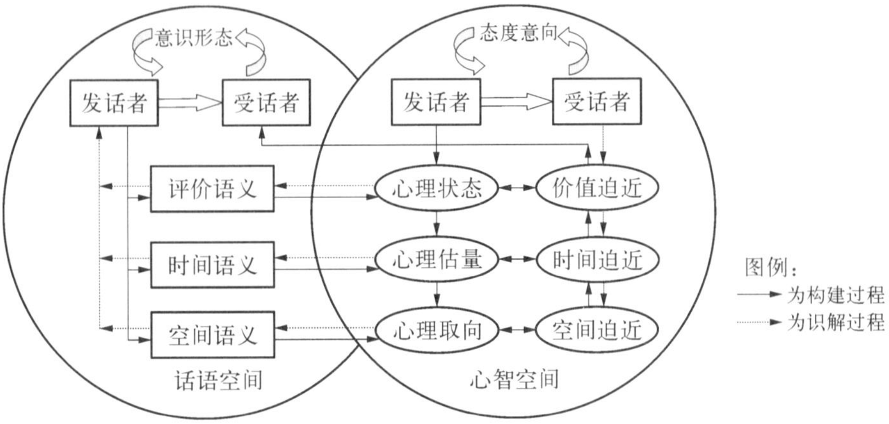


图 2 态度意向的邻近化语义构建模式

### 3. CDA 的邻近化意向阐释：以反恐演说为例

#### 3.1 态度意向的语义表征方式

在三次反恐演说中，评价轴邻近化共使用 29 次，时间轴邻近化使用 34 次，空间轴邻近化使用 41 次，可见邻近化频繁应用于反恐演说之中，成为统治阶级动员与联盟受话者的主要策略之一。受到发话者心理状态的作用，评价语义的邻近方式多以由近及远的分散式为主，占所有价值邻近表达的 62%，表明发话者在建构价值意义时多采取以威胁为迫近参照，由主观性强的抽象名词与情态动词表征，占所有语言表征方式的 79%。心理估量支配威胁发生的时间安排，邻近方式多以发话者为参照，威胁由远及近的聚合式移动占 81%，较多使用环境成分（占 61%）或时体（占 30%）表征。空间邻近的移动方式由心理取向支配，其邻近方式无显著数量差异，因而判断空间轴邻近参照点需视语境而定，表征方式以心理过程（占 45%）或物质过程（占 33%）为主。态度意向与语义表征的关系如表 1 所示。

表 1 态度意向与语义表征的关系

| 态度意向 | 轴选择 | 邻近化方式（以发话者为参照） | 语义表征 |
|---|---|---|---|
| 心理状态 | 评价轴 | 分散 | 抽象名词、认识情态 |
| 心理估量 | 时间轴 | 聚合 | 环境成分、时体 |
| 心理取向 | 空间轴 | 聚合/分散 | 心理/物质过程 |

#### 3.2 发话者视角的意向阐释

（1）By advancing freedom in the greater Middle East, we help end a cycle of dictatorship and radicalism that brings millions of people to misery and brings danger to our own people.（布什 2003 年白宫演讲）

例（1）中发话者创造了基于评价轴的邻近话语，指示中心为"our own people"，邻近移动的实体为"freedom, dictatorship"和"radicalism"等富含态度意义的抽象名词，其奠定了语义构建的基本价值取向，将移动实体的性质建立在发话者预设的价值判断当中。评价轴规定从 right 到 wrong 的价值距离，发话者根据心理状态确定邻近实体的价值认识，对移动实体的命名体现其构建价值邻近时的态度意向。"freedom"表明发话者预设伊拉克的战争为正义的，位于评价轴 right 的一侧，与邻近化默认的指示中心契合，表明发话者信赖的、渴望的心理状态。相反地，"dictatorship"和"radicalism"表明发话者认为萨达姆政权是邪恶的，位于评价轴 wrong 的一侧，体现出发话者厌恶、怀疑的心理状态。因此，当价值迫近从 wrong 邻近 right 时，会带来威胁与灾难，受话者在面临负面价值（dictatorship, radicalism）迫近时的危机感以及趋向正义行为（freedom）的认同感均获得强化。

（2）And so our nation went to war. We

have now been at war for well over a decade ... What is clear is that we quickly drove al Qaeda out of Afghanistan ... our operation in Pakistan against Osama bin Laden cannot be the norm ... But we have to recognize that the threat has shifted and evolved from the one that came to our shores on 9/11. With a decade of experience now to draw from, this is the moment to ask ourselves hard questions — about the nature of today's threats and how we should confront them ... (奥巴马 2013 年美国国防大学演讲)

例(2)以"we, our nation, our shore, Afghanistan"为指示中心,以"bin Laden、al Qaeda"为威胁实体。评价轴上,发话者通过认识情态的盖然程度调节现实世界(realis)与非现实世界(irrealis)的价值距离。"cannot"一词显示发话者对威胁实体性质、价值的绝对否定。李基安(2008:60—63)曾指出客观的、高值的情态词具有较低的扩张/包容度。发话者以此郑重表明其对威胁实体负面的价值判断不容置疑,任何可能存在的威胁都必须远离"我们"。时间轴上,发话者根据自身对威胁要素紧迫性与威胁性的心理估量构建出由远及近(聚合式)的时间邻近方式,例(2)中先后出现过去式(went)、现在完成时(have been)与一般现在时(is),旨为给受话者造成威胁逐步迫近的心理体验。同时,发话者按照历史事件与受话者的相关程度操控邻近化语义的时间间隔,构建了含有时间、因果与类比等逻辑关系的环境成分,通过"evolve from"将十多年前"9·11"恐怖袭击与当今美国面临的恐怖威胁拉近(zoom in)并类比。对受话者而言,from后的历史事件具有重要的历史意义。而"to draw from"又将历史经验与未来的对策相连,阐明二者可能存在的类比与因果关系。空间轴上,发话者以责备化心理取向的物质过程"drive out"描述基地组织(al Qaeda)与阿富汗的分散式邻近关系,表明美军已促使威胁实体远离指示中心,因而其在阿富汗的反恐战争是积极的、正面的、有利的。

### 3.3 受话者视角的意向阐释

如果说建构反恐演说的宗旨是宣扬意识形态与传递政治意图,以受话者为视角的邻近化 CDA 任务就是:通过识解态度意向的邻近化构建规律,促进发话者意识形态的非自然化、透明化。在邻近化语义中,受话者可通过以下三种方式识解发话者的态度意向:(1)重视实体的价值标注与比较方式,发话者根据自身的评判标准标注实体价值;(2)观察邻近移动时指示中心的转换,发话者根据论证需求安排时空距离与移动参照;(3)注意被强调的部分,发话者利用逻辑关系或语法手段突显某部分内容。

(3) I won't review the full story. What is clear is that we quickly drove al Qaeda out of Afghanistan, but then shifted our focus and began a new war in Iraq ... Where appropriate, we will bring terrorists to justice in our courts and our military justice system. And we will insist that judicial review be available for every detainee.(奥巴马 2013 年美国国防大学演讲)

发话者通过标注邻近实体的隐性价值属性服务其自身意识形态的贯彻。例(3)中发话者使用"I won't review the full story"与"what is clear"设定了受话者在面临邻近威胁时理应参照的价值准则与行为反应,因此,驱逐基地组织是正当的、符合认识规律的。任何无法与发话者就"威胁邻近时必须采取防卫措施"达成一致认识的受话者都应被排除在社会公允与民族大义之外,为后续政策宣扬奠定坚实的隐性价值前提。同理,在发话者心理状态的作用下,例(3)将"我们"的司法系统(our courts)标注为公平的,将恐怖分子的司法体系标注为偏颇的,对事物价值判定的心理状态被默认地建立在美式价值意向之上。因此,任何偏离行径即为非正义的,理应朝向美式价值的指示中心聚合邻近(bring to),受到美国司法的公正审判,以此为拒绝关闭关塔那摩监狱提供隐性论据。事实上,此时的价值邻近是发话者单方面建立的意向性事实。

(4) Our nation is still threatened by terrorists. From Benghazi to Boston, we have been tragically reminded of that truth ... And that means we'll face more localized threats like what we saw in Benghazi ... No armies came to our shores, and our military was not the principal target. Instead, a group of terrorists came to kill as many civilians as they could ... And so our nation went to war.(奥巴马2013年美国国防大学演讲)

例(4)中,根据发话者的心理估量与心理取向,时空距离遥远的班加西(Benghazi)恐怖袭击与美国本土的波士顿(Boston)被紧密地联系起来,"from ... to ..."的语义顺序安排暗含发话者在评估威胁邻近时的时空类比意识。恐怖袭击不仅会发生在外国、过去,也可能发生在美国本土、现在,对于受话者而言,后者显然更为重要。此外,当发话者转换邻近移动的参照视角时同样包含其态度意向,例(4)中以"我们"(us)为邻近指示中心,那么恐怖分子邻近"我们"是主动的挑衅行为(terrorists came to kill)。作为常识的应激反应,以恐怖分子为邻近指示中心,"我们"邻近"他们"(so our nation went to war)是被动的自卫行为,采取反制、讨伐措施打击恐怖威胁符合常理也符合道义。

(5) The threat is real and present ... Some of these countries are now a short time away from having a serviceable nuclear weapon ... Saddam has used chemical weapons, not only against an enemy state, but against his own people.(布莱尔2003年伊拉克战后演讲)

例(5)中的"real"和"present"强调威胁是真实的、切实的,无论从评价距离还是时空距离来讲都是离受话者最近的。以突显威胁与指示中心重合的切身视角,营造威胁已经到来的心理事实。此外,发话者以威胁实体(Saddam)为参照,利用递进的语法句式将受话者的注意力集中在"Saddam","enemy state"以及"his own people"先后出现的三个实体之上,推理其中的语义递进关系可得,"Saddam"离"his own people"的心理距离近于"enemy state",以此说明"Saddam"穷凶极恶,甚至会残害与自己更为亲密的"his own people",更何况他的敌人,作为发话者宣扬打击其势力必要性的有力论据。

## 4. 邻近化与话语权势

政论语篇是宣扬政治理念、军事行动、外交对策正当性与道德性的话语实践,其被受话者认同的诉求较高,因此,如何引导受话者进入发话者预留的态度立场是主体间意向传达的关键。在构建邻近化语义时,发话者遵循交际真诚性原则,并非强制的、显性的权利话语,能否将其态度意向有效地传递给受话者以及受话者,能否识解出与发话者一致的态度立场,取决于主体间在邻近化观察视角重合时所具备的心理协同效应。根据 Traugott(2010: 20,31)的观点,话语的主体间性强调发话者对受话者的关注,强调交际双方对意义的协商。发话者通过邻近化策略表达自己的立场时充分利用邻近化所具备的心理现实,兼顾受话者的心理感受、需要与危机感,将话语/语篇参与者双方纳入共同的心智空间并与其话语空间相融通。正如辛斌(2012: 1—4)所言,人们正是在发展和应用心智模型的过程中积极主动地使用语言,话语的一个重要意识形态功能就是通过修辞效果来操控他人的心智模型。

在本文选取的案例中,邻近化语义是发话者实施操控话语的重要手段与有力保证。发话者并没有以主观性较强的"我"作为邻近语义建构的指示中心,而选择以非主观性的"他"或者弱主观的"我们"为指示参照,建立双方在理解与感知邻近化语义时重合的参照视角,以此与受话者形成感同身受的同盟关系。发话者以强烈的受众意识创造主体间心智互通的话语空间,在宣扬政治主张中使其语义主体地位被去中心化(decentralized),从而消解了话语双方权威与地位的差异，为主体间形成共鸣与共知的态度意向提供可操作的话语策略。邻近化CDA需要受话者识别发话者的态度意向与邻近化特征，以此达到阐释意识形态与话语意图的目的。

## 5. 结　语

思维意向与语言交际联系密切。语言符号系统是话语/语篇参与者作为“感知人”的产物，因此，语义的构建具有一定的心理现实性，语义的传达依赖主体间的心理互动，是心智表征的概念外延与话语映射，同时是对储存在心智空间中有关邻近化表征信息的检索与利用。从这个意义上讲，邻近化话语已超越语篇的遣词格局而拓展到价值潜势与主体体验感知、物理移动以及时空概念等领域，通过强调主体间心智空间的体验共识从而消除权势的不平等。本文研究了邻近化语义产生与理解过程中的意向性及其语义表征与支配特点，建立了以话语/语篇“参与者”态度意向为主导的邻近化语义构建模式并以此对反恐演说进行了CDA的邻近化意向阐释。我们认为，基于意向性的语义研究能够有效地揭示与分析语义表征与态度意向的协作关系，为邻近化CDA模式提供主体间认知-心理的阐释方案。

## 参考文献


陈鹤三.再论批评话语分析的认知层面——进化心理学对批评话语分析的启示[J].外语研究，2011，28(2)：23—29.

李基安.情态与介入[J].外国语，2008，31(4)：60—63.

李桔元，李鸿雁.批评话语分析研究最新进展及相关问题的再思考[J].外国语，2014，37(4)：88—96.

田海龙.批评话语分析：阐释、思考、应用[M].天津：南开大学出版社，2014.

武建国，林金容.批评性话语分析：诠释与思考[J].现代外语，2015，38(4)：555—564.

辛斌.批评话语分析中的认知话语分析[J].外语与外语教学，2012，29(4)：1—5.

徐盛桓.意向性的认识论意义——从语言运用的视角看[J].外语教学与研究，2013，45(2)：174—184.

Bednarek, M. *Evaluation in Media Discourse: Analysis of a Newspaper Corpus* [M]. London: Continuum, 2006.

Buss, D. *Evolutionary Psychology: The New Science of the Mind*[M]. Boston: Pearson Education Press, 2008.

Chilton, P. *Analysing Political Discourse: Theory and Practice*[M]. London: Routledge, 2004.

Chilton, P. Discourse space theory: geometry, brain and shifting viewpoints [J]. *Annual Review of Cognitive Linguistics*, 2005, 3: 78-116.

Chilton, P. From mind to grammar: Coordinate systems, prepositions, constructions[C]//Evans, V. & P. Chilton. *Language, Cognition and Space: The State of the Art and New Directions*. London: Equinox Publishing, 2010.

Chilton, P. *Language, Space and Mind: The Conceptual Geometry of Linguistic Meaning* [M]. Cambridge: Cambridge University Press, 2014.

Cap, P. *Legitimization in Political Discourse: A Cross-disciplinary Perspective on the Modem US War Rhetoric* [M]. Newcastle: Cambridge Scholars Press, 2006.

Cap, P. Towards the proximization model of the analysis of legitimization in political discourse[J]. *Journal of Pragmatics*, 2008, 40(1): 17-41.

Cap, P. Axiological aspects of proximization[J]. *Journal of Pragmatics*, 2010, 42(3): 392-407.

Cap, P. Axiological proximization[C]//Hart, C. *Critical Discourse Studies in Context and Cognition*. Amsterdam: John Benjamins, 2011.

Cap, P. Proximization theory and critical discourse studies: a promising connection [J]. *International Review of Pragmatics*, 2013, 5(2): 293-317.

Cap, P. Applying cognitive pragmatics to critical discourse studies: A proximization analysis of three public space discourses [J]. *Journal of Pragmatics*, 2014, 70 (3): 16-30.

Dunmire, P. *Projecting the Future through Political Discourse: The Case of the Bush Doctrine* [M]. Amsterdam: John Benjamins, 2011.

Fairclough, N. *Language and Power* [M]. London: Longman, 1989.

Fowler, R. *Language in the News: Discourse and Ideology in the Press*[M]. London: Routledge, 1991.

Gardenfors, P. *Conceptual Space: The Geometry of Thought*[M]. Massachusetts: MIT Press, 2004.

Gadamer, H. G. *A Century of Philosophy*[M]. London: Continuum, 2006.

Hart, C. *Critical Discourse Analysis and Cognitive Science*[M]. London: Palgrave, 2010.

Hart, C. *Discourse, Grammar and Ideology Functional and Cognitive Perspectives* [M]. London: Bloomsbury, 2014.

Kress, G. & R. Hodge. *Language as Ideology* [M].

London: Routledge and Kegan Paul, 1979.
Koller, V. Critical discourse analysis and social cognition: Evidence from business media discourse[J]. *Discourse & Society*, 2005, 16(2): 199 - 224.
Lazarus, R. & S. Folkman. *Stress, Appraisal, and Coping* [M]. New York: Springer Publishing Company, 1984.
Searle, J. R. *Mind: A Brief Introduction*[M]. London: Oxford University Press, 2004.
Traugott, C. E. (Inter) subjectivity & (inter) subjectification: A reassessment [C]//Davidise, K., Vandelanotte, L. & G. Cuyckens. *Subjectification, Intersubjectification and Grammaticalization*. Berlin: de Gruyter, 2010.
Van Dijk, T. A. Discourse, knowledge, power and politics: Towards critical epistemic discourse analysis [C]//Hart, C. *Critical Discourse Studies in Context and Cognition*. Amsterdam: John Benjamins, 2011.

# 危机公关话语的修辞分析及传播策略研究*

## ——以北京红黄蓝教育机构的一则声明为例

宋平锋[1,2] 邓志勇[2]

(1. 上海大学外国语学院,上海 200093;2. 南昌工程学院外国语学院,江西 南昌 330099)

**摘　要**　本文综合运用西方古典修辞学的凯洛斯(Kairos)和比彻尔的修辞情境对危机公关话语进行修辞分析,并选取了近期发生的北京红黄蓝教育机构所属幼儿园虐童事件中当事方发布的一则声明进行个案研究,进而提出了应对危机事件的危机公关话语传播策略。

**关键词**　修辞情境　危机公关话语　紧急状态　凯洛斯　传播策略

### 一、引　言

近几年来,我国幼儿教育领域屡次发生教师虐待儿童的恶性事件,尤其是在 2017 年下半年,在短短的两个多月时间内,先后发生了上海携程网亲子园和北京红黄蓝幼儿园教师虐童事件,引起社会各界的广泛关注。在虐童事件发生之后,作为当事方的幼儿园或上级管理机构发布不当的危机公关话语,不仅没有缓解事件造成的紧张状态,反而使得事件持续恶化,给社会和当事机构带来巨大负面影响。本文以北京红黄蓝幼儿园虐童事件中发布的一则危机公关话语为例,通过对其进行修辞分析,提出应对突发危机事件的危机公关话语传播策略。

### 二、危机及危机公关话语的界定

在现代汉语里,"危机"由"危"和"机"两个字组成。因此,顾名思义,危机就是"既存在着危险又蕴含着机会的时刻"。在本文的研究中,"危机"(crisis)主要是指公共关系领域的紧急情况,涉及社会组织或机构与公众的关系,因此也简称为"公关危机",即指"由于组织内部或外部的种种因素,严重损害了组织的声誉或形象,使组织陷入了强大的社

* 基金项目　上海市哲学社会科学规划基金资助项目:"以'诱发合作'为主线的美国修辞批评史研究"(2017BYY003)。
作者简介　宋平锋,男,上海大学外国语学院博士研究生,南昌工程学院外国语学院副教授,主要从事西方修辞学,修辞批评与话语分析研究;邓志勇,男,上海大学外国语学院教授,博士生导师,博士,主要从事西方修辞学,语体学,英语写作教学研究。

会舆论的包围，并处于发展危机下的一种公共关系状态”①。“话语”(discourse)是一个源于西方语言学领域的重要术语。在语言学中，话语是指超出句子的语言单位，是“大于句子或大于从句、类似会话转换或篇章这样的语言单位”②，也被称为“语篇”。不过，相对于语篇来说，话语涵盖的范围似乎更大一些，既包括口语，又包括书面语；同时，话语的内涵也更深一些，在批评话语分析领域，话语是与语境相关联的语言活动，是说话人根据特定的语境、策略地运用语言以达到自身目的的言语活动。综上所述，危机公关话语就是特定的说话人或组织机构代言人为了改善、缓解或消除某种紧张状态而策略地使用语言的言语活动，包括个人或组织机构代言人以口头或书面形式发布的声明、公告、道歉等之类的文本。

## 三、修辞分析模式构建

从西方修辞学的视角来看，幼儿园虐童事件的危机公关活动实际上就是当事方针对幼儿家长、媒体和社会公众的一次修辞活动。在这场修辞活动中，修辞者是虐童事件的当事方，受众是幼儿家长、媒体和社会公众，修辞话语就是当事方发布的危机公关话语。危机公关活动的成功与否，取决于修辞者是否用修辞话语(即危机公共话语)缓解或消除了受众对事件的愤怒情绪，取得了受众一定程度上的谅解。为了达到这一修辞效果，当事方必须考虑危机事件所处的修辞情境，根据修辞情境的需要采取合适的修辞策略。因此，可以运用西方修辞学的修辞情境理论来分析北京发生的这起虐童事件。

修辞情境是西方修辞学的一个关键术语，比彻尔(Lloyd Bitzer)将其定义为“一个由人物、事件、物体及其关系组成的复合体，该复合体呈现出一种事实上的或潜在的紧急状态，它可以完全或部分地得到解除，如果进入情境的话语能够迫使人做出决定或采取行动使之获得重大改善”③。根据比彻尔的定义，修辞情境由三个要素(constituents)构成，即紧急状态(exigence)、受众(audience)和修辞制约因素(constraints)④。修辞情境中最重要的组成要素是紧急状态，即“一种以紧迫性(urgency)为标志的不完善，一种缺陷，一种障碍，一件等待要做的事情，一件偏离了正常状态的事情”⑤。紧急状态是能够被修辞话语修正(positive modification)的，否则，它就不是修辞性的紧急状态了，如死亡、冬天和其他自然灾害等。修辞受众不是那些纯粹的听众或读者，而是能够被修辞话语影响和改变的人。除紧急状态和受众之外，修辞情境还包含一系列限制因素，如信仰、态度、传统、兴趣、动机等，它们对做出决定和修正紧急状态所采取的行动具有重要影响。

除此之外，古典西方修辞学里的凯洛斯(Kairos)也是修辞情境的一个重要组成部分，它指的是适当的时机(right timing)，即修辞话语只有在适当的时机发表才能更好地实现对听众的劝说效果，所以，危机公关话语发布的时机也很重要。我国学者袁影综合上述两个方面，“将紧急状态(缺失)、受众、修辞者、场景和时机确定为修辞情境的五大基本要素”⑥，提出了基于修辞情境的话语修辞分析模式(如图1)。接下来，笔者将运用该模式对北京红黄蓝教育机构针对虐童事件发布的一则声明进行分析，评价其得失，进而提出应对突发危机事件的危机公关话语传播策略。

① 周安华，苗晋平.公共关系：理论、实务与技巧[M].北京：中国人民大学出版，2007：301.
② Stubbs，M. Discourse Analysis[M]. Oxford：Basil Blackwell，1983：1.
③ Bitzer，Lloyd. The Rhetorical Situation[J]. Philosophy and Rhetoric，1968(1)：1-14.
④ Bitzer，Lloyd. The Rhetorical Situation[J]. Philosophy and Rhetoric，1968(1)：1-14.
⑤ Bitzer，Lloyd. The Rhetorical Situation[J]. Philosophy and Rhetoric，1968(1)：1-14.
⑥ 袁影.修辞批评新模式构建研究[M].上海：上海外语教育出版社，2012：61—68.

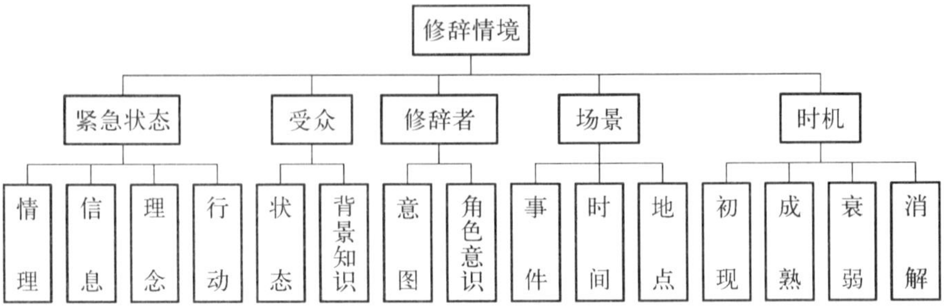


**图 1　基于修辞情境的话语修辞分析模式**

## 四、北京红黄蓝幼儿园危机公关话语的修辞分析

### (一) 虐童事件回顾

北京红黄蓝幼儿园虐童事件是近期发生的一起严重侵害幼儿身心健康的社会突发事件，为了全面了解该事件经过和后期更好地进行修辞分析，笔者首先对该事件进行了详细梳理。根据百度百科的“红黄蓝幼儿园虐童事件”词条介绍，该事件最早始于 2017 年 11 月 22 日晚，有十余名幼儿家长反映北京市朝阳区管庄红黄蓝幼儿园(新天地分园)国际小二班的幼儿遭遇老师扎针、喂不明白色药片，并提供孩子身上多个针眼的照片。当日接到家长报案，北京警方根据家长反映情况进行调查取证，涉事老师和保育员已暂时停职，配合警方调查。11 月 23 日，警方发现有人利用网络编造、传播虚假信息，造成恶劣的社会影响，随后抓获造谣人员。11 月 24 日，针对警方通报，红黄蓝幼儿园发表声明，称将对全国 1 800 多家幼儿园所进行排查。

### (二) 声明简介

11 月 24 日，在虐童事件发生两天之后，作为事件当事方的北京红黄蓝教育机构发表了一则危机公关话语，即“声明”(以下简称声明)。声明全文共计 512 字，以非常正式的文体，简要介绍了事件发生的经过，表达了公司的态度和对事件的高度重视，同时介绍当前所做的具体工作，最后向社会做出承诺。

### (三) 对声明的修辞分析

作为一个突发危机事件，北京红黄蓝幼儿园虐童事件当时所处的环境就是一个典型的危机修辞情境，该修辞情境的紧急状态有待于恰当的修辞话语的出现来缓解、改善或消除。根据袁影提出的基于修辞情境的修辞分析模式，该事件由五个基本要素构成，它们分别是：

1. 紧急状态

根据对事件的回顾，我们可以发现在红黄蓝教育机构发布声明之前，存在着如下的缺失：首先是信息的缺失，即社会公众缺乏与整个事件有关的、有效的、权威的信息，正是由于信息的缺乏才导致了不法人员利用网络编造、传播虚假信息，使得事件持续发酵；其次是情礼和理念的缺失，该虐童事件违背了中国社会尊老爱幼的传统美德，挑战了公众的道德底线，引发了公众的愤怒；第三是行动的缺失，即作为当事方的红黄蓝教育机构，当时尚未对该事件的起因、最新进展以及园方的处理情况向社会公众做出详细地说明。

2. 受众

该事件的受众不仅包括幼儿园儿童的家长和新闻媒体，还包括广大的社会公众，尤其是后者，他们对整个事件缺乏必要的了解，对幼儿园教师的所作所为充满愤怒。此时，任何谣言或过激的话语都可能进一步点燃公众的愤怒情绪，使情况继续恶化。

3. 修辞者

北京红黄蓝教育机构及其所属的幼儿园是此次虐童事件的直接当事方，理应作为该事件的主要修辞者。当然，北京警方和教育主管部门也是此次事件的修辞者，从警方第一时间的介入调查，以及随后发布的事件通报和调查报告即可以看出。作为修辞者的红黄蓝教育机构及其所属幼儿园，其修辞意图就是尽快澄清事实真相、尽量安抚公众的情绪、迅速平息此次事件、进一步减小对公司的负面影响。

4. 场景

此次事件发生的时间、地点较为明确，之前已有交代，故在此不再重复。

5. 时机

袁影认为，修辞者开展修辞活动的时机可以分为四个阶段，即出现、成熟、衰弱和消解①。根据对整个事件的回顾，我们可以发现，红黄蓝教育机构发布声明的时候，整个事件正处于持续发酵阶段，即处于四个阶段中的出现和成熟之间。选择在此时发布声明，应该说修辞时机的选择比较恰当。声明一经发布，即引起了媒体和公众的广泛关注和评论。

理清了整个修辞情境的构成要素之后，接下来，笔者将重点分析该声明的整个修辞运作过程，并考察其修辞效果。比彻尔认为，“修辞话语是修辞情境呼唤出来的”②，作为修辞话语的声明本身足以满足修辞情境的需要，发布声明这个行为也是应当时的修辞情境要求做出的。声明发布的时机有利于修辞者缓解或改善当时的紧张状态。然而，我们是否可以就此得出该声明取得了良好的修辞效果的结论呢？答案是否定的。原因如下：

首先，根据当时的紧急状态，作为主要修辞者的北京红黄蓝教育机构，其修辞目的是向公众澄清事实真相、尽量安抚公众的情绪、进一步减小对公司的负面影响。针对受众的信息缺失，声明仅在第一段轻描淡写地提到“家长报警”“(家长)怀疑其孩子在幼儿园内受到侵害”，虽然在该段的后面也提到了“涉事教师暂停职”、“配合公安部门调查”等必要信息，但是对于已经发生了近两天的事件，作为修辞者仅给出如此少的信息，难以满足受众的信息需求，给人有意掩盖或淡化事件的嫌疑。事实上，该声明最大的修辞失误是没有弥补事件给受众造成的“情礼”和“理念”缺失，对于这样一起有违传统道德、挑战公众道德底线的虐待儿童事件，修辞者首先要做的是真诚地道歉，以换取公众情感上的理解。然而，声明全文仅有一处明确表达歉意的句子，即“对于此事给家长和社会带来的严重不安，我们深表歉意”。这显然是不够的，而且这种程式化的语言也显示出缺乏诚意的感觉。此外，声明中采用了大量中性的表达，如“我公司对此事高度重视”(用的是中性的“我公司”和“高度重视”，而不是“我们”和“深深痛心”)，“尽量将此事件对孩子们的影响降到最低”(用的是中性的“影响”而不是“伤害”)，也给受众缺乏道歉诚意的感觉。最后，该公司在声明中做出的郑重承诺也给公众一种“假、大、空”的感觉，缺乏实质内容，因为该公司此前也曾暴露出类似的问题(2017年4月发生的大红门幼儿园虐童事件)。然而，令人匪夷所思的是，当时该公司发布的声明与当前的声明语气和态度截然不同，细心的读者可以作一对比。

其次，对受众的情况缺乏足够了解，尤其是对公众当时的心理状态预估不足。自虐童事件曝光以来，公众的不满情绪已然被该园少数教师的恶劣行为所激起，又加之11月23日网络上出现的谣言，无疑点燃了公众的极度愤怒情绪。修辞者此时的首要任务就是运用修辞话语来安抚幼儿家长和公众，然而，我们在声明中看到的却是，“在结论未明之前，首先疏导孩子和家长的情绪，尽量将此事件对孩子们的影响降到最低；另一方面安抚全园教职员工情绪”，“疏导”和“安抚”存在明显的差别，孰轻孰重不言自明。此外，声明中还以单独的一段提到了，“对于个别人士涉嫌诬告、陷害的行为，新天地幼儿园园长已经向公安机关报案”。此时此刻，修辞者全然不顾幼儿家长和公众的愤怒情绪，将修复自身受损的名誉放在首位；即便是确有网络谣言的出现，也是尽量呼吁公众不要轻信谣言和传播谣言，将案件侦破工作交由警方处理。

第三，在修辞者的角色意识方面，北京红黄蓝教育机构明显出现了定位偏离。在声明的第

① 袁影.修辞批评新模式构建研究[M].上海：上海外语教育出版社，2012：61—68.

② Bitzer, Lloyd. The Rhetorical Situation[J]. Philosophy and Rhetoric, 1968(1): 1-14.

一段，修辞者以春秋笔法的方式说，“我公司新天地幼儿园国小二班部分家长向公安机关报警，反映怀疑其孩子在幼儿园受到侵害”。修辞者在主语“家长”之前使用了长长的修饰语“我公司-新天地幼儿园-国小二班”，三层关系，层层递减，给受众这样一种感觉，即作为当事方的红黄蓝教育机构急于撇清与其下属幼儿园的关系，仿佛自己并非是事件的当事方，而是作为第三方来对事件进行调查。在声明的第四段，“对于个别人士涉嫌诬告、陷害的行为，新天地幼儿园园长已经向公安机关报案”，使用的主语已从第二段的“我公司”悄然地更换成“新天地幼儿园”，给受众的感觉是修辞者已然将自己置身事外。

## 五、应对突发危机事件的危机公关话语传播策略

根据上文对北京红黄蓝教育机构发布的一则危机公关话语的修辞分析，我们可以总结出以下应对危机事件的公关话语传播策略：

1. 作为应对危机事件的当事方，社会组织或机构应该具有良好的修辞意识，尤其是组织或机构中的公关部门，它们是直接面对媒体和社会公众的部门，要加强修辞学习，培养修辞意识。要记住，有时候一句不当的公关话语可能破坏数十年来建立的良好形象。

2. 作为应对危机事件的当事方，社会组织或机构应该选择最恰当的时机开展危机公关活动，即：修辞情境最需要、媒体和社会公众迫切期待、公关话语能达到最佳传播效果的时刻。选择正确的传播时机往往能起到事半功倍的效果。

3. 不可欺骗社会公众或对受众刻意隐瞒关键信息，信息的缺失是造成误解或谣言的最好助推器。在遇到突发危机事件时，当事者要及时坦诚地向社会公布信息。一味地掩盖或隐藏只能适得其反，必将导致危机事件持续发酵，朝着相反的方向发展，阳光是最好的防腐剂，信息透明公开是最好的辟谣者。

4. 在当今这样一个信息社会，网络和媒体资源如此丰富，作为应对危机事件的当事者，应该充分利用网络和媒体渠道，开展有利于自己的危机公关活动。

## 六、结　论

综上所述，基于修辞情境的修辞分析模式对于当今社会的各种危机公关话语具有强大的解释力，通过对北京红黄蓝教育机构的一则危机公关话语的修辞分析，我们总结出四点应对危机事件的公关话语传播策略，希望对今后社会组织或机构开展此类危机公关活动具有重要的指导作用。

# “不可推导性”作为标准的虚妄：兼评“修辞构式观”*

侯国金[1]　邢秋红[2]

（1. 华侨大学外国语学院，福建 泉州 362021；2. 湖南科技大学外国语学院，湖南 湘潭 411201）

**摘　要**　“不可推导性”作为构式的判别标准早就受到了质疑，它作为刘文“修辞构式”的判别标尺仍存

* 基金项目　国家社科项目“语用翻译学：寓意言谈翻译研究”（项目编号：12BYY017）。
作者简介　侯国金，华侨大学外国语学院教授，博士（后），研究方向：语用学和翻译学；邢秋红，湖南科技大学外国语学院教师，硕士，研究方向：语用学和认知语言学。

在问题。首先对传统的“不可推导性”和“语法构式”这两个术语分别作一概览，认为语言中所有的构式都是构式化的结果，都是“语法构式”。“修辞构式”可定义为“语言使用的修辞格表达式，以及可推导性不强的有标记语言表达式”，包括纯粹修辞的构式、半修辞和非修辞的构式，和无标记构式（即“语法构式”）一起构成构式语法研究的统一体、连续体。认为“不可推导性”不能成为“修辞构式”判别标尺的因素，一是因为刘文对“语法构式”界定的不明确性，二是因为这种“不可推导性”的“可推翻性”，即通过一定的语用推理，这种“不可推导性”就蜕变为反面即“可推导性”。认知语言学、修辞学和语用学可以以构式研究为契机，有合有分，互补互利。

**关键词** 构式语法 语法构式 修辞构式 语用推理 不可推导性

## 1. 引 论

长期以来，传统修辞学裹足于材料收集而未踏入研究的殿堂（刘大为 2001：20）。刘教授在致笔者的邮件（2014.4）中提到：“辞格之间没有一个统一的学理上的原则将它们联系成一个整体，造成了长期以来修辞学停滞不前，阻止了修辞研究与现代语言学对话的可能”。刘大为（2010a，b，下称刘文）拓宽了修辞学研究的范围，“很有创新性，有重要的理论价值”（陆俭明 2016：1），其模式直接被孙彦博（2014）、陆俭明（2016）等沿用。刘教授此说在于启发修辞研究者拓宽思维，采用新方法。刘文就是借用构式语法理论提出“修辞构式”概念的，认为借助该概念及构式语法的理论和方法，可望对修辞现象做出系统深入的语言（层面）描写和解释。刘文提出了“语法构式、修辞构式”二分法并界定了二者的基本属性：“语法构式指的是任何一种可从构成成分推导其构式义的构式，以及虽有不可推导的构式义，但已经完全语法化了的构式；修辞构式指的则是所有带有不可推导性的构式，只要这种不可推导性还没有完全在构式中语法化”（刘大为 2010a：13）。刘文全文的基本思想无疑是正确的，我们基本赞同陆先生的评价。

不过，除了对刘文宏观上的二分思想尚存踟蹰，我们对其下分的“修辞构式”之界定，尤其是针对“不可推导性”是否能成为“修辞构式”之判别标准尚有求教推敲之处。侯国金（2016：122—124）简评了上述二分，赞扬其构式“连续体”观以及“将语法学和修辞学整合为一个学科统一体”的认识，但怀疑其作为“修辞构式”判断标准的“不可推导性”。本文从语用修辞学视角，有例有议地进一步阐释“不可推导性”作为判断标准的不现实性。

## 2. 何为“不可推导性”

### 2.1 构式语法学家们眼中的“不可推导性”

Goldberg（1995：4）就“不可预测、不可推导性”这一概念指出，“某语言单位只要其一项或多项特征不能从其现有组成部分中被严格预测出来就称其为构式”，并将“构式”定义为“C 为一个构式当且仅当 C 是一个形义配对体<Fi，Si> 时，且此时‘形’或‘义’的某一方面不能从 C 的组成部分或其他先前建立起来的构式中严格预测出来”。可见，她倾向于将“不可预测”作为构式的必要条件。后来她对“不可预测性”作了修补：“任何语言结构，只要其形式或功能的某一方面不能从其组成成分或业已存在的构式中严格预测出来，即为构式”（Goldberg 2006：5）。她始终不放弃“不可预测”，且将其从“形式或意义”扩大到“形式、功能”，“功能”部分包含语用因素。在同一本书中她又改口，指出“不可预测性”不是储存构式的必要条件（Goldberg 2006：64）。

王寅（2011：50）认为 Goldberg 提出“不可（严格）预测”主要是针对传统的“（完全）规则性（良构性）、（完全）合成性（组合性）”，她的观点是要遵循“整体大于部分之和”这一基本认知原理。构式语法家聚焦于那些预测性较弱的语言单位，其意义独立于各构成成分之意义，无法以一般合成规则给予满意解释，需要

“整合”才能得出其意，如“white elephant”，单从成分看只能得到“白色大象”的“原意/刻意解读”(literal interpretation)，得不到该得的“无用而累赘的东西、昂贵又无用之物”这一“随意/寓意解读”(loose/metaphorical interpretation)。构式研究者认为“This is a book”类语句的可预测性很高，不是构式研究的重点。如此推断下来，结合“构式无所不包”的“泛构式观”，习语类固定表达式的构式义是最难预测的，应该成为构式的典型代表，实际研究却并非如此。很多构式语法研究者所考察的对象似乎暗示只有(有)标记构式才是真正意义的构式，其实，我们既不能把构式弄得包罗万象，又不能局限于(有)标记构式(侯国金 2013：4)。事实上，构式语法家主要是从话语的命题义出发才认为“这是一本书”类语句的可预测性较高。语用地考察，在不同语境下，这句简简单单的话就有不同的(语境/话语)意义，如下例中说话人意在斥责听话人，告诫其书是有用的东西，不能乱撕。此时，这句话就有了一定的含义，其可预测性也变低了。

(1)(语境：说话人看见自己的孩子在撕书折纸飞机。)

Speaker：(*in a harsh tone*) This is a book!

由此看来，“不可预测、可预测”之间难以作出明确的划分，部分语用因素也毋庸置疑地干涉了这种人为划分。构式语法界虽然也承认语用因素的作用，其“语用”却只是“权宜语用”(侯国金 2013：9—10)。下文尽量照顾到“不可预测性”的语用性。

### 2.2 刘文中的“不可推导性”

刘文认为“不可推导性”不是构式的唯一性质，语法的“可推导性”是必然的，构式义的“不可推导性”只是为了强调构式存在的独立性。为了论证“不可推导性”，构式语法界选用的都是非典型的语例(刘大为 2010a：8)。Goldberg(2006：6)也介绍了谓语动词对推导句子构式义的作用，例如(斜体和旁注为笔者增加)：

(2) Chris *gave* Pat a ball.(给予构式)

(3) Pat *put* the ball on the table.(移动构式)

例(2)、(3)就是从动词义推知句法结构的佳例，是give和put的典型语用法(usage)，它们都是三价双及物动词，前者带有“X causes Y to receive Z”之义，后者有“X causes Y to move Z (from position A to position B)”之义，其他非三价动词用之于此类结构的用法则属非典型案例即特例。

刘大为(2010a：11)认为“不可推导”就是从话语自身的结构得不到应有的解释，并列举了“不可推导性”在构式中的五种表现：1)不可推导性一般是构式在使用过程中才发生的，但也存在本身就具有不可推导性的构式；2)使用中发生的不可推导性经历的是从临时出现到引起使用者的兴趣而获得重复发生的机会又逐步固化的一个过程；3)重复发生可以是整体投入的实体性构式，也可以通过结构框架的提取而具有能产性；4)习语不仅能以整体的方式投入再次使用，还可以通过框架的提取获得能产性；5)不可推导性带来的是一般的理解难度的提高而不是可接受度和合语法度的降低。上述3)和4)主要体现于习语和流行语研究上，至于5)，其解释是“只有词语间人们习惯的结构关系被改变而造成的理解难度，才与句子的可接受度有关，而结构方式的改变中只有涉及句法功能的，才会引起合语法度的问题”(刘大为 2010a：11)。“不可推导性”是理解难度提高的充要条件，可接受度和“合法”性降低则不一定造成构式的“不可推导性”，构式本身的“不可推导性”也不一定导致“规范性、良构性”的贬值。

然而，1)和2)要表明的观点则是“不可推导性”可能本身就是固有之物，也可能是在使用过程中浮现之物，而且某构式因使用频率高低有异而形成一个逐步语用化的过程，其解读势必涉及语用干涉。可以说，这种“不可推导性”是语用层级的“不可推导性”。

### 3. 何为语法构式？何为修辞构式？

#### 3.1 语法构式溯源

“语法构式”并非刘文构式二分之后才出现的术语，任何语言形态都是“语法构式”。Langacker(1987：82)将“构式”描写为“语法涉及数个词素和更大表达式的组合，以逐步形成更为复杂的象征结构，这些象征结构就叫作语法构式”。Fillmore(1988：36)笔下的“语法构式”是“语言中的任何一个句法构型”。Goldberg(1995，2006 等)论述的主要是“超词汇语法层面的语法构式”。Fried & Boas(2005)书名主标题就有“语法构式”，隐含了全书所论均为“语法构式”。虽然 Langacker (2007：94)似乎赞同 Goldberg 把词素纳入构式，但他笔下的“语法构式”主要指“句法构式”。可见构式语法家认为所有能被称为“构式”的单位都是“语法构式”，能进行语法、语义、语用分析。因此，“语法构式”是一个笼统概念，常缩写为“构式”。刘文的“语法构式、修辞构式”都应归属“语法构式”(侯国金 2016：124—127)。刘文虽然说明其“语法构式”是指那些高度语法化且不具不可推导性的构式，但仍有术语指代不明之憾。“语法构式”有两层意思：一是指语法单位总的内部组织过程及其产生的部分合成结果，如主谓宾结构，一般是语言学文献采取的说法，“语法构式”就是指一般意义上的语法结构；二是语言形式和语言内容的规约合成，如“What's X doing Y?”(见谢应光 2007)。刘文的“语法构式”符合第一层意思，但其“语法构式”这两层意思都没有明确的术语界定。其“语法构式”至少应该有别于传统的“语法构式”，不过有一定难度，因为任何语言构型在不同语内和语外语境(co-text and context) 都能产生不同意义。再者，若要给传统的“语法构式”更名，无异于吃力不讨好。鉴于刘文的“语法构式”出现较晚，建议将其术语更改为“规约构式”。

#### 3.2 “修辞构式”说略

刘文的“修辞构式”不是传统意义的修辞格，指的是那些非典型、非常态、非逻辑，其语用法颇受语境制约的表达式(刘大为 2010a：12；另见陆俭明 2016：2)。该特点却难保其“不可推导性”。如前所述，刘文的“修辞构式”指“所有带有不可推导性的构式，只要这种不可推导性还没有完全在构式中语法化”(刘大为 2010a：13)。刘教授在邮件中概括了“修辞构式”的特征：共同的来源即来源于“语法构式”；共同的形成动因——将规定性的话语场景表达在这一构式上；共同的构成特征，即具有不可推导的构式义，也即“修辞意义”；可能相同的发展前景，即因高能产性而语法化。刘文指出“修辞构式”来源于修辞动因对“语法构式”的作用，实际上还应有其他影响因素：刘大为(2012)在其“谐音现象的心理机制与语言机制”一文中增列了“无意识联想中的随机过程”“大脑的并行处理”和“语用因素”。

刘文从构式的整合和构式义的引申论述了“修辞构式”的形成。话语所在的规定性场景和说话人愿望的表达赋予了动词一定的“致使义”(causativity)。构式的论元角色及其参与者角色关系会受到真实经验和潜意识心理因素的影响，这两种角色一旦出现不一致，就会形成“修辞构式”。根据刘文，构式义由中心义向非中心义引申，一是由于构式义依赖规定场景，二是由于构式义丢失默认条件。刘文的二例具有不同的构式义正是由于两种不同的场景或语境：一是自己炒(普通场景)，二是付钱请人给我炒(商业服务性场景)。

(4) 我在饭馆炒了两个菜，大家都说我手艺不错。

(5) 我在饭馆炒了两个菜，价格真的不贵。

由于流行语传播速度快、使用群体广、能产性高，作为“修辞构式”来研究也许再合适不过。现今的流行语研究不过是列举其语法分布，归纳其流行意义，显现不出它的研究价值，如对宏观的语言研究的参考价值。辛仪烨(2012)分析了流行语在扩散的各个阶段的社会推动下的演变。流行语还是实体性构式(构式例示、语式)和口语类构式研究锲口。后来出现的类似“修辞构式”(多半[半]实体构式),如“A的A,B的B”“不是A,是B”“没有比X更Y的”“都是X惹的祸”等构式,都是“构式化”(constructionalization)的产物,其构式化主要引起形式、意义和效果三重变化的“词汇化”“去词汇化”(delexicalization)“语用化”(pragmatization)“习语化”(idiomaticization)等过程(参见文旭、杨坤2015：29)。

“修辞构式”是具有较高修辞性、浮现性、标记性的“语法构式”,算有标记“语法构式”。刘文之所以提出“修辞构式”一说,一是源于其对“修辞”二字的泛化处理,二是源于构式语法(学)、修辞学、语用学等对语法和修辞都缺乏统一或可通用的观念或套路(见Liu & Zhu 2011;侯国金2016：119)。

## 4. 语用学视角下的“不可推导性”

### 4.1 语用推理梗概

交际者必须有一定的交际目的或意图,而且双方的意图具有互促双赢性,还有言听者或写读者之间的角色互换性,此乃人际交往的“意向性”(intentionality)、“交互性、互动性”。目的也罢,意图也罢,都涉及双方的话语生成或推导,其话语类型、意义及投入的心力都具有变异性。根据经典和新格赖斯语用学的含义推理论,语句的意思主要是推理而得,那么,实际语境中所使用的语句其构成语词、词组、构式的意义又是如何得到的呢?部分是解码所得,部分则为推导所得。若如此,只要根据语境信息和话语本身的语法-语义信息可推导出来的意义内容,都算是推导可得的语义内容了。

语用学理论大多涉及推理问题。“语用推理可以界定为听话人根据会话原则,利用各种语境因素,从字面意义推出说话人隐含的会话含义的过程”(姜望琪2014：293)。语用推理研究的基本任务是“描述和探讨已约定俗成或抽象的概念本体与具体交际意义之间的规律,或是对语言符号的字面意义和非字面意义的关系的探讨”(熊学亮2007：8)。一般说来,有五种探讨说话人最小语言形式方案和听话人最大内容解释之间规律的语用推理法：会话含义逻辑、言语行为逻辑、关联推理逻辑、逆证逻辑、缺省逻辑。语用学上的含义都是可推导的,这种含义也正是构式宏观含义的一部分,此时,构式多指超词层面的构式。语用因素不仅会干扰这种不可推导性的划分,结合语用推理之关联推理逻辑,这种“不可推导性”还可以被取消或推翻。

### 4.2 语法构式焉?修辞构式焉?

是否可推导根本上是个语用问题。任何语言形式在一定程度上都包含语用信息,连最简单的“语法构式”其意义关联于语境,至于根据其组成成分无法推测的含义则算作规约的语用信息(谢应光2007：42)。构式语法中的“不可推导性”一般表现在：① 形式上包括词法、句法和韵律,② 意义上包括语义、规约化的语用意义和话语功能——这两个方面的推导(郑娟曼2012：154)。其实,前者就是大家熟知的词汇、语音、语法分析,后者则是意义、语用、修辞分析,都是推导、推理、解读。这些分析通常是多种同时或分别进行,交际者的自觉性(self-awareness)和语用意识程度(salience)不尽相同,其成效性也不尽相同,换言之,有时只能达到局部的推导(成功)。

刘文认为对特定话语场景的依赖是“修辞构式”的一种重要属性,该依赖性实际就是语境敏感性。至此,“修辞构式”有如下两类：一是刘文的“修辞构式”,二是刘文也涉及了的“流行语构式”。本文拟用“某V某的N”这一汉语特有构式,它不是Goldberg的“常规构式”也不是“流行语构式”,其构式义存在“不可推导性”,且它又不是一个完全语法化的实体构式,仍有不同变体,因此也不是刘文的“语法构式”。“某V某的N”构式看似属第一种“修辞构式”,但就先前说的“修辞构式”之界定问题而言,该构式的归属也存在些许问题。侯国金(2012)根据该构式的语法特征将其分为三种分构式：一式："你(们)V你(们)的N"或"V你(们)的N"；二式："我(们)V我(们)的N"；三式：①"你(们)V你(们)的N，我(们)V我(们)的N"；②"我(们)V我(们)的N，你(们)V你(们)的N"；③"他/她(们)V他/她(们)的N，我/你(们)V我/你(们)的N"；④"我/你(们)V我/你(们)的N，他/她(们)V他/她(们)的N"。

三种分构式都有其变体。一式是单式"标准式"，二、三式是派生式，其中二、三式的①式和②式，比③式和④式更标准。"某V某的N"构式的最简形式孤立地看并不带有任何语用隐含，如例(6)；例(8)是典型的"某V某的N"构式，"你"在此有一定的强调语气的作用；例(9)则不带有如例(8)的语用隐含。

(6) 我洗(我的)车。

(7) (我)(在)(冲)洗(我的)车(子)。

(8) 你冲洗你的车子。

(9) 他冲洗他的车子。

例(6)、(7)、(9)和例(8)的区别可见一斑，"某"的指称会使得该构式带有显隐两种意义，隐义则是构式研究的重点。该构式的语力多为允许、劝诱、劝诫、命令、敦促、警告、讽刺或批评，其语用隐含多为敦促对方，互不干扰(侯国金2012)。这种语力和隐含正是语用地推导出来的。它又是如何被推导出来的呢？不可推导性表现在哪里呢？首先，简单句的宾语通常为名词或代词，而此为偏正结构"某的N"，以及V与N的分离性，都说明该构式的形式"不可推导性"。例(8)、(9)"瘦身"后即"你冲洗车子"和"他冲洗车子"，其中，"冲洗车子"为动宾搭配或VN构式，加上可能带有领属性物主代词"我的，他的"之后，就使得该VN构式的V和N暂时分离，这势必会敦促我们寻求言者意欲何为，即言外之意，造成其些许形式"不可推导性"。其次，"某"的"亲你排他性"的语用预设和语用隐含也暗示了该构式意义"不可推导性"。再次，从最佳/优选关联性观之，言者和受众都要尽力取得认知上的最大关联和推理上的最佳/优选关联。听者为寻求话语的最佳/优选关联性可以设定不同场景以消解其不可推导性，例如：

(10) 甲：你吃你的饭，我唱我的歌，他看他的书。

听话人此时可能不甚明了人称代词的上述语用法机理，其不明确性正是该例"不可推导性"在意义上的表现。听者对例(10)产生三种不同的推导：

乙$_1$：甲(我)是让乙(你)和丙(他)不要打扰甲(我)，管好自己就行了。

乙$_2$：甲(我)是让乙(你)不要打扰甲(我)和丙(他)，管好自己就行了。

乙$_3$：甲(我)是让丙(他)不要打扰甲(我)和乙(你)，管好自己就行了。

三种理解的可能性由乙$_1$至乙$_3$依次降低。Levinson(2000)说过，人们有说话时使用最小语言形式和听话时启用最大内容方案的倾向。就乙$_1$而言，甲意在乙和丙不要打扰他唱歌，而事实是只有他唱歌会打扰乙和丙吃饭和看书，此时关联度较弱。乙$_2$强调人称成分而弱化动宾成分，意在告诉乙别管别的，吃自己的饭就好，这不会打扰到甲和丙。考虑到边吃边唱的悖理性，甲的本意应该是"不要找我和丙说话"之义，此时具有最佳/优选关联度。乙$_3$和乙$_2$细察之下有异，丙看书也不会影响甲唱歌和乙吃饭，其关联度低。因此，乙$_2$才是具有最佳/优选关联的推导，表明"我想干吗就干吗，你们不要和我说话找我的麻烦"，语用隐含了建议和奉劝。

受众在寻求最佳关联时攫取了言者话语具有一定"不可推导性"的原意，也即，寻求最佳关联的过程就是一个推翻构式"不可推导性"的动态过程，构式的"不可推导性"能在语用推理下被取消。"不可推导性"在划分"语法构式、修辞构式"上不具有说服力。"某V某的N"构式经历了"浮现构式"到高频使用的"无标记构式、规约构式"的发展过程，在使用过程中因涉及诸多认知、语义、句法、语用、修辞因素，其"不可推导性"逐渐由强变弱，最终又会因为得到高频使用而失去"不可推导性"，并固化为一个半实体构式从而逐步向"语法构式"演变，处在一个过渡的模糊地带之上。若说该构式是"修辞构式"，势必会因为其站不住脚的"不可推导性"而站不住脚。换成"不要太X"构式、"不能再X"构式等，以及刘文的诸多"修辞构式"实例，都不能因为其存在"不可推导性"而推导不出其整体含义。以上说明"不可推导性"在判别构式是否为"修辞构式"上实属虚妄。

撇开例(10)形式上的"不可推导性"，仅论意义，人称代词往往不只有作为人称指别、称呼、呼格的作用，还常带有额外的语用修辞效果，如协调韵律、强调某个话语成分。"吃他一个苹果"("V+他+数量名"构式)的"他"，"唱他个通宵达旦"("V(他)个+补"构式)的"他"。根据Chen & Wu(2011)，汉语"他/她/它"有时有复数用法，而英语的they、their、them有时有单数用法，请看他们的例(11)(原文为拼音，下加点和斜体为我们所添)，例(14)以及我们的例(12)、(13)：

(11) 那些瓜，我们吃了它。

(12)我家的表叔数不清，没有大事不登门。虽说是亲眷又不相认，可他比亲眷还要亲。(电影《红灯记》唱段"都有一颗红亮的心")

(13) Everyone knows what *they* have to do, don't *they*?

(14) Americans will pick the next president based on *their* ability to lead.

他们认为，代词用于话语内的指称有时不是实在指别，算"调皮代词"(less-well-behaved pronouns)，属"欠规范用法"(less well-formed usages)。之所以如此，窃以为是因为复数有兼表阴阳两性的便利，却有比相应的单数代词更多的也更为复杂的语符，因此，受最省力原则的"经济"驱动，复数的they等就可在性别和语法数上模糊地使用。至于汉语单数的"他、它、她"，尤其是无标记的"他"，可作模糊性别和数的代词，有时用于填补语法空白。代词，或者说这些代词有时不是"确指"(精确的语法指称)，而是"概指、虚指"(模糊的语用修辞指别)，其词汇意义弱化至零，所获得的是代词的语法意义、语用意义或语用修辞意义，具有可推导性，也即，能推知上述代词不是"确指"而是"概指、虚指"。

语用修辞地看，我们建议将"修辞构式"定义更改为："语言使用的修辞格表达式，以及可推导性不强的有标记语言表达式"。这样一来，"修辞构式"就容纳了纯粹修辞的构式、半修辞和非修辞的构式，和无标记构式(即俗称的"语法构式")构成构式语法研究的统一体、连续体。若如此，认知语言学(的认知语法和历时构式语法[构式语法的分支])、修辞学(的修辞格研究和语法-修辞-语用界面研究)、语用学(的词汇-构式语用学和语用修辞学)等，在构式这里有合有分，有同有异，互补互利，协调发展：认知语言学主攻无标记(语法)构式的认知机制，旁涉有标记(修辞)构式；修辞学专司有标记(修辞)构式，旁涉无标记(语法)构式；语用学二者兼顾，着重于词汇语用性、句法语用性、心理语用性、社会语用性、修辞语用性等。由此才是真正地拓宽了修辞、语法和语用的研究视野。

## 5. 结　论

构式来源于构式化，即要么在某语言系统内衍生出崭新的语法表达式，要么重组已有的两个或更多构式并使其构式(意)义晦涩(即具有一定的不可推导性)(Fried 2013，转引自文旭、杨坤 2015：28)。"构式语法由于其成形的体格结构、形式化表征手段以及坚实的认知和功能学基础，已发展成一种成熟的语言学理论框架"(汪兴富、刘世平 2010：5)。构式语法的研究如火如荼，基于心理学、二语习得和跨语言的构式语法理论和假设"较为可靠"，"更多的理论假设还有待证明"(文旭、杨坤 2015：27)。

刘大为的"修辞构式"论的确具有不少真知灼见，打通了修辞和句法的关系，也焊接了修辞和语义、修辞和语用的双重双边关系，使得新的学科联姻(如语用修辞学)成为可能。

我们赞同刘先生对“修辞构式”的认识和诸多看法，只是怀疑其判断“修辞构式”（与否）的标准，即“不可推导性”。“修辞构式”与其“不可推导性”密切相关，但与“可推导性”也是息息相关，而且（可）推导性只是个量/度问题，不是有无问题。因此，“不可推导性”不能作为“修辞构式”的判别标准。“不可推导性”自身的不确定性加上传统语言学文献中“语法构式”的界定，决定了“不可推导性”不具有这种判断标准资格。语用因素的介入会造成不可推导和可推导之间界限不明，通过语用推理可以推翻原构式中的“不可推导性”。另外，我们建议修正“修辞构式”的界定，这样一来，“某V某的N”类构式都可被称为新定义下的“修辞构式”，“修辞构式”的研究范围也得以拓宽。而“语法构式”在本文也得到了明确的定性，不再是徘徊于传统语法术语和所谓构式二分的模糊名词。

有意思的是，陆俭明（2016）一文对刘文“修辞构式”进行了补充和延伸，换言之，是更丰富地例证了刘文的“修辞构式”。不过，陆先生的贡献在于提出了“语法构式——修辞构式——新语法构式”演化说。也即，旧的“语法构式”会演化出一些特殊的、鲜活的、“青出于蓝胜于蓝”的表达式，即“修辞构式”，而这些“修辞构式”的一部分又会演化为“新语法构式”，固化成稳定的语法语义系统的一分子。例如，“很高兴”（很＋形容词/副词）这一“语法构式”演化出“很阳光、很农民”（很＋名词）类“修辞构式”，“被打败”（被＋他动词）这一“语法构式”滋生出“被教授、被苗条”（被＋名词/形容词/自动词）这一“修辞构式”，“损公利己”（动宾）这一“语法构式”酿造出“富了个人穷了国家”（形容词＋宾语）这一“修辞构式”。这些“修辞构式”的大部分都已成为现代汉语的“新语法构式”。如果说“语法构式”具有原动力，“修辞构式”则具有魅力，“新语法构式”具有活力。“修辞构式”只有在充分发挥其“魅力”的作用，使之变为可模因复制的“活力”的条件下才是“新语法构式”，距“语法构式”只有咫尺之遥。这一点也可从刘文（2010a：13）和陆文（2016：5）得到验证，这又进一步证实了“语法构式、修辞构式”二分只是权宜之分，“不可推导性”实为区分二者的“莫须有标准”。

刘文的二分法旨在联系语法学和修辞学，认为二者为一个连续体的两端，然而，该连续体的一端已有指示不明之嫌，而“修辞构式”又不能单凭其“不可推导性”能否得以语法化来加以界定。刘文说是联系了语法学和修辞学，如此将“语法构式、修辞构式”区分开来，结果却拉大了语法学和修辞学的学科距离。鉴于“修辞构式”的研究涉及很多语用因素，建议结合语用推理等进行语用修辞（学）的跨学科研究。

## 参考文献


侯国金.语用学大是非和语用翻译学之路[M].成都：四川大学出版社，2008.

侯国金.“某V某的N”构式的认知语用研究[J].外语教学，2012(3)：6—12.

侯国金.对构式语法八大弱点的诟病[J].外语研究，2013(3)：1—12.

侯国金.评“语法构式、修辞构式”二分法[J].华侨大学学报（哲学社会科学版），2016(1)：119—128.

姜望琪.语用推理之我见[J].现代外语，2014(3)：293—302.

刘大为.认知性辞格和表达性辞格[J].华东师范大学学报（哲学社会科学版），2001(3)：20—30.

刘大为.从语法构式到修辞构式（上）[J].当代修辞学，2010a(3)：7—17.

刘大为.从语法构式到修辞构式（下）[J].当代修辞学，2010b(4)：14—23.

刘大为.谐音现象的心理机制与语言机制[J].当代修辞学，2012(5)：1—19.

陆俭明.从语法构式到修辞构式再到语法构式[J].当代修辞学，2016(1)：1—9.

孙彦博.从语法构式“X比N还A”到修辞构式“X比N还N”[J].现代语文（学术综合版），2014(10)：145—146.

汪兴富，刘世平.Goldberg构式语法思想变迁跟踪——基于1995及2006著作的考察[J].西安外国语大学学报，2010(2)：5—9.

王　寅.构式语法研究：理论探索[M].上海：上海外语教育出版社，2011.

文　旭，杨　坤.构式语法研究的历时取向——历时构式语法论纲[J].中国外语，2015(1)：26—34.

谢应光.语法构式中的语用信息[J].天津外国语学院学报，2007(6)：40—45.

辛仪烨.流行语的扩散：从泛化到框填[J].当代修辞

学,2012(2):20—30.
熊学亮.语言使用中的推理[M].上海:上海外语教育出版社,2007.
郑娟曼.不可推导性与构式的本质[J].学术研究,2012(7):151—156.
Borthen, K. On how we interpret plural pronouns[J]. *Journal of Pragmatics*, 2010(7): 1799 - 1815.
Chen, J. & Wu, Y. Less-well-behaved pronouns: Singular *they* in English and plural *ta* "it/he/she" in Chinese[J]. *Journal of Pragmatics*, 2011(43): 407 - 410.
Fillmore, C. J. The mechanisms of "Construction Grammar" [J]. *Bulletin of the Linguistic Society*, 1988(14): 35 - 55.
Fried, M. Principles of constructional change[A]. In Hoffmann, T. & Trousdale, G. (eds.). *The Oxford Handbook of Construction Grammar*[C]. Oxford: OUP, 2013: 419 - 437.
Fried, M. & Boas, H. C. *Constructional Approaches to Language. Vol 4: Grammatical Constructions: Back to the Roots*[M]. Amsterdam: John Benjamins, 2005.
Goldberg, A. E. *A Construction Grammar Approach to Argument Structure*[M]. Chicago & London: The University of Chicago Press, 1995.
Goldberg, A. E. *Constructions at Work: The Nature of Generalization in Language*[M]. London: OUP, 2006.
Langacker, R. W. *Foundations of Cognitive Grammar. Vol 1: Theoretical Prerequisites*[M]. Stanford: Stanford University Press, 1987.
Langacker, R. W. *Ten Lectures on Cognitive Grammar by Ronald Langacker*[M].高远,李福印,主编.北京:外语教学与研究出版社,2007.
Levinson, S. *Presumptive Meaning*[M]. Cambridge & Mass: The MIT Press, 2000.
Liu, Y. & Zhu, C. Rhetoric as the antistrophos of pragmatics: Toward a "Competition of Cooperation" in the study of language use[J]. *Journal of Pragmatics*, 2011(43): 3403 - 3415.

# 25年来中国修辞研究的关键词词频统计*

## ——基于国家社科与教育部社科课题立项数据

董瑞兰[1],毛浩然[2]

(1.闽江学院人文与传播学院,福建 福州 350121;2.华侨大学外国语学院,福建 泉州 362021)

**摘 要** 本研究采用图悦词频分析工具,对1993—2017年间294项国家社科与教育部社科课题"修辞"项目名称进行穷尽性检索。依据关键词频次及比重可将中国修辞项目名称关键词分为4类:以英汉、语法为代表的"恒星关键词",属于中国修辞研究的恒定选题;以朝鲜语、语音、俄语为代表的"流星关键词",2008年以来无立项;以语言、视角、广义为代表的"新星关键词",反映2008年以来修辞研究新亮点;以数据库、实证、跨学科为代表的"未来星关键词",预示中国修辞研究方法的新趋势。

**关键词** 修辞 关键词 词频统计 国家社科 教育部社科

## 一、引 言

20世纪90年代,中国修辞学界对学科自身研究方法的研讨渐趋深入。胡范铸(1990)、刘大为(1991)、王建华(1991)、郭水华(1992)、

* 基金项目 国家社会科学基金青年项目"广义修辞学视域中的《人民文学》(1949—1999)话语研究"(15CZW045)。
作者简介 董瑞兰,女,博士,闽江学院人文与传播学院讲师,主要研究方向:文学修辞;毛浩然,男,博士,华侨大学外国语学院教授、博士生导师,主要研究方向:话语修辞。

邓国栋(1993)、王希杰(1994)、高万云(1994)、李军(1996)等就修辞研究方法的选择、继承与更新展开过学术争鸣①。21世纪以来,汉语修辞研究方法的探讨主要围绕学科方法论、宏观微观视角、修辞研究实践、修辞学科的建构性与跨学科性展开,如吴方敏(2000)、宗廷虎(2003)、谭学纯(2003)、曾毅平(2004)、郭焰坤(2007)、邵敬敏(2008)、朱玲(2009)、林梅(2012)、邓志勇(2016)②。近五年有学者开始运用实验、计量、数据库等自然科学工具进行修辞研究,如胡范铸(2013、2014、2015)、李红满(2014)、纪玉华(2016)③。先行研究已评述中国修辞研究方法的现状或趋势,但未使用词频软件的关键词统计方法,也未基于国家社科和教育部社科课题数据。

本研究对国家哲学社会科学基金课题(全文简称国家社科课题)和教育部人文社会科学基金课题(全文简称教育部社科课题)资助项目中包含"修辞"的项目名称关键词进行词频统计。关键词是反映文献主题的自然词汇。词频分析法是根据关键词在某研究领域文献中出现的频次高低来确定"某一学科发展动态和研究进展"④的文献计量方法。这种技术分析虽然被看作是"一种搁置内容和意义的形式分析",但"为了超越个人经验和主观偏好的局限而趋向学术测评的客观性"⑤,这不失为一种可靠且可行的分析视角。这些关键词词频统计结果,可为修辞相关课题研究与申报提供参照,并为中国修辞研究的反思与展望提供一种观察维度。

## 二、数据库来源及修辞研究立项总体样态

本研究语料源自两类项目数据库:"国家社科基金项目数据库"和教育部人文社会科学研究管理平台"按项目研究检索"数据库⑥。笔者在"项目名称"栏分别输入"修辞"检索,结果显示:国家社科基金课题51项,教育部人文社科基金课题233项(因系统收录不全,又手动增补2015、2016、2017年共10项),两类总计294项。检索未设定项目类别、学科类别、立项时间等,本数据致力于对这两类基金1993—2017年间所有包含"修辞"立项标题一网打尽。

① 请参阅以下文献:胡范铸.科学主义与人文主义的分野——中国修辞学研究方法的研究.云梦学刊.1990(2);刘大为.修辞学的科学化.语法修辞方法论.上海:复旦大学出版社,1991;王建华.汉语修辞学研究应加强人文性.修辞学研究(第5辑).南昌:江西教育出版社,1991;郭水华.修辞学研究方法的继承和更新.当代修辞学,1992(2);邓国栋.修辞学研究方法的定性分析.当代修辞学,1993(2);王希杰.科学方法和修辞学的繁荣.苏州大学学报(哲学社会科学版),1994(1);高万云.修辞学研究与运筹学方法.当代修辞学,1994(5);李军.对修辞研究视角的思考.当代修辞学,1996(4)。

② 请参阅以下论文:吴方敏.汉语修辞学研究方法漫谈.当代修辞学,2000(4);宗廷虎.论百年来与时俱进的汉语修辞学研究方法.福建师范大学学报(哲学社会科学版),2003(6);谭学纯.修辞学研究突围:从倾斜的学科平台到共享学术空间.福建师范大学学报(哲学社会科学版),2003(6);曾毅平等.修辞学实证研究的意义与方法.当代修辞学,2004(3);郭焰坤.汉语修辞史研究方法:宏观研究与微观研究相结合.当代修辞学,2007(6);邵敬敏.探索新的理论与方法 重铸中国修辞学的辉煌.当代修辞学,2008(2);朱玲等.《周易》修辞理论和修辞方法的发生学意义.当代修辞学,2009(3);林梅.跨文化语境下的俄罗斯修辞学研究——再论修辞学研究思路及方法.外语教学,2012(4);邓志勇.修辞学的跨学科性与修辞学的跨学科研究方法.外语教学,2016(1)。

③ 请参阅以下论文:胡范铸等."海量接受"下国家和机构形象修辞研究的方法设计——兼论构建"机构形象修辞学"和"实验修辞学"的可能.当代修辞学,2013(4)、"案例库修辞学":国家和机构形象修辞研究的一种进路——兼论"面向中亚的跨文化交际案例库"设计的基本思路.当代修辞学,2014(2)、幽默语言、谎言、法律语言、机构形象修辞、实验修辞学……研究的逻辑起点——基于"新言语行为分析"的思考.华东师范大学学报(哲学社会科学版),2015(6);李红满等.近十年西方修辞学研究领域的新发展——基于SSCI的文献计量研究.当代修辞学,2014(6);纪玉华等.跨文化修辞学五十年:研究动态与趋势——基于Scopus数据库的实证研究.厦门大学学报(哲学社会科学版),2016(4)。

④ 张勤.词频分析法在学科发展动态研究中的应用综述.图书情报知识,2011(2)

⑤ 赵宪章.2005—2006年中国文学研究热点和发展趋势——基于CSSCI中国文学研究关键词的分析.河北学刊,2008(4)

⑥ 两个数据库搜索网址分别为:http://fz.people.com.cn/skygb/sk 和 http://pub.sinoss.net。

统计显示：(1) 项目类别：国家社科课题修辞立项来自重点项目、一般项目、青年项目、西部项目、后期资助项目5类；教育部社科课题修辞立项来自规划基金项目、青年基金项目两类；(2) 学科类别：国家社科课题修辞立项分别产生自语言学、中国文学、外国文学、政治学、哲学、世界历史、新闻学与传播学、法学8个领域；教育部社科课题修辞立项分别产生自语言学、中国文学、哲学、交叉学科/综合研究4个领域；(3) 年度立项数量：教育部社科课题修辞立项数量在21世纪初(2001—2007)出现高潮，多达178项，占所有总量的60.54%，又因这个阶段正好处于新旧世纪交替时期，故以此为观察的分界点：之前20世纪90年代两类总量20项，比例最小，占6.8%；之后2008—2017年91项，占30.95%，如图1所示。

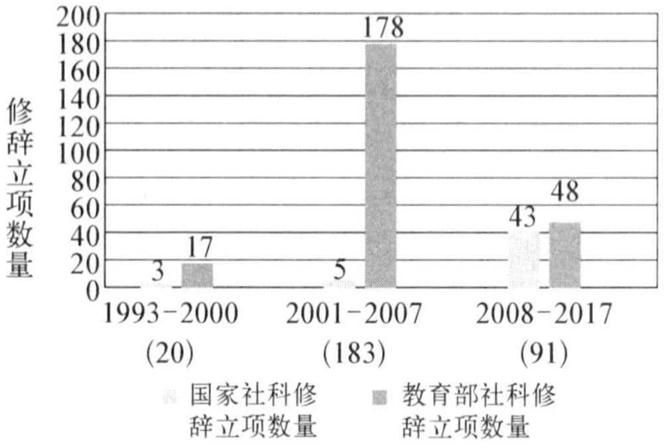


**图1　1993—2017年国家社科和教育部社科修辞立项数量统计**

## 三、修辞立项名称高频关键词词频统计

笔者把294项修辞立项课题名称汇总成“1993—2017年国家社科课题和教育部社科课题修辞项目名称.URL”，打开图悦词频分析工具①，点击“热词权重图”获取修辞项目名称高频关键词云图。修辞、修辞学、英语、马克思主义、英汉、汉语、中国等44个高频关键词出现在图2中：

**图2　1993—2017年国家社科课题和教育部社科课题修辞立项名称高频关键词云图**

图悦关键词云图以可视化见长，图2显示25年来中国修辞研究的热点取向。但文献计量以精准数据说话。为此，笔者把“1993—2017年国家社科和教育部社科修辞项目名称.URL”，按年度立项时间段拆分成3个文件：“国家社科和教育部社科修辞项目名称(1993—2000)”“国家社科和教育部社科修辞项目名称(2001—2007)”“国家社科和教育部社科修辞项目名称(2008—2017)”(拆分依据见上文关于年度立项数量的统计)。同样在图悦中分别输入文本，再点击“导出”Excel表格，获取1993—2000关键词36个，2001—2007、2008—2017关键词各150个。

按照高频关键词选择标准(截取的高频词

① 图悦(http://www.picdata.cn)是一款国内在线词频分析和词云制作工具，有标准模式、微信模式、地图模式三种模式。关键词词频指标指某词在文本中出现次数，采用“大词优先”的分词方法，导出的Excel默认按关键词权重Z-A排序，是Top150位的词。按照字体大小和所占空间可以大致判断该关键词的重要程度。需要说明的是，本研究所显示的是标准模式云图。图悦自动统计结果以“词”为单位，并非按词性、词义、该词所属研究类别等划分。后续分析亦如此。

累计频次达到总频次40%左右[①])获取1993—2000高频词13个(词频≥2),2001—2007高频词20个(词频≥6)、2008—2017高频词20个(词频≥4)。见表1:

表1 1993—2017年修辞立项名称高频关键词词频表

| 序号 | 1993—2000(共20项) | | 2001—2007(共183项) | | 2008—2017(共91项) | |
|---|---|---|---|---|---|---|
| | 高频关键词 | 词频 | 高频关键词 | 词频 | 高频关键词 | 词频 |
| 1 | 修辞 | 17 | 修辞 | 129 | 修辞 | 58 |
| 2 | 英汉 | 4 | 修辞学 | 54 | 修辞学 | 33 |
| 3 | 汉语 | 4 | 英语 | 27 | 视角 | 9 |
| 4 | 语法 | 3 | 语言 | 20 | 中国 | 9 |
| 5 | 修辞学 | 3 | 汉语 | 19 | 汉语 | 7 |
| 6 | 文化 | 3 | 英汉 | 18 | 话语 | 7 |
| 7 | 语用 | 2 | 对比 | 13 | 文学 | 6 |
| 8 | 朝鲜语 | 2 | 中国 | 12 | 小说 | 6 |
| 9 | 词汇 | 2 | 小说 | 11 | 认知 | 6 |
| 10 | 语音 | 2 | 文化 | 10 | 理论 | 6 |
| 11 | 英语 | 2 | 语用 | 9 | 语言 | 6 |
| 12 | 俄罗斯 | 2 | 认知 | 7 | 对比 | 6 |
| 13 | 文学 | 2 | 文学 | 7 | 策略 | 6 |
| 14 | | | 理论 | 7 | 广义 | 5 |
| 15 | | | 教学 | 7 | 批评 | 5 |
| 16 | | | 马克思主义 | 6 | 哲学 | 5 |
| 17 | | | 叙事 | 6 | 写作 | 4 |
| 18 | | | 古代 | 6 | 英语 | 4 |
| 19 | | | 写作 | 6 | 汉英 | 4 |
| 20 | | | 模式 | 6 | 传播 | 4 |

注:本表统计结果结合图悦软件生成和笔者手动标注得出。

关键词出现频次的高低,反映该项目研究问题的受关注程度。为了更好地梳理中国修辞研究25年脉络走向,笔者以上表数据为基准,辐射软件生成的所有关键词,对之进行纵向和横向分析。

## 四、中国修辞研究关键词的纵向观察

### (一)1993—2000年中国修辞研究关键词

由表1可见,20世纪90年代国家社科课题和教育部社科课题20项修辞项目名称高频关键词除了"修辞(学)"外,还有英汉、汉语、语法、文化、语用、朝鲜语、词汇、语音、英语、俄罗斯、文学。结合图悦分析出的36个关键词,可观察出中国修辞研究首先集中于汉外修辞对比领域(占12项),如"英汉语篇修辞对比研究""朝鲜语和汉语修辞比较";其次是外国语修辞研究,如"俄语篇章修辞学的分类标准及其分析""英语修辞新编""阿拉伯语修辞学",其中,俄语修辞研究3项。其他涉及中国修辞文化、文学修辞、模糊修辞、幽默修辞、修辞心理学、语义语法修辞。

此阶段中国修辞研究内容上有3个特点:(1)汉语修辞研究停留于宏观理论层面,课题名称既广泛又宏大;(2)汉外修辞对比仅限于语义、语用、语篇层面;(3)修辞研究偏重于书面语,包括修辞格在内的修辞现象描写,未能深入分析修辞背后的复杂机制,以及修辞与其他言语活动之间的联系。"修辞学不但是一门理论科学,也是一门实用科学"[②]。自陈望道《修辞学发凡》以来的中国现代修辞学,走着纯学术的路子,伸缩于语言本位框定的范围,而"20世纪90年代修辞研究冲破了结构主义束缚,较之前一阶段开始呈现开放态势"[③]。从1993—2000年中国修辞研究关键词可见,这种开放态势来得有点迟缓。

① 陈瑜林.我国教育技术主要研究领域的历史演进——基于CNKI"两刊"关键词、主题词的类团分析.电化教育研究,2012(8)

② 王希杰.20世纪汉语修辞学研究中的几个问题.青岛海洋大学学报(社会科学版),1998(3)

③ 曹德和.1949—1999:汉语修辞学回顾与思考.当代修辞学,1999(5)

### （二）2001—2007年中国修辞研究关键词

由表1可见，2001—2007年间国家社科课题和教育部社科课题183项修辞项目中的高频关键词除了“修辞（学）”外，还有：英语、语言、汉语、英汉、对比等18个。结合图悦分析出的150个关键词，可观察出此阶段中国修辞研究特点表现在：

从语种看，包含关键词“英语”的项目高达27项，涉及英语修辞格（如反复）、修辞与英语写作、大学英语教学、英语词汇/语法/篇章修辞等；包含关键词“英汉/汉英/对比”的汉英修辞对比类项目共20项，涉及英汉两种语言在修辞格、修辞模式、修辞功能、修辞文化、语篇修辞、修辞语用认知等方面的异同；包含关键词“汉语”项目17项，涵盖汉语成语修辞、汉语修辞格的语篇机制、留学生汉语修辞能力培养、汉语修辞学与西方修辞学流派。另有藏语修辞格、蒙古语同义词修辞、俄语广告语言修辞美学等。

修辞与其他学科的融合，是新世纪初修辞研究的亮点之一。其中，文学修辞研究蔚为大观：包含“小说/文学/鲁迅/作家”等关键词的项目名称高达36项。这些课题或立足文学创作批评宏观视角，如文学修辞、修辞批评、文学语体修辞等研究；或进行某作家作品修辞研究，既有作家群体修辞行为研究，又有个体修辞特色，如对朱熹、纳兰性德、林语堂、鲁迅、贾平凹、阿来、司格特、福克纳等作家的诗词、散文、小说文本修辞分析；还有某经典作品修辞翻译策略研究，如《论语》《文心雕龙》《红楼梦》《管锥编》。另包含“文化/跨文化”项目10项，它们着眼于中国文化修辞学/汉语修辞文化学建构，强调修辞研究审美与文化，重视汉英修辞的翻译、风格、接受等。从修辞角度进行应用文体（公务、裁判文书、人物报道）、艺术形式（电影、流行歌曲）、传播学理论/传播修辞学、经济学语言等方面研究有8项，比例不大，却体现着跨学科的思路。此类“跨X”研究堪称修辞研究“小突围”。谭学纯倡导这种“突围”：中国修辞学研究需要走出“就语言谈语言”的技巧论，走向更开阔的“交叉于多学科的共享学术空间”①。为何突围，谭学纯早在2000年就形象指出：这种突围需要通过不同学科经验的挪移和互渗，通过不同学科经验方式自我表述系统的整合，拓展修辞研究空间（如研究视野、研究方法）②。

21世纪初，中国修辞研究的触角开始正式伸向语用（9项）、认知（7项）、叙事（6项）等领域。仅包含“语用/语用学/言语”的国家社科课题和教育部社科课题名称就有20项，涉及语用环境与修辞认知、英汉修辞语用对比、西方修辞学与语用学等，如“汉英亚言语的修辞语用功能对比研究”“语篇分析中认知修辞学的应用研究”“现代西方科学修辞学与语用学”“英汉修辞语用认知对比研究”。还有具体言语行为（如英汉传媒话语、西方政治话语、英汉商务话语、俄/英广告语、大学英语教学话语、现代经济学语言）修辞策略课题立项。中国现代修辞学从辞格研究起步，基本遵循语言艺术技巧选择的范式③。但随着20世纪80年代语用学理论的发展，“语用学与修辞学的学科渗透，为中国修辞学研究注入新的活力，提升修辞学术高度，一度形成语用修辞学热”④。

### （三）2008—2017年中国修辞研究关键词

由表1可见，2008—2017年间国家社科课题和教育部社科课题91项修辞项目名称高频关键词除了“修辞（学）”外，还有“视角”“中国”“理论”“对比”“文学”“小说”等18个。结合图悦分析出的150个关键词，总结此阶段中国修辞研究特点主要表现在：

近10年来，国家社科课题和教育部社科课题强调中国修辞研究“角度”问题。包含“视

① 谭学纯.修辞学研究突围：从倾斜的学科平台到共享学术空间.福建师范大学学报（哲学社会科学版），2003(6)

② 谭学纯.作为对话的文学话语读解：人与人的对话.合肥：安徽教育出版社，2000

③ 胡范铸.从“修辞技巧”到“言语行为”——试论中国修辞学研究的语用学转向.当代修辞学，2003(1)

④ 张会森.修辞学与语用学.当代修辞学，2000(4)

角/视野/视阈/视域”等关键词的项目名称多达16项，把“修辞”作为辞格研究、中西文学分析、翻译研究、汉英词汇语义语用研究的“入口”，具体角度分别有隐喻认知视角、人际修辞视角、语篇互文视角、西方修辞学视角、变异修辞视角、对比修辞学视角和跨文化修辞视角等。其中，与广义修辞学视角相关的项目有5项：“问题驱动的广义修辞论”“广义修辞学视角下的夸张研究”“西方认知中的‘中国形象’：《教务杂志》关键词之广义修辞学阐释”“广义修辞学视野中的当代文学期刊话语分析——《文艺学习》(1954—1957)研究”“广义修辞学视域中的《人民文学》(1949—1999)话语研究”。作为学术共同体的广义修辞学同仁，具有明确的学科意识和学术关怀①②，这些研究在重建学科形象、推动中国修辞学科发展方面提供有益的观察、思考与探索实践③。

理论是修辞研究的基石。国家社科课题和教育部社科课题关于修辞学理论的项目，除了立项名称中包含“理论”，笔者手动检索出具体理论研究至少28项。主要集中在对中外修辞理论研究上(新兴修辞学交叉学科前沿理论、当代美国修辞批评理论、俄罗斯彼尔姆功能修辞学派、20世纪西方修辞观念等)，还涉及对修辞著作(昆体良《修辞学原理》、亚里士多德《修辞术》、陈望道《修辞学发凡》)和修辞理论家(肯尼思·伯克、保罗·德·曼、佐藤信夫、王希杰)多角度的思考。其中，包含“肯尼思·伯克”的课题有“美国修辞学泰斗肯尼思·伯克的修辞哲学与修辞理论研究”“肯尼思·伯克新修辞学的实用主义研究”等3项。这位享有“当代亚里士多德”的西方新修辞学旗手，一时成为中国修辞研究领域的“明星”。其中，鞠玉梅国家社科课题“伯克修辞学思想研究——兼论汉英修辞学思想的差异”立项之后，2009—2015年间发表9篇伯克研究论文。

此外，包含“文学/小说”等关键词的项目名称多达12项，包含“对比/比较”等关键词的项目名称有11项，还有认知修辞、哲学修辞、法律修辞、科学修辞、外交修辞、论辩修辞、符号修辞、视觉修辞、演讲修辞、变异修辞等立项项目。

## 五、中国修辞研究关键词的横向观察

基于图悦词频分析工具获取的1993—2017年修辞项目名称各阶段高频关键词频次及所占比例，我们将25年来中国修辞项目名称关键词分为4类④：

### (一) 恒星关键词

此类关键词分别在1993—2000、2001—2007、2008—2017三个阶段出现，频次及比例变化不大，呈现相对稳定状态。因需要对关键词变化情况进行量化，下文列出各个关键词在各阶段所占比例(单位：%)。其中“修辞”“修辞学”“研究”(此词在图悦软件统计中被过滤，笔者手动搜索结果)3个关键词在国家社科课题和教育部社科课题修辞项目中占绝对大的比重，下文不单独列出。其他词细分两种情况，表达式为N1－N2－N3：

1. N1≥N3有的关键词在第1阶段处于高频区域，在第2阶段或高或低(甚至低至零)，在第3阶段处于相对低频区域，总体趋势下降。这类词有：

【英汉】20－9.84－3.3⑤

【汉语】20－10.38－7.69

【语法】15－21.09－2.2

① 高群.广义修辞学副文本考察.湖南科技大学学报(社会科学版)，2017(1)

② 高群.反思广义修辞学：学科建设价值与局限.福建师范大学学报(哲学社会科学版)，2013(3)

③ 谭学纯.广义修辞学演讲录.上海：上海三联书店，2012

④ 类别名称的命名受到周爱民在《现代情报》(2007年第10期)发表的论文《从2006年中文文献关键词看知识管理领域热点的变迁》的启发，特此致谢。

⑤ 此标注代表该词依次在1993—2000、2001—2007和2008—2017三个阶段的频次比例，“英汉”在第1阶段出现的次数(4次)占总量20项的20%；第2阶段(18次)占总量183项的9.84%；第3阶段(3次)占总量91项的3.3%。下文亦同。特此注明。

【文化】15－5.45－3.3

【英语】10－14.75－4.4

【语用】10－4.9－2.2

【文学】10－3.83－6.59

【词汇】10－0.55－1.1

【俄罗斯】10－0－2.2

【写作】5－3.28－4.4

【语义】5－1.64－1.1

【篇章】【艺术】5－1.09－1.1

【标准】5－0－2.2

2. N1<N3 有的关键词在第 1 阶段处于低频区域，在第 2 阶段或高或低，在第 3 阶段处于相对高频区域，总体趋势上升。这类词有：

【对比】5－7－6.59

【中国】5－6.65－9.89

【理论】5－3.83－6.59

结合具体项目来说，英汉修辞对比、修辞与语义词汇语法篇章语用、修辞与文化艺术等研究在 20 世纪 90 年代国家社科课题和教育部社科课题修辞项目都有立项，有的研究内容还占相当大比重，这些研究延续至今，堪称中国修辞研究的恒定选题。另外，2000 年以来，汉语修辞与英语修辞研究的适当“分家”、修辞研究中对“中国”的凸显、“文学”修辞研究的升温、汉英修辞的“对比”及各自“理论”与“标准”的构建、修辞对汉英“写作”教学的影响等选题，虽由来已久，但出现暗流涌动的新面貌。

**（二）流星关键词**

此类关键词在 1993—2000 或（和）2001—2007 年的国家社科课题和教育部社科课题修辞项目名称中出现，而在 2008—2017 年的项目名称中频次为零，总体上频次比例下降。细分 3 种情况：

1. 只出现在第 1 阶段，第 2、3 阶段频次为零，表达式为：N1－0－0

5－0－0 【朝鲜语】【阿拉伯语】【模糊】【围城】【新编】【聚焦】【民族】【偏离】【规范】【名著】【特色】【心理学】

2. 只出现在第 2 阶段，第 1、3 阶段频次为零，表达式为：0－N2－0

0－2.73－0 【美学】【教学】【古代】

0－2.19－0 【商务】【广告语】【诠释】【经济学】

0－1.64－0 【评点】【交际】【流派】

0－1.09－0 【诗学】【诗词】【事态】【新论】【中学】【修饰】【汉字】【建构】【作品】【矛盾】【南宋】【比喻】【语文】【双重】【编码】【解码】【人文】【台海】

0－0.55－0 【双关】【后现代主义】【泰斗】【流行歌曲】【唐宋】【经书】【典故】【文心雕龙】【贾平凹】【红楼梦】【诗歌】【公文】【顺应】【动物词】【嬗变】【探索】【禅宗】【多重】【人物】【辩证法】【调节】【真实】【藏语】【同义词】【代表性】【苏格兰】【王易】【经贸】【专论】【分支】【东西方】【纳兰性德】【战国】【规律】【段落】【英美】【幻象】【阐明】【纪录片】

3. 只出现在第 1、2 阶段，第 3 阶段频次为零，表达式为：N1－N2－0

【语音】10－0.55－0

【俄语】【幽默】5－1.64－0

【特殊】【经典】5－0.55－0

结合具体项目来说，朝鲜语、阿拉伯语等民族语言修辞研究只在 2000 年以前的课题中立项；修辞美学、修辞教学、商务语言修辞、比喻双关修辞、诗学诗词诗歌修辞、《红楼梦》、贾平凹、文学修辞等研究只在新世纪初获得立项，近 10 年课题中无立项；汉语语音修辞、俄语修辞、幽默修辞在前两个阶段均有立项，2008 年至今均无立项。

**（三）新星关键词**

此类关键词在 1993—2000 年频次为零，处于低频区域，而在 2001—2007 年或 2008—2017 年频次或高或低，总体上呈现频次上升状态。区分两种情况：

1. 该关键词在第 1 阶段频次为零，从第 2、3 阶段频次比例或高或低，表达式为：0－N2－N3

（1）N2≥N3

【语言】0－10.93－6.59

【叙事】0-3.28-1.1

【差异】【科学】【大学】0-3-1.1

【修辞格】【变异】0-2.19-1.1

（2）N2<N3

【小说】0-6.01-6.59

【认知】0-3.83-6.59

【模式】0-3.28-3.3

【视角/视野/视阈/视域】0-2.73-9.89

【话语】【语境/情景/情势】0-2.73-5.49

【批评】0-2.19-5.49

【策略】0-2.19-6.59

【世纪】【思想】0-2.19-2.2

【鲁迅】【结构】0-1.64-3.3

【哲学】0-1.64-5.49

【传播(学)】0-1.64-4.4

【汉英】0-1.09-4.4

【阐释】0-1.09-3.3

【实践】0-1.09-2.2

0-1.09-1.1 【词语】【美国】【作家】【生成】【范式】【新时期】

0-0.55-3.3 【跨学科/学科互动/交叉学科】【隐喻】【政治】

0-0.55-2.2 【肯尼思·伯克】【审美】

0-0.55-1.1 【文体】【论语】【变奏】【观念】【网络】【学术】【新闻】【保罗】【迁移】【范畴】【意识形态】【动态性/动态观】【转型】【蒙古语】【评价】【概念】【人际】

2. 该关键词在第1、2阶段频次为零，第3阶段新鲜出炉，表达式为：0-0-N3

0-0-5.49 【广义】【语料库/案例库/结构树库】

0-0-3.3 【论辩】【期刊/杂志】【方法】【构建】

0-0-2.2 【道德】【个案】

0-0-1.1 【编译】【典型】【双向】【视觉】【转义】【资本论】【产品】【设计】【演讲】【关键词】【句法】【判决】【三维】【透视】【符号】【实证】【驱动】【安徽省】【王希杰】【民主】【司法】【教务】【广西】【文本】【中日】【同形】【创意】【正义】【观念】【美国】【新兴】【外交】【实用主义】【倾向】【儿童】【维语】【历史】【陈望道】【战略】【文体】【医患关系】【周恩来】【劝说】【危机】【三甲医院】【学习者】【神经】【解构】【人民】【六朝】【彼尔姆】【杂文】【论文】【莫言】【唐诗】【主权】【平抑】【源流】【雅典】【舆情】【新媒体】【译注】【亚里士多德】

结合具体项目来说，中国古代小说修辞、晚清小说修辞、鲁迅小说修辞、新时期小说变异修辞、莫言小说修辞等小说研究，以及传播修辞学、传播修辞建构、国家形象的修辞构建与传播等研究，2000年起才开始在国家社科课题和教育部社科课题修辞项目中立项，且在21世纪初立项中数量稍多，近10年热度有所降低。对比而言，肯尼思·伯克的修辞哲学、修辞学研究的跨学科视野、基于学科互动的汉语修辞史等，从2000年至今呈现出愈研愈烈的势头。

引人瞩目的是，广义修辞学视野中的文学期刊、广义修辞学视域中的修辞格、西方修辞学视角中的基于语料库的经典著作英译、视觉修辞典型案例库、国家形象修辞案例库、汉语篇章修辞结构树库、英汉论辩修辞、论辩性语篇中的修辞格等关于“广义修辞学”“数据库”“论辩修辞”研究，2008年之后才在国家社科课题和教育部社科课题修辞项目中立项，一出炉就不同凡响，呈现出较高立项频次①。而转义修辞、外交修辞、司法民主的法律修辞、符号修辞的应用、儿童修辞性语言发展、修辞的神经认知、新媒体时代的国家形象修辞、修辞理论著作的译注等选题“小荷才露尖尖角”，成

① 广义修辞学理论出自《广义修辞学》(谭学纯、朱玲著，安徽教育出版社，2001年初版，2008年修订)。自2008年以来广义修辞学团队获得国家级、部级科研项目约20项(详见谭学纯.融入大生态：中国修辞学研究突围十年回顾与反思——基于广义修辞观的学术逻辑和学术实践.当代修辞学，2014(2))，其中2013、2014、2015连续三年以广义修辞观进行论证的项目11项，这三年题为“广义修辞学”的国家社科与教育部社科4项，显示了修辞学研究争取国家资源的努力。

为2008年以来立项课题中的新星。

**(四) 未来星关键词**

此类关键词在1993—2000、2001—2007或2008—2017任一阶段均处于低频或零频次,根据国家宏观政策的调整和学科研究的需要,有可能出现在未来几年的国家社科课题或教育部社科课题修辞立项名称中。参照以上对恒星、流星、新星关键词的分析,可预测:

【数据库/“互联网+”/新媒体】2014年,中央提出网络强国战略,人文学科研究应引入多元研究方法。国家社科课题和教育部社科课题项目数据库中,“数据库”682条记录,入“库”的修辞项目3项,如“基于语料库的《论语》英译研究——系统功能语言学和西方修辞学视角”;“互联网”459条,触“网”的修辞项目仅两项,如“危机事件网络舆情平抑的修辞策略研究”;“新媒体”256条,包含“修辞”只1项:“新媒体条件下政治传播与国家形象修辞案例库建设研究”。周宪提及数字人文学科①,从数据挖掘到信息视觉化,从地理空间到多媒体甚至全媒体,数字人文学科将创造性地改变人文学术生态系统。②

【案例/应用/实证】学术研究除了熟练操作本专业的技术指标外,要有态度、有案例、有判断、有学理之外的现实关怀③。已立项课题“人际修辞视角下的医患关系研究——以安徽省三甲医院为例”“服务国家对外话语传播的‘翻译修辞学’学科构建与应用拓展研究”“国家语言战略背景下的汉语修辞能力标准研究”等接地气、有实用价值。值得一提的是,陈志武主张中国人文社科研究应“基于数理逻辑和数据考证”,因为它能“避免个案的偶然性、避免以偏概全,具有实验成本低、可靠性强、证伪与试错代价少等特点”④,真正实现“五四”时期盛行的“德先生”和“赛先生”的理想融合,中国才真正进入令人激动的学术研究新时代。

【跨学科/交叉学科/“修辞+X”】在西方,修辞学被称为建构性学科,修辞学的触角延伸到所有人类行为⑤。谭学纯认为:修辞学科的学术“游戏”,难在交叉学科性质和跨学科研究视野,也利在交叉学科性质和跨学科研究视野;修辞学科的优化生存,在学科交叉的结合部或许有更宽广的生长地带,在跨学科视野中也许具有更为多元的阐释路径⑥。跨学科视野中的修辞研究更多表现为学术召唤,激发“小同行”(修辞学作为三级学科)自我突破、拓展“大同行”(归属于二级学科语言学)研究路径、构筑“超同行”(交叉于一级学科中国语言文学以及相关的非中文一级学科)学术共同体,提升修辞研究格局⑦。就项目申报来说,教育部社科课题近年来将交叉学科单列一项,“旨在构建差序格局,以利于派生孵化出有新的学术内涵与辐射的新型学科”⑧。需要警惕的是,“跨学科也是把双刃剑,应处理好‘走出去’(学科对话)与‘收回来’(立足本位)间的互动关系”⑨。不难预料:中国修辞研究将迎来“修辞+X(哲学/法学/政治/经济/传播学/社会学/历史学/统计学/管理学/信息学/医学)”

---

① 周宪.再发明与在行动.南国学术,2015(1)

② Mathew K. Gold, Debates in the Digital Humanities, Minneapolis: University of Minnesota Press,2012, ix.

③ 周萍.创建青年学者互动、主编青年互动的新平台——2015全国(国家社科基金项目)青年学者研究思路论坛述评.华东师范大学学报(哲学社会科学版),2015(5)

④ 陈志武.社科研究为何要以“实证和数理逻辑”为基础.王小卫等.经济学方法:十一位经济学家的观点.上海:复旦大学出版社,2006

⑤ 邓志勇,廖文娟.修辞学的跨学科性与修辞学的跨学科研究方法.外语教学,2016(1)

⑥ 谭学纯.问题驱动的广义修辞论.北京:人民出版社,2016

⑦ 高群.跨学科视野下的修辞研究——以2013年度CSSCI来源期刊为考察对象.福建师范大学学报(哲学社会科学版),2015(1)

⑧ 丁帆、赵普光.近年来中国现当代文学研究立项课题的分析报告——以2014—2016年国家社科基金和教育人文社科项目为例.当代作家评论,2017(3)

⑨ 肖翠云.文学修辞批评两种模式及学科思考.福建师范大学学报(哲学社会科学版),2013(3)

学术智慧的曙光①。

## 六、比较观察：国家社科和教育部社科课题的修辞研究

1993—2017 年国家社科课题和教育部社科课题修辞立项存在相同点：研究问题有针对性，或角度新颖（"广义修辞学视角下的夸张研究"），或方法独到（"新媒体条件下政治传播与国家形象修辞案例库建设研究"），或眼界开放（"中国文学修辞批评：跨学科观察、思考与开发"），均具有创新性学术价值。再如文学翻译中的修辞认知、修辞的认知构式语法、英汉习语修辞格差异的认知等研究，既有国家社科立项，又有教育部社科立项。

国家社科课题和教育部社科课题修辞立项不同点表现在：(1) 量的对比：1993—2017 年间国家社科课题修辞立项仅 51 项，教育部社科课题多达 243 项。(2) 质的较量：若进行"研究价值货币化"②，该选题价值是否与国家社科基金资助（如青年和一般项目 15—18/20—35 万）或教育部社科课题经费（如青年项目和规划项目 8/10 万）相匹配；若对之进行投射目标精准化，该选题方向是否与国家社科课题指南或教育部社科课题申报导向相契合。相对而言，国家社科课题立项题目涉及范围更大，教育部社科课题更细化，例如，同是法律修辞研究，国家社科课题题目"法律修辞学的理论与应用研究"，教育部课题则是"实现个案正义的法律修辞学进路研究"。

## 七、结　语

本研究运用图悦词频分析软件，对 1993—2017 年间国家社科课题和教育部社科课题数据库中的修辞研究项目名称进行关键词与词频的提取、统计、分析，结果显示：恒星关键词属于中国修辞研究的恒定选题；流星关键词自 2001 或 2008 年以来无立项；新星关键词反映 2008 年以来修辞研究新亮点；未来星关键词则预示中国修辞研究方法的新趋势。美中不足的是，本研究缺乏对词群之间语义网络的关注。虽然结合人工核验与观察，仍有缺憾。

让数据说话是本研究的基本立场。关于后续研究的思考有：(1)"修辞"项目主持人的信息（职称、单位、地区）、立项频率、立项后发表 CSSCI 论文数量、影响因子、中检情况、结项成果等指标，是否可以阐释中国修辞研究的小生态大气象？能否观察出中国修辞学人的研究兴趣、理性智慧与学术贡献？(2)"修辞"项目在 21 世纪以来出现研究小热潮，某些研究在特定时期立项，某些研究近来销声匿迹，这与时代语境、国家导向、人文氛围、学术市场、理论传导等有何深层次关系？(3)"修辞"项目在文学、语言学、哲学、法学、传播学等人文学科中在场，它是否会在医学、逻辑学、宗教学、经济学、管理学、信息学等领域亮相？将通过什么途径介入并汇聚修辞话语资源？如何以修辞化方式辐射整个人文与自然学术生态圈？(4)"基于交叉学科性质、体现跨学科视野、面向多学科共享学术空间的修辞研究"③在国家社科重点项目和教育部社科重点重大项目中席位稀少④，这又让我们思考：如何提升中国修辞学学科的自信与学术实力？中国修辞研究路在何方？

---

① 谭学纯."修辞学大视野"专栏主持人话语："修辞学＋"研究.福建师范大学学报（哲学社会科学版），2016(6)

② 毛浩然.论文写作与课题申报六问——基于外国语言文学案例.当代外语研究，2015(7)

③ 谭学纯.问题驱动的广义修辞论.北京：人民出版社，2016

④ 值得关注的是，2017 年"古希腊修辞哲学研究"申报国家社科重点项目（哲学学科）并获得立项。

# 政治传播中的视觉修辞流变*

陈世华[1] 刘 晶[2]

（1. 南昌大学新闻与传播学院，江西 南昌 330031；2. 南昌大学公共管理学院，江西 南昌 330031）

**摘 要** 本文认为，政治传播中的视觉修辞在新闻纸、电视和新媒体时代经历了流变，纸媒时代的政治视觉修辞依旧是文字修辞的附庸；电视时代的视觉化政治说服成为主流，文字修辞退居其次；新媒体时代的政治传播则呈现狂欢化的视觉祛魅。未来的视觉修辞和文字修辞不再是感性与理性的二元对立，而是呈现综合修辞的融合趋势。

**关键词** 视觉修辞 政治传播 感性和理性 综合修辞

视觉修辞是古老的修辞学中的一个分支，以各个领域的视觉图像为研究对象，旨在发现信息传播中视觉图像的说服特征和规律，拓展了修辞学在语言文字领域的研究和运用。在“图像化”的世界里，视觉修辞由于更加符合人类的经验和认知的方式，日益渗透到人类生产生活的方方面面，尤其是在当今移动互联网时代，视觉修辞由于直观化、形象化、碎片化、多元化和互动化的传播特性，不断刷新受众的体验，在潜移默化中开展视觉说服。视觉修辞在政治沟通和政治交往中的重要价值也逐渐被认知和践行，成为政治传播的重要工具和载体，政治传播正在从传统的文字修辞向视觉修辞转型。但是，在人类社会的不同历史时期，业界和学界对政治传播的视觉修辞有着迥然相异的判断，从其中可以看出媒介功能的转变和人们观念的更新。目前，政治传播中的视觉修辞研究主要集中在政治漫画、电视竞选、政治卡通视频、竞选网站等个案研究层面，缺乏对不同媒介发展阶段的政治视觉修辞的特征和角色的总结归纳，难以完整地呈现政治视觉修辞在不同时期的发展流变。本文尝试呈现新闻纸、电视以及移动互联网这三个阶段的政治传播中视觉修辞的特征和地位，揭示视觉修辞与文字修辞以及媒介的关系，以期描绘出视觉修辞在政治传播领域中的演变路径以及未来政治修辞的发展趋势。

## 一、视觉修辞的早期起源和当代流变

修辞（rhetoric）起源于古希腊，指的是采用巧妙的语言来说服别人认同自己的观点。修辞是“说服的艺术”，古典的修辞主要局限于语言的修辞，主要研究语言文字符号的运用。从本质来看，修辞学是现代传播学的古老前身，视觉修辞学则是这门古老学科的一个全新的研究领域。纵观人类政治传播的历史，以人造的视觉符号来承载特定的政治意图的例子俯拾皆是：从原始的图腾崇拜到如今各国的国旗、国徽、仪式、政治宣传画等都体现了特定的政治观念。然而，在西方文化

* 基金项目 国家社科基金青年项目《中国政治视觉修辞的表征与提升策略研究》（项目编号：17CXW024）。
作者简介 陈世华，副教授，南昌大学新闻与传播学院；刘晶，讲师，南昌大学公共管理学院。

中，图像在书面文本中常常被置于第二位或是附属的地位，图像和文字的潜在对话被忽视，其原因可以追溯到古希腊思想家柏拉图，他将人的灵魂由低级到高级依次分为欲望、激情和理性三部分，启蒙时期的哲学家更是普遍认为应该将政治生活置于更为理性的基础之上。根据这种观念，视觉修辞在政治生活中的生存空间极为有限，因为视觉修辞被视为激情的产物，而不是理性的反应，人们必须脱离他们的"非理性的迷狂"。修辞研究的传统本身也一直以理性为中心，修辞存在于演讲者与听众的理性言语交际之中，在这个视野下，"软性"和"非理性"的视觉修辞只能辅助语言修辞实现阐释或装饰的功能，视觉修辞理应延续文字修辞的研究路径，甚至视觉修辞被认为没有研究的价值，只是富裕的文字修辞家族中一个卑微的穷亲戚，从文字修辞那里借用了很多术语和方法却没有反哺修辞学（Morris，2009）。

从新闻纸阶段到电视阶段再到移动互联阶段，视觉修辞正在从修辞理论的外围日益走向中心，"图像以不可阻挡的趋势通过种种技术从印刷时代来到全球互联网时代"，这既是因为视觉修辞与人类经验的高度相似性，更是得益于麦克卢汉所说的"重返部落"的移动互联网时代的到来。由于人类的经验是空间的、非线性的、多维的、动态的，往往只能通过视觉形象或其他非语言符号来传达，语言的特性却恰恰相反，"隐晦的话语因为必须遵循语法规则，每个单词都被赋予了固定的含义，其表达效用总是有限的。因此，话语的整体意义建构在线性发展的逻辑基础上，它只能提供给我们一个观察和思考世界的中立视角。"（Foss，2005：141）。存在主义哲学家马丁·海德格尔曾断言整个"世界被把握为图像"了，图像在现实生活中扮演着不可或缺的重要角色。

20世纪60年代，法国文艺理论家罗兰·巴特（Roland Barthes）与其弟子都兰德（Jacques Durand）率先提出了修辞研究的"视觉转换"（visual transposition），同时期的修辞学家肯尼斯·伯克（Kenneth Burke）也对视觉修辞研究贡献良多，他明确提出符号不仅仅包括语言，还包括所有的人类符号系统，他鼓励学者关注和分析包括"数学、音乐、雕塑、绘画、舞蹈、雕塑模型等"各种形态的符号（Burke，1966：22）。直到1970年，在美国全国修辞学大会（the National Conference on Rhetoric）上，视觉图像被提议纳入修辞学的研究范畴并被正式命名为视觉修辞，这一提议多年来一直遭到强烈的反对，批评者认为视觉这一非语言标识代表了一种修辞学的错位，背离了以语言为中心的修辞理论（Patton，1979），甚至有学者尖锐地指出视觉形象作为修辞手段直接导致了公共讨论领域严肃价值的沦丧。传统修辞学领域中的权威学者道格拉斯·埃宁格（Douglas Ehinger）（Ehinger，1972）在界定修辞学的概念和领域时，没有像以往的修辞学家那样赋予文字修辞独一无二的优先权，而是建议修辞研究应该积极拓展至视觉艺术、建筑、舞蹈和服饰等领域，他将修辞定义为"人类为了影响他人思考和行为而使用的战略性技巧"，修辞从"说服的艺术"升华为"影响和管理意义的社会工具"（Brummett，1991：116），视觉文化学者米尔佐夫（2006：7）更是明确提出了"作为文本的世界已经被作为图像的世界所取代"。"重返部落"的移动互联时代更是以更符合人类经验的"视觉化"形式进行所有信息的生产与传播。随着政治家与媒体日益相互依赖，政治已经不仅仅成为一门劝服的艺术，还变成一种表演艺术，促使政治变得时尚的因素或许会改变，政治信息时尚化的趋势却不可逆转，视觉修辞无疑是其中最耀眼的道具。

视觉修辞使修辞学的研究领域从"文字和演说扩展到了文化、艺术甚至是科学领域"，研究者基于彼此的学科视野来研究不同的视觉对象。一些学者认为视觉元素仅仅是用于表达图表和曲线图中的数量性关系，一些学者关注视觉元素在网络中的运用，更多的是在美术史和艺术学领域，专门使用视觉修辞和视觉文化去描述艺术图像，还有一些学者认为视觉这个词的使用包括视觉化和内部图像的心理建构，其他学者则把它限制在传统的二维图像里(Hill & Helmers，2004：10)。国内学者认为，视觉修辞是一种人为的以语言、图像以及音像等综合符号为媒介，以取得最佳的视觉和传播效果为目的的人类传播行为(陈汝东，2005)。总体而言，视觉修辞学者关注的核心就是视觉形象自身或与文字协调使用时对受众所产生的说服功能。

在视觉修辞正式成为修辞学的研究领域之后，尽管饱受争议，但在政治传播中的运用也越发频繁，国外政治传播中的修辞研究对象从政治文本或政治演说发展到政治漫画、政治行为艺术、政治卡通视频、政治选举网站等方方面面。当前，政治传播中的视觉修辞研究主要集中在以下几方面：一是政治传播中视觉修辞的表现形式及其作用和价值(Schill，2012)；二是政治漫画中的视觉修辞的运作机理(McVey，2015)；三是政治传播中视觉修辞传播语态和受众解读(盛希贵，贺敬杰，2014)，尤其重视电视媒介在视觉修辞中的作用。近年来，随着互联网的迅速发展，新媒体承载的政治传播视觉修辞，如政治卡通、网络视频、TED政治演讲等，又呈现出新的形式和样态。

## 二、纸媒时代的政治视觉修辞：作为文字修辞的附庸

### 1. 政治漫画的流行

在古希腊时期，修辞学往往与雄辩术紧密联系在一起，即修辞主要运用于公开的政治演说，口语是政治修辞的主要研究对象，在柏拉图看来，口语一旦写成文章，即成了固定的东西，便失去其面对话语对象时所特有的灵活性，柏拉图的修辞学著作也是以对话体为形式展开论述，尽管亚里士多德用书面语言进行写作，但他论述的主要对象却是演讲，作为意在“感动心灵”的政治修辞，修辞学家必须研究不同受众的性格，以便达到最好的说服效果。印刷术的发明让报纸为重塑国家这一想象的共同体提供了技术手段，政治传播进入了以文字修辞为主的时代，报纸的受众主要是达官显贵和知识分子阶层，书面文字成了修辞学的主要研究对象。直至面向大众的廉价报刊出现，漫画这一生动形象的视觉修辞形式开始被广泛运用于政治传播中。在欧洲18、19世纪的报刊上，涉及时事评论的政治漫画显露出强大的讽刺功能，涌现出一批著名的讽刺漫画作家，如美国的政治漫画之父托马斯·纳斯特，亚布拉罕·林肯总统对其大加赞赏：“托马斯·纳斯特是我们最好的新兵，他的带有爱国标志性质的漫画始终成功地在激励着人们的热情和爱国精神。”对于政治漫画如何用修辞的手法达到政治传播的功能，纽约大学的Ray Morris(2009)一语中的：“政治漫画用个体来代表群体，用受众熟悉、简单的元素来解释复杂的政治信息。政治卡通中的视觉修辞手段包括冷凝、组合、训话、反对、狂欢化和超狂欢化。”美国的政治漫画传统一直延续至今，成为其民主政治的重要象征。在中国，漫画在政治传播方面的重要价值早在20世纪初就被认知，清末民初，我国的新闻漫画达到第一个高潮，正如丰子恺所言：“漫画是简笔而注重意义的一种绘画”，具有生动、简明、时事性强的特征，在救亡图存的时代背景下，人们对信息需求激增，漫画这一无门槛又言简意赅的政治传播形式受到普通大众的热烈欢迎。被我国新闻学界公认是迄今为止尚能看到的最早的新闻漫画是刊登在1903年12月15日上海《俄事警闻》创刊号上的《瓜分中国图》，这是一幅评议性的新闻漫画，图中借用了诸多动物的造型，将这些食肉动物形象安排在中国的版图上，象征鸦片战争时期各列强肆意横行、蚕食我中华大地，旨在唤起民众的民族危机感，这一漫画在当时被多家报纸转载，这个漫画契合中国当时的政治语境和民众心态，证明政治漫画的流行与其受众的特征以及语境紧密相关。

### 2. 政治漫画的理论争议

尽管漫画的影响力不可小视，但正如艺术史学家Barbara Stafford所言，图像经常被

看作是书面文本、逻辑性言论和真实披露的附属品，“尽管图片在数量上有全球化呈现的优势，但对很多受教育人群来说图片依旧是无知、未受教育和谎言的代名词”（Hill & Helmers，2004：3），这的确反映了漫画最初流行的重要原因——面向大众，而非精英群体。学界对于政治漫画的研究也是基于传统的修辞学理论或相关学科视野，将视觉修辞视为传统文字修辞的延伸，认为二者并没有本质的差异。Martin Medhurst 和 Michael Desousa（2015）从话语视角出发，认为尽管图形艺术家和口语劝服者在技术上有巨大差异，但视觉修辞在本质上还是基于新古典主义中的经典修辞范式，只要稍加调整，这些范式就可以为漫画中的图形话语的生产和批评提供充分的理论基础，Ray Morris（2009）更是明确地指出，政治卡通艺术的视觉说服技巧是采用了隐喻的结构主义方法来解释政治卡通漫画，实质是借鉴了修辞学结构主义方法中的一些术语。有国内学者（王玉竹，2015）就从语言学视角出发，以系统功能语法、视觉语法和费尔克拉夫的三维分析模式作为研究的理论框架，对中美报刊政治漫画进行对比分析，证明这三者在多模态批评话语分析中的解释力。这些研究大都将漫画这一视觉对象嵌入到传统的语言学和修辞学的理论框架中，其中总结出的漫画图像在生产和建构意义中的表现形式和具体功能也在相当程度上延续了视觉修辞研究的开创者——罗兰·巴特对广告图片中的研究传统，即视觉修辞就是指图像中暗示成分（connotators）的分类（冯丙奇，2003），例如，在广告图片中西红柿就以“转喻”的修辞为手段来暗示“意大利性”，巴特弟子都兰德更是在研究了大量杂志广告后明确指出：“我发现了所有这些（文字）修辞手段的视觉对等物。”可见二者的研究是基于古典修辞学的范式，就是以语言对象为参照物，希望找到视觉对象和语言对象相似、甚至同样的修辞手段，本质还是将视觉修辞降格成为文字修辞的“镜像”，或者说视觉修辞不过是对文字修辞“蹩脚的模仿”，因为“理性”的语言和“非理性”的视觉之间总有模糊地带，难以一一对应，这种对视觉与语言对象的转化其实是任意和无法对应的，二者之间不存在绝对等同的关系，甚至可能使用的是迥然相异的说服技巧，不能再共用语言学的理论范式。但目前学界总结出的漫画的修辞手段映射的还是语言修辞的理论原型，透露出视觉修辞研究者在心理上对语言修辞理论霸权地位的认同，尚缺乏视觉修辞的理论自觉，更没有形成视觉修辞的独立理论体系。

3. 政治漫画的现实处境

反观现实情境，政党报刊时期的政治漫画终究不过是正式文本的微不足道的注脚，是政治家出于对未受教育的底层群体不得已而采取的入门级政治启蒙或煽动；美国新闻史上的黄色新闻时期的漫画则几乎沦为庸俗、煽情的同义词，为严肃报刊所不齿。政治漫画在主流的政治话语之外，寻找传统修辞图景的破绽和缝隙，以嬉笑怒骂的方式表达自身的批判姿态，这正是约翰·费斯克所说的是大众文化的政治抵抗艺术。在文字为主导的新闻纸的时代，报纸用“理性”的文本向受众塑造“想象”中的国家、社区、公民等政治概念，作为“感性”的漫画，虽然总是试图摆脱社会秩序的控制，抓住机会进行赌博式的战略抵抗，但这种抵抗是暂时的，总体而言，感性的漫画还是受到理性的文字压抑和规约，始终处于次要地位。

## 三、电视时代的政治视觉修辞：文字修辞退居其次

1. 电视直播中的感性认同

相较理性的新闻纸时代，20 世纪下半叶电视媒介的兴起将更多的感性特征带进政治传播中，“电视是高度依赖迷人照片的媒介，让视觉形象的泛滥无可避免”（Schmuhl，1990：87），印刷作品依赖理性获得优势，但电视能激发巨大的感性。因此，尽管词汇和文本依然有着基础性作用，但电视已经“将非语言符号恢复到人类历史上无文字时代的显赫地位”（Graber，1981）。今天的政治传播建立在

视觉形象基础之上，感性的图像是第一位的，理性的词汇和文本则退居第二位。正因为电视的感性力量如此强大，政治家们意识到必须根据受众的喜好谨慎地设计政治信息，他们不再青睐用严密的逻辑来论证政治观点的文字修辞传统，而是谈论受众所能广泛认同的价值观，并以此来建立自身独特的人格形象，奥巴马通过全家福、亲子照等视觉形象塑造了爱妻顾家的人格形象，感性化的电视让"现象化的政治"有了广泛的用武之地。早在文艺复兴时期，政治哲学家马基雅维利就指出："一般而言，人们的判断更多的是基于现象而非实质，因为有眼者众，有心者少。"据此，他建议统治者"用节日和戏剧充盈人们的生活"。电视直播通过以政治活动为主题策划媒介事件，演练媒介仪式，"邀请"身处各地的公众同时观看，塑造一种"想象的共同体"，这种仪式不仅让公众共享"节日"般的奇观体验，也让公众通过共同参与见证而获得一种身份认同，维护政治合法性。

2. 电视直播中的视觉论据

"直播的图像"在政治领域最重要的功能在于拥有修辞性效果并向观众制造说服性的论据，尽管图像缺乏可以传达事物或者观念之间精确关系的视觉语法，却可以被并置于暗示联系、因果关系、对比、类比以及归纳等文字修辞方式中。图像并不是单独发挥作用，而是与语言或文本论据相互协调，"邀请"观众进入已达成认同的文化和历史情境中，尽管一些修辞理论家不赞同使用"论据"这个词，视觉修辞和传播的其他形式一样，是一个符号系统，例如，一位候选人站在国旗前的目的，是为了借国旗的视觉形象暗示自身与爱国主义之间的因果关系。政治传播学者罗德·哈特（Hart，1999：34）也认为"电视正变为论证"。非语言传播（如面部表情和手势）占据所有传播内容的65%，并且具有更强有力的传播效果，或至少是等同于口头或者书面传播的效用，通过考察借助视觉传播的非语言符号，研究者发现选民依靠面部表情来了解候选人并形成关于候选人的意见，外表的吸引力通过增加能力、诚信、品质以及领导能力来创造光环效应，有吸引力的候选人比没有吸引力的候选人能够获得更多的选票（Efran & Patterson，1974）。至少在某种程度上，大量的选票是被政客的外表所驱动的。众所周知的尼克松竞选总统时完败肯尼迪的重要原因之一就是因为其在电视辩论中的糟糕形象，观众们习惯性地将看到的"形象"等同于"执政能力"，而这种评估很可能只发生在看电视的一刹那。

在负面议题中，视觉修辞同样显示出强大的感性力量，相比那些通过文字传达的信息，"一个人的死亡是一场悲剧，一百万人的死亡只是个统计数据"。这些视觉框架影响观众如何应对和处理信息，电视新闻报道中灾难和战争的伤亡照片，尤其是特写照片给观众带来更多的负面感情，如困惑、愤怒、悲伤。同时，新闻图片对观众有激发作用，图像可以触动观众心中潜在的态度，使这些观点更加生动和易于接受，并成为评价新闻报道的指标。在一个实验研究中，Valentino 等（2002）发现政治电视广告中少数民族的图像刺激了观众心中的种族态度，即使这些图像是微妙的。记者、编辑、摄像师和摄影师应该意识到，"记者在挑选配在新闻报道中的照片时可能没有意识到，使用图像相当于讲述附加的故事"。通过照片提供的信息，尤其是有关种族和性别的例子，确实可以影响读者对问题的感知。电视图像将屏幕上的图形与话外音结合在一起，可以促使观众将自己与新闻报道的对象和事件相联系。

3. 电视中视觉修辞的负面影响

在电视的政治传播中，理性的文字修辞已经退为其次，吸睛的"直播"才是人们"眼见为实""感同身受"的视觉饕餮，人们醉心于此起彼伏的"媒介事件"和眼花缭乱的"政治仪式"，在"看"电视中轻松实现了对政治的"参与"和"满足"。也有很多学者对此忧心忡忡。波兹曼曾经提出电视的视觉认识论，认为它"污染了公众交流"，而且导致了严肃性、透明度，尤其是公众论述等价值的下降。Kathleen

Jamieson(1988：13)声称，图像表象特别容易受到讨论中断的影响，从心理学的视角来说，处理图像的认知会比处理那些发生在口头论述的观点更加无意识和不重要；David Zarefsky (1992) 则直接提出视觉图像的修辞方式正面临着一个更加复杂的现实处境，导致了原本丰富和充满活力的公众议题的论述遭受进一步的恶化。这些观点都认为视觉修辞具有诸多天然的缺陷，不仅无益于政治议题的传播，而且影响人们对公共议题的逻辑思考，无法与文字修辞同日而语。

4. 视觉符号再次被学界忽视

目前，已经有学者在研究视觉修辞的运作机理，总结论证了视觉符号在电视政治传播中的十大重要功能：图像刺激(Image Bite)、图像作为论据的功能(Image as Argument Function)、议程设置功能(Agenda Setting Function)、戏剧化功能(Dramatization Function)、情感功能(Emotional Function)、形象塑造功能(Image-Building Function)、识别功能(Identification Function)、记录功能(Documentation Function)、运输功能(Transportation Function)、社会符号功能(Societal Symbol Function)以及模糊功能(Ambiguity Function)(Schill，2012)。但是，传播学者在研究中往往忽略对视觉符号本身的考察，而是专注于其他元素，如修辞策略、问题框架以及语言符号的使用技巧(Griffin，2001)。一个早期的政治传播研究回顾发现，在600篇文章中仅有5篇对视觉符号进行了考察(Johnson，1990)，在这几篇文献中，“形象”一词经常被定义为政治候选人可被人感知的精神，而不是指出现在媒体中的视觉元素(Hacker，1995)，视觉符号再次被学界广泛忽视，弃之如敝屣。

## 四、新媒体时代：狂欢化的视觉祛魅

1. 视觉修辞创造最广泛的政治对话

政治类新闻图像本质上还是为了满足政治家的宣传目的，电视的单向传播也难以满足受众的好奇、娱乐、审美、互动性等需求。互联网具有自由、匿名、互动和交叉网络的传播特性，体现出鲜明的草根性和平民化色彩，新媒体语境下的政治格局已经不再是传统的“控制与管理”模式，注定要求政治传播做出相应的调整，满足新媒体时代受众的信息需求和接受习惯，即凸显出表演和互动的特质——这也是尼尔·波兹曼宣称的“文化向技术投降”的由来，当年轻人拒绝陈旧和单向的政治传播形式时，政治传播必须通过新媒介的感性影响来实现自我的转型，例如，运用社交媒体让每个人公开地表达观点和积极地参与政治议题讨论(Barnhurst，2011)。除了互动性之外，新媒体的到来为视觉修辞手段的丰富、公众视觉欲求的膨胀、视觉需求层次的提升创造了诸多可能：从出自本能或好奇的观看，到追求娱乐、审美的观看，甚至到借助技术手段的创造式互动修辞。传统媒体时代严肃、线性和静止的“说服型”政治话语体系在新媒体时代被公众以娱乐化处理、置换解读语境等解读策略所取代，从去权威性、严肃性及变更事实性信息两方面进行着“视觉祛魅”(盛希贵，贺敬杰，2014)，如网络上大量存在的恶搞图片和视频。在新媒体这一巴赫金“狂欢理论”充分演绎的现场，政治家不得不选择“主动脱冕”：与其被受众进行霍尔所说的“对抗式的解读”，还不如主动祛魅。这种祛魅意味着新媒体时代的视觉修辞不再持有新闻纸或电视时代的视觉“说服”观，而是将视觉“认同”作为全新的政治传播战略。“认同”比“说服”更强调受者的主动参与性，或者说，这是一种更具有软性力量的传播实践，社交媒体上热播和转发的政治动漫卡通形象就是在以一种别致的方式或者说技巧构建着“认同”。当前，运用视觉化的语言模态、影像模态和音响模态等多模态话语形式的政治卡通片，创新了中国政治传播的话语模式，丰富的视觉修辞手段实质上是为了寻求更广泛的国际认同，这再一次印证了拉扎斯菲尔德(Paul Lazarsfeld)等人所说：“所有的宣传都依靠情感诉求来传递信息”(Brader，2013：1)。

此外，将严肃的题材卡通化、陌生的题材熟悉化是新媒体时代政治视觉修辞的重要策略，例如，在复兴工作室制作的《十三五之歌》中，视觉元素有老款的大众巴士、民谣歌手、吉他、说唱音乐，具有马洛·托马斯（Marlo Thomas）《你我无拘无束做自己》（Free to Be You and Me）风格的乐曲等，这则卡通视频从普通外国民众的关注点出发，用多模态话语来通俗地讲述“什么是十三五？由谁制定？如何实施？如何完善？”侧重于表现“十三五规划”是举国上下的集体智慧，生动地展现了中国特色的政治议题，用国际社会熟悉的修辞方式构建政治“认同”，使该视频获得诸多外媒的正面评价，BBC积极评论该视频是用英语介绍中国的“很好的尝试”，《赫芬顿邮报》表示，该视频避免了咄咄逼人的宣传和过度的民族主义，《纽约时报》则称，中国突破了社会主义式现实主义风格制作宣传片，把中国的宣传模式带进了新时代。值得关注的是，近期我国的“一带一路”的微视频在境外的热播可谓迎来了我国新媒体政治视觉修辞的新纪元，不仅在数量上形成规模，质量上得到有效提升，并且进行了分众化的传播，视频的风格也不再千篇一律地模仿西方的说唱音乐和波普风格，而是出现了多元化的趋势，最值得一提的是，部分视频中的文字修辞和视觉修辞超越了传统的“理性 VS 感性”的二元对立，而是巧妙地实现了融合，基本实现了用视觉修辞更好地凸显叙事理性的外宣目的，也愈加重视对外政治传播中加强国家情境与公民情境的关联，注重借助无文化壁垒的共通语境，如“睡前故事”这一形式，以受众的问题视角系列化地向国外的儿童讲述“一带一路”的故事。用“人类命运共同体”来代替单一的传者诉求，践行了从说服观向认同观的转向。越来越多的国家领导人重视在社交媒体上个人形象的塑造和施政理念的通俗化传播，社交媒体平台在很大程度上已经取代或者说部分取代了上述“电视论证”的功能，移动互联网更是让实时“多屏化”的政治视觉传播成为现实，争夺线上更为年轻化的支持者已经成为政客之间没有硝烟的战争。例如，除了耳熟能详的新媒体总统奥巴马之外，俄罗斯总统普京的形象策划师也专门为总统选举设计了卡通网站，用视觉化的图像和文字生动和浅显地向普通公民介绍总统选举，并大量在电视和网络上曝光其多才多艺的技能以及硬汉形象，意在争取女性支持者。截至 2017 年 5 月 15 日，一则在 YouTube 上的热门微视频《PUTIN STYLE》更是收获了高达 5 142 039 次的点击量，视频风格类似时尚概念片，表达的主题是：Putin, a politician with Style，片中的普京在群众的欢呼中走红毯，堪比好莱坞明星，充满魄力，暗示着其在世界政治舞台中独一无二的风格与地位，是将陌生的事物熟悉化的视觉隐喻。在领导人的新媒体政治视觉修辞的设计中，个性化甚至是部分“政治不正确”的形象和言辞甚至为领导人赢得了更多的粉丝，领导人的形象也成为人们对其所在国政治话题的最感兴趣的话题之一，赢得最为广泛的认同（无须深究是感性的还是理性的）是新媒体政治视觉修辞的宗旨。个人形象等同于执政能力甚至与其所执政的国家命运紧密地联系在一起，可谓是将“视觉作为论据”发挥到了极致。此外，政治家开始注重把流行的社交媒体 App 运用到政治传播中，针对不同的受众展开不同的视觉传播策略。Steven Holiday 和 Matthew Lewis（2015）以叙利亚总统使用 Instagram（一款跨平台的图片社交应用）中的图像为研究对象，采用扎根理论来探讨视觉修辞中反复出现的主题，并用定量的内容分析来确定主题的差异，统计结果显示爱国主义和民族主义主题更多通过视觉传达给英国受众，“同理心”（Empathy）的主题则更多通过视觉传达给阿拉伯受众。尽管自柏拉图以来就强调要关注修辞演说的对象，区别不同的受众，了解他们的情感，但相较于口语时代、新闻纸时代和电视时代，新媒体时代的政治视觉修辞对受众的细分和分析做到了极致，以便“投其所好”更好地达成“认同”。

2. 语言文字的视觉修辞化

新媒体时代的语言文字也越发呈现出视

觉修辞的特点，总是以语言文字符号为载体，希冀获得最佳视觉效果。即使在我国早期的新闻纸时代的政治报道中，我们也可以看见具有视觉效果的语言修辞，1980 年的《人民日报》元旦社论指出：“在我们祖国这条巨轮的伟大航程中，水面会遇到风浪，水下会出现暗礁，而我们的船身和机器也还有许多创伤需要修补。”（黄敏，2006）然而在新媒体时代，语言文字的视觉修辞效果不是作为配角存在，而是出现了罗兰·巴特所说的一种历史性的颠倒：言语成了图像的寄生物，从前，图像辅助说明文本，使其更容易理解；今天，文本解释图像，使其更具道德规范。在现时的关系中，图像并不阐明或实现言语，而是言语升华图像，来使图像感人或者使图像理性化。新媒体时代的文本则直接以图像的方式暗示理性。奥巴马 2008 年的竞选网站上的字体，选择的是与纽约世贸遗址的自由塔奠基石上用的同一款 Gotham 字体，这款字体充满活力又不失沉稳，让美国民众顺理成章地将美国历史与对奥巴马的认同达成一种巧妙的联系。2011 年，奥巴马的《国情咨文》演讲加强版在网络上同步播出，通过在演讲旁边提供图像、图表、大纲以及可视化数据等视觉修辞方式，使该演讲获得更多的关注，使用字体设计是美国政治家演讲中视觉修辞策略中的重要组成部分，在演讲中的一个标题“赢得未来”采用了有衬线的字体，主题的名称在衬线字体的下面（字体较大），这些图像暗示从过去的怀旧运动到未来胜利的线索：从经典的怀旧的衬线字体到当代光滑醒目的大字体（McVey，2015）。由 EPIC 视频制作工作室制作的视频《Donald Trump vs Ebenezer Scrooge》开篇即出现满屏幕的花式字体，如霓虹灯字体、马赛克字体等，交错形成了标题：史诗级历史说唱大战，将该视频的恶搞气氛烘托无疑，随之画面则出现巨大的无衬线体 Donald Trump 的名字，匹配 Donald Trump 的口无遮拦的直白“大嘴”形象，在 Youtube 上拥有数百万点击率的，无疑是语言文字视觉修辞化的最好印证。

3. 综合修辞的视觉祛魅

移动互联时代的视觉修辞符号呈现出综合化发展的态势，即以图像修辞为主，结合了语言文字等其他符号的积极传播行为和现象，如电影、电视、网络视觉影像等传播类型中的修辞现象，其中也包括其他符号如音乐、绘画等（陈汝东，2005），综合修辞强调修辞的多媒介性，体现了当前修辞的最新进展和趋势。综合修辞的“通感”伴随着人类的修辞历史，不论是日常口语修辞或者书面文字修辞，都存在着听觉、视觉、嗅觉、味觉、触觉以及温觉等多种感觉，移动互联时代的视觉修辞通过多媒介的形式创造性地再现了这些感觉，电子技术在瞬间达成的各种感官的同时在场，使得感官的相互作用再一次成为可能（黄华，2016）。人们也许一直都渴望有一种途径来挣脱体现在传统书写文本中的线性说理和传统叙述的暴政（富勒，1999：247），传统媒体时代的政治传播的威权与自上而下的单向性具有与生俱来的严肃性的“魅”之底色，新媒体的出现让来自民间的视觉修辞在政治传播中与官方对话或者对抗成为可能，政治家的“主动祛魅”虽然意味着去权威化和世俗化，但如果拿捏不当，受众就会迷失在眼花缭乱的综合修辞元素中，走向虚无、极化或再赋魅的风险。Kathleen Jamieson（1992）曾经断言，论据的缺失会直接影响受众对于图像的理解。波兹曼（2004：178）在《娱乐至死》中所担忧的：“这个时代成为充满遗忘症患者的焦虑时代……我们似乎知道过去 24 小时发生的事情，而对过去 6 个世纪或 60 年里发生的事情却知之甚少。”政治传播中的视觉修辞实践越来越多，然而这些视觉修辞的案例大多是应景之作，昙花一现，无助于系统建构人们对政治本质、政治伦理和政治价值的深层认同或反思。目前，政治传播中视觉修辞实践的“美国性”极其显著：美式风格的漫画、波普、行为、极简、装置、影像等“美国式艺术”作为国际“当代艺术”的主流也广泛渗透到各国的政治传播中。新媒体时代看似政治视觉修辞的表现手段更加丰富了，实际上正如1950年7月10日美国"国家安全委员会指令"所说,"最有效的宣传"就是"宣传对象按照你所指定的方向走,而他却以为这个方向是他自己选定的"(河清,2016:5),这才是宣传的最高境界,润物细无声。因此,尽管视觉修辞是政治传播形式的大势所趋,我国的政治视觉修辞实践理应不要盲目"与国际接轨",而是要努力挖掘出既有中国特色又能融通世界的政治视觉话语,同时,应该延续文字修辞的叙事逻辑和结构,让政治视觉话语成为"讲好中国故事,传播好中国声音"的柔性先锋力量,而非沦为政治传播中可有可无的弄潮小丑。

## 结　语

回溯视觉修辞在政治传播中的发展轨迹,传统的视觉修辞和文字修辞的关系是松散和附庸的,图像的删除对文本的阅读不会产生重要影响,视觉修辞为文字修辞服务,当代的视觉修辞和文字修辞的关系是紧密合一,删掉视觉修辞元素,文本很可能无法理解,视觉修辞不再是文字修辞的附庸,开始凸显自身独特的价值和功勋,当今的视觉修辞已经从边缘走向中心,成为政治话语空间的主要修辞手段,这体现了从文字时代向视觉时代的现实变迁,也反映了不同历史时期修辞研究的视角转换和思潮更迭。

视觉修辞不同于文字修辞所代表的精英权力观,前者在政治传播中体现更多的是普世价值(即不同政见者的最大公约数),目的是为了影响最广泛的受众,"政治消息中的劝服就在传递(delivery)中,而传递又在细节中","通过难忘的味道、颜色、图像、动作、声音、音乐以及性格特征等细节来传递"(Nelson & Boyton,1997:90)。视觉修辞的强大之处就在于它能够传输这些味道、颜色、图像以及动作的能力。实证研究也证实了:(1)人们相信他们所看到的多于他们所阅读的或者所听到的(Schweiger & Adami,1999);(2)当视觉信息与口头信息矛盾的时候,观众在记忆口头信息方面有困难(Drew & Grimes,1987);(3)当同时处理这些信息时,视觉信息会掩盖其他形式的信息(Noller,1985)。认知心理学家Roger Schank更是声称,人类脑袋的原始设定并不适合理解逻辑,而适合理解故事,视觉修辞较于语言修辞更富有故事性,更适合将严肃的政治信息进行视觉化"祛魅",从而赢得更多受众的关注和认同。

此外,从新闻纸到电视再到新媒体时代,可以清楚地发现视觉修辞在政治传播中的发展与媒介的特征有着极大的关系,当"重新部落化"的新媒体到来时,更加符合人类认知模式的视觉修辞也获得了最为充分的发展,语言修辞也被卷入视觉化的转向,成为综合修辞系统的一部分,呈现出越来越多的"感性"特征,视觉修辞不再因为"感性"的特征而被学界认为是不值得研究的领域。目前,文字修辞和视觉修辞仍然以"理性VS感性"这一简单的二分法大量存在于理论文献中,对人类认知和神经过程的实证研究已经证实了这种区分的错误,实际上,语言修辞和视觉修辞都有其感性和理性的成分,但并不意味着二者没有差异,语言修辞更偏重理性成分,视觉修辞则更偏重感性成分。语言修辞可以扮演的理性角色更多;视觉修辞的理性功能的发挥还是脱离不了语言修辞的理性框架,不论是漫画还是视频,都是基于文字修辞下人们对于诸多概念、原型的认同前提,只不过采用了更加生动形象和更多元的修辞表现方式去创新演绎普世价值,从而激起受众的共鸣;语言修辞的感性功能的发挥也离不开人脑的视觉修辞联想,如比比皆是、画面感极强的我国古典诗词(二月春风似剪刀),另一方面,虽然眼花缭乱的字体海报与政治广告中文字穿上了酷炫的外衣,传播的风格各异,但是其传达的核心思想还是文字本身约定俗成的内涵。因此,笔者认为,在未来的政治传播中,视觉修辞和语言修辞会日益呈现融合的趋势,二者的界限将日益模糊,不再是泾渭分明,而是呈现你中有我、我中有你的融合状态,视觉修辞将成为政治传播中沟通感性与理性的“中介”。然而,新媒体时代下政治传播中视觉修辞实践的普遍化,不仅可以在视觉意义上还原政治现实,还可以重构现实。因此,我们不能盲目乐观地认为威权政治已经走下神坛、与民众握手言和,传播政治经济学的批判性视角仍然多有裨益(陈世华,2016),我们应该追问政治传播为何视觉化?为了谁的利益?谁来推进视觉化?如何视觉化?需要进一步深入挖掘政治视觉修辞背后存在的权力关系对视觉生产、传播和消费的制约,这可能是未来政治视觉修辞研究的方向之一。

## 参考文献


波兹曼.《娱乐至死》.桂林:广西师范大学出版社,2004.

陈汝东.论视觉修辞研究.《湖北师范学院学报(哲学社会科学版)》,2005,25(1),47—53.

陈世华.信息政治经济学批判.《南昌大学学报(人文社会科学版)》,2016,47(3),91—97.

冯丙奇.视觉修辞理论的开创——巴特与都兰德广告视觉修辞研究初探.《北京理工大学学报(社会科学版)》,2003,5(6),3—7.

河清.“当代艺术”:世纪骗术.上海:上海古籍出版社,2016.

黄华.技术、人与传播的关系:来自沃尔特·翁的启示.南昌大学学报(人文社会科学版),2016,47(1),103—108.

黄敏.隐喻与政治:《人民日报》元旦社论(1979—2004)隐喻框架之考察.当代修辞学,2006,1,15—23.

杰克·富勒.信息时代的新闻价值观.北京:新华出版社,1999.

尼古拉斯·米尔佐夫.视觉文化导论.南京:江苏人民出版社,2006.

盛希贵,贺敬杰.宣传话语的视觉“祛魅”:新媒体环境下网民对政治类新闻图片的再解读.国际新闻界,2007,36(7),38—51.

王玉竹.讽刺性漫画的多模态功能——认知文体分析.重庆第二师范学院学报,2015,28(1),70—73.

Barnhurst, K. G. The new “media affect” and the crisis of representation for political communication. *International Journal of Press/politics*, 2011, 16(4), 573 - 593.

Brummett, B. *Rhetorical dimension of popular culture*. Tuscaloosa, AL: University of Alabama Press, 1991.

Burke, K. *Language as symbolic action: essays on life, literature, and method*. Berkeley, UC: University of California Press, 1966.

Drew, D. & Grimes, T. Audio-visual redundancy and TV news recall. *Communication Research*, 1987, 14(4), 452 - 461.

Efran, M., & Patterson, E. Voters vote beautiful: the effect of physical appearance on a national debate. *Canadian Journal of Behavioral Science*, 1974, 6(4), 352 - 356.

Ehinger, D. *Contemporary rhetoric: a reader's coursebook*. Glenview, IL: Scott & Foresman, 1972.

Foss, S. Theory of visual rhetorics. in Ken Smith, Sandra Moriarty, Gretchen Barbatsis, Keith Kenney (eds.) *Handbook of visual communication: theory, methods, and media*. Mahwah, NJ: Lawrence Erlbaum Associates, 2005.

Graber, D. A. Political languages. In D. Nimmo & K. R. Sanders (Eds.), *Handbook of political communication*. Beverly Hills, CA: Sage, 1981.

Griffin, M. Camera as witness, image as sign: the study of visual communication in communication research. In W. B. Gudykunst (Ed.), *Communication yearbook*. Thousand Oaks, CA: Sage, 2001.

Hacker, K. L. *Candidate images in presidential elections*. Westport, CT: Praeger, 1995.

Hart, R. P. *Seducing America: how television charms the modern voter*. Thousand Oaks, CA: Sage, 1999.

Hill, C. & Helmers, M. *Defining visual rhetorics*. Mahwah, NJ: Lawrence Erlbaum Associates, 2004.

Holiday, S. & Lewis, M. Are you talking to me visual rhetoric of the Syrian presidency's instagram account, *Southwestern Mass Communication Journal*, 2015, 30(2), 1 - 27.

Jamieson, K. H. *Eloquence in an electronic age: the transformation of political speechmaking*. New York: Oxford University Press, 1988.

Jamieson. K. H. *Dirty politics: deception, distraction, and democracy*. New York: Oxford University Press, 1992.

Johnson, A. Trends in political communication: a selective review of research in the 1980s. In D. L. Swanson & D. Nimmo (Eds.), *New directions in political communication* (pp. 329 - 362). Newbury Park, CA: Sage, 1990.

McVey, J. *Recalibrating the state of the union: visual rhetoric and the temporality of neoliberal economics*. 2011 Enhanced State of the Union Address, 2011.

Medhurst, M. & Desousa, M. Political cartoons as rhetorical form: a taxonomy of graphic discourse. *Communication Monographs*, 1981, 48(3), 197 - 236

Morris, R. Visual rhetoric in political cartoons: a structuralist approach. *Metaphor and Symbolic Activity*, 2009, 8(3), 195 - 210.

Nelson, J. S. & Boyton, G. R. *Video rhetorics: televised advertising in American politics*. Urbana: University of Illinois Press, 1997.

Noller, P. Video primacy: a further look. *Journal of Nonverbal Behavior*, 1985, 9(1), 28 - 47.

Patton, J. H. Permanence and change in rhetorical theory. *Central States Speech Journal*, 1979, 30 ( 2 ), 134 - 143.

Schill, D. The visual image and the political image: a review of visual communication research in the field of political communication. *Review of Communication*, 2012, 12(2), 118 - 142.

Schmuhl, R. *Statecraft and stagecraft: American political life in the age of personality*. Notre Dame, IN: University of Notre Dame Press, 1990.

Schweiger, G. & Adami, M. The nonverbal image of politicians and political parties. In B. I. Newman (Ed.), *Handbook of political marketing* ( pp. 347 - 364 ). Thousand Oaks, CA: SAGE, 1999.

Valentino, N. A., Traugott, M. W. & Hutchings, V. L. Group cues and ideological constraint: a replication of political advertising effects studies in the lab and in the field. *Political Communication*, 2002, 19(1), 29 - 48.

Zarefsky, D. Spectator politics and the revival of public argument. *Communication Monographs*, 1992, 59 (4), 411 - 414.

# 港式中文文体的修辞特点

## ——以剖析一篇港式中文为例

田小琳*

（陆陈汉语国际教育集团，香港）

**摘　要**　港式中文是通用中文在香港地区的书面语的变体。大部分是在通用中文基础上，为了表达的需要，会夹用少量粤语、英语和文言语句。基于《最佳情人》一文的分析，揭示出粤语语句的恰当选用可以增加语言的幽默意味，文言语句的选用传承“三及第文体”的文风，而英语语句的选用可以体现深层的阅读主题。从而共同呈现出港式中文文体的修辞特点。

**关键词**　港式中文　文体　修辞

香港自1997年回归祖国后，实行“两文三语”的语言政策，即书面上中文和英文均为正式语文，口语流通粤语、英语、普通话。这一政策体现了香港语言生活的真实面貌，也是“一国两制”政策在语言生活上的贯彻。

港式中文是通用中文（即规范中文/标准中文）在香港地区的书面语的变体，体现了香港特色。港式中文主要有两种类型，大部分是在通用中文基础上，为了表达的需要，夹用少量粤语、英语、文言语句；还包括并不夹用粤语、英语、文言语句，而明显受英语表述影响的中文书面语。

港式中文夹用少量粤语、英语语句，主要受香港人口语的影响，粤语在香港最为流通。香港特区政府统计处最新人口的统计资料，为我们提供了香港市民掌握语言和方言的概况。按照香港的惯例，从1961年起，每十年进行一次人口普查，并在两次人口普查中间，做一次中期人口统计。2016年6月至8月期间，政府进行了2016年中期人口统计。2017年2月，香港特别行政区政府统计处公布的《2016中期人口统计简要报告》（以下简称《简要报告》）披露，香港人口总数约为733万人。又政府统计处最新公布，2017年同期增至为约738万人。

《简要报告》披露：“广州话是家中最常用的语言。在2016年，88.9%的5岁及以上人口在家里用广州话交谈，另外有5.7%的人口报称能说这种语言。”“换言之，94.6%的5岁及以上人口能说广州话。”“能说英语的人口比例，由2006年的44.7%，持续增至2016年的53.2%。”“能说普通话的人口比例，亦由2006年的40.2%增至2016年的48.6%”。十年间，能说英语的增长了8.5%，能说普通话的增长了8.4%。二者增幅相当，说明市民对这两种语言的重视程度基本相同。

由以上统计的数据看，港式中文夹用粤语语句、英语语句的写法，倒是很能体现出“我手写我口”的规律。港式中文布满在香港报纸、杂志、书籍里，布满在香港有关的网络媒体里，它已经不是香港中文书面语里的个别现象、特殊现象，而成为一个普遍存在的现象，具有广

*　作者简介　田小琳，教授。香港陆陈汉语国际教育集团。

泛性。尽管政府公文,法律文件,金融文件均以通用中文为标准,教育界更是以通用中文为教学的规范和标准,但是报刊书籍里的港式中文泛滥却没有人规管,可见香港市民习惯了这种文章形式,也喜欢这种形式。

港式中文的写法目前没有一定的程式,也没有作为一种文体的严格规定,所以具有宽泛性。专栏作家、报刊记者、广告撰写者、八卦新闻编辑或者一般人,人人可写。因而数量虽多的港式中文目前表现出的状态是良莠不齐。这主要表现在一些作者、写者在夹用粤语语句、英语语句的数量上失控,有的甚至向"粤式中文"(粤语书面语)靠拢,失去了"表达所需"的原则坚守。这一类港式中文实际上是需要改善的,很难从修辞角度进行描写。

20世纪40—50年代,香港曾兴盛过一种"三及第文体"(因文言、白话、粤语三者融汇一体得名)。当时的"三及第文体"拥有一批文字修养高的作者群,他们主张:粤语入文必须是有选择的,并非随意为之;用文言虚词是读者常见的,而非用艰涩的文言词句;文章虽夹用粤语语句,却令非粤语区的读者可以看明白。这种主张符合修辞要求。"三及第式"的文章主要发表在当时不少晚报的专栏上,流行一时,为读者所欣赏。有鉴于此,有人把目前流行在报刊的港式中文称为"新三及第文体",主要指白话,粤语,英语三者的融汇,英语在文章里的夹用逐渐取代了文言。这当然与文言的式微有关,也与英语的普及率提高有关。

要分析港式中文的修辞特点,不可泛泛来谈,首先要挑选好的港式中文来分析。本文以一篇比较典范的文章《最佳情人》为例,说明夹用少量的和恰当的粤语语句、文言语句、英语语句,可以体现港式中文文体的修辞特点。

《最佳情人》是专栏作者毕明发表在《明报周刊》上的一篇文章。文章的标题引人入胜,答案却是令你意想不到的。要寻找"最佳情人"吗?答案是"读书人",是读文学作品的"好情人",是能够"深层阅读"的"好情人"。因为阅读令人变得包容,具有"并包他人""不自我中心""诚信""体谅"的优点。能够深层阅读的人,"擅于进出灵魂,接触心灵深处","从他人世界看世界人情","具有同理心",会变得温柔。这些都是"最佳情人"的必备条件。由此看出,这篇文章的主题是提倡阅读,提倡深层阅读。"最佳情人"只是个吸引读者的噱头。好修辞手法!

就港式中文的特点来看,文章选用粤语语句有限,两处而已。还选用了浅白的文言语句,增加文学因素及浪漫情趣。文言成分在一般的港式中文里已经式微,这篇选用了一些文言语句实属难能可贵。选用英语语句较多,除作者姓名和书名外,多为名家名句,反映作者的外国文学和外国著作的修养颇深,英语水平较高。这也是港式中文要夹用英语语句的必要条件。

以下从三方面剖析该篇文章所具有的港式中文的修辞特点。

## 一、选用粤语语句,增加文章的调侃和幽默意味

文章夹用粤语语句一共两处:

1. 回答开篇问句,夹用粤语口语

灰姑娘?傻的吗;白马王子?食懵你;诗人?咳血㗎喎;楚留香?非也。(见附录)

开篇作者问"谁是最佳情人?"回答选用香港读者熟悉的梦中情人:灰姑娘、白马王子、诗人,然后再用粤语口语否决:"灰姑娘?傻的吗(傻子啊你);白马王子?食懵你(吃糊涂了你);诗人?咳血㗎(粤方言字 ga)喎(吐血了啊)"(括号内为笔者所译,下同)。三个否定句采用极口语的句子回答,带有强烈的调侃意味,本地读者会感到很幽默。最后用文言句式"非也"否定"楚留香"。楚留香是古龙武侠小说系列里的经典男主角,他是劫富济贫的侠盗,为人风流倜傥,足智多谋。用"非也"来否定,修辞色彩一致。

2. 第8段描写女生,夹用粤语口语

J. D. Salinger 在经典的《麦田捕手》告诉世人关于女生:"就算是不太漂亮,甚至有些笨蕉的,但每次只要她们干些可爱的事,你已爱上了她们一半,然后自己去咗边都唔知,女生!"(见附录)

在外国作者的话里夹用粤语，也显得十分幽默。用“自己去咗边都唔知”（自己去了哪里都不知道）委婉地表达“自己会干些什么出边的事出来都不知道”。把作者对这句话的真实感受译了进去。

## 二、选用文言语句，传承“三及第文体”的文风

文中选用浅白文言的写法，文白交融，有“三及第文体”的文风。仅以第五、六段里的描写为例。

1. 第五段：

你试过读罢一本书，掩卷叹息，恍如隔世，放眼红尘有点散漫，呼吸心跳有点颤抖，思绪风露立中宵，左脑欷歔右脑得仁，左眼醍醐右眼灌顶，丹田升起一种无以名状的感动，躯体经历心口融化的感恩，像一次私密亲爱的逃逸，入血得要命，想揪作者出来聊一千零一个晚上没有？那一刻，在高潮中接近得道，你明明踏实满足，又患得患失。书，舍不得放下，眼，合上了还是书中的往事前尘，短暂取代了你现实的意识，阅读之后恋留对阅读的思念。（见附录）

2. 第六段：

读者如我们，透过高度投入的阅读，以尘世有限光年有限肉身，进入无数小说主角的百年身，穿越生关死劫，生还胜利伤痕，再回头千年道行。藉文字通过纸张渗入指尖潜入皮肤入血蚀骨，书中的苦成为了你的“长相思催心肝”，书中的悔成为了你的“月如无恨月长圆”。（见附录）

上面两段在句子的选择上颇费思量。句子长短有的参差，有的整齐；有的是对偶，有的是排比。文字上，文白夹杂，用的也是浅白的文言（例子如上文黑体）。这些描写十分明显，不再赘述。

## 三、选用英语语句，名家名句体现深层阅读主题

文章夹用英语专有名词和语句，显然多于夹用粤语语句。喜欢夹用英语语句也是作者的偏爱，在作者其他作品里已见端倪。这可看作是毕明个人的写作风格之一。

1. 部分作者、学者姓名及书名直接引用英语

（1）加拿大约克大学心理学教授 Raymond Mar 和多伦多大学心理学教授 Keith Oatley。

（2）这叫作“deep reading”（深层阅读），在《时代杂志》早有谈及。

（3）J.D. Salinger 在经典的《麦田捕手》告诉世人关于女生。

（4）卡夫卡《变形记》现实吃人，《The Pilgrim Hawk》（朝圣之鹰）透过爱情揭露自由的贱卖。

（5）UC Berkeley 的 Anne E. Cunningham 在“What Reading Does For The Mind”（阅读赋予心灵）的研究显示读书人的遣词用字更精到入心，令人欣喜。

上面直接引用英语的专有名词，多为读者并不熟悉的人名和书名，省却翻译的麻烦。而读者熟悉的均用中文表达。如王尔德、安徒生、契诃夫（契珂夫）、《神雕侠侣》及卡夫卡《变形记》。这些著名的作者和著作，中译名已广泛流传，再用原文反而令人生疏。而且都用原文也增加了文章中英语的数量，这个数量则是需要控制的。

2. 引用英语名家名句，增强表现力

（1）王尔德：“Wisdom comes with winters”（智慧随冬天而至）

（2）王尔德：“we teach people how to remember, we never teach them how to grow”（我们教人民如何记忆，但从没教他们如何成长）；

（3）安徒生：“one must have sunshine, freedom, and a little flower”（人必须有阳光、自由和花）

（4）契珂夫：“Any idiot can face a crisis-it's day to day living that wears you out”（任何白痴都能面对危机，日复一日的日子叫人

疲累）

作者为什么喜欢夹用英语语句，我们从林沛理所著的《英为中用十大原则》（香港：商务印书馆，2017年）里可以找到答案。书中自序《英文是我的翅膀》里说：

“在中文写作中加插英文的单字、词组和句子，有人会觉得是虚夸造作和自命不凡。可是，对我来说，在中文上撒点英文，就像吃意大利粉加番茄酱，或者吃云吞面加辣椒酱，是最自然不过的事情。没有什么值得大惊小怪。我这样写文章，是率性而为和顺其自然，英文所谓‘doing what comes naturally’。久而久，这成为我的签名式样和写作风格——没有英文的林沛理文章是剃光了头的长发美女，马上变得无法辨认。”（林沛理，2017，页02）

作者认为，英为中用是多元社会决定的，他在“华洋杂处”一节里说：“其实，在一个中英并用、华洋杂处的社会，英为中用理所当然，不必强作解释。在这样的语文环境下，写作的时候硬要将中文与英文隔离并区别对待，反而违反自然。语言隔离政策跟种族隔离政策一样，都是建基于恐惧与歧视。英文无疑是强势语言，但中文何惧之有？英文可以为中文所用，中文却难以为英文所用，中国人对此不该引以为傲吗？”（林沛理，2017，页160）

《英为中用十大原则》一书的作者，将香港作者在书面语里夹用英语语句的心理描绘得淋漓尽致，还归纳出十大原则，这里不再赘述。由此我们可以了解《最佳情人》的作者为什么喜欢夹用英语语句。林沛理表达了他们的共同心理。

在毕明的另一篇文章里，可以看到夹用英语的“率性而为和顺其自然”比比皆是，和《最佳情人》一样，亦具典型性。在《其实好易满足》（《明报周刊》2566期，13/01/2018，页097）一文里，下面这些句子里都夹用了英语词语，括号内为笔者所译：

（5）好友O说，某夜去看了一个××Show（某某表演），——

（6）据知身边不少close and dear ones（亲密好友）直认都有，看来我挑剔，嘴刁，难please（取悦），——

（7）青春有限，珍惜光阴，One life to live（生命只有一次），——

（8）世上有样重要的东西叫Quality Control（质量把关）。

（9）人生不Control（把关），易没Quality（质量、素质）。虚度，追不回。

（10）要判断准确，可训练sense（品味），修养品味，学习美艺，要求品格。

（11）我的要求很简单，像丘吉尔“其实好易满足”：“I am easily satisfied with the very best”（我很容易满足，只要给我最好的），给我最好便可以。

由以上例句可见，作者是把英语语句撒落在全篇，像撒调料在食品上，觉得很有味道。这样写有一个道理，就是作者认为她的读者可以看得明白，而且理解她的用意。作者和读者都可以用两种语言交换思维而不乱。这篇夹用英语语句的情况，可以作为《最佳情人》一文的旁证。对香港读者而言，上文所用的英文难度都不算太高，不仅不会影响阅读的流畅性，反而增加了一些港式的“风味”。有些整句引用的，例如（11）中的“I am easily satisfied with the very best”，就算一时不明白意思，但只要看到上下文，就知道这句话已经被作者翻译出来了，就是“其实好易满足，给我最好便可以”。这种夹杂英语的修辞特点，既不喧宾夺主，又能起到很好的修辞效果，具有画龙点睛的作用。

综上所述，本文主要以毕明的《最佳情人》为例来分析港式中文的修辞特点，希望引起书写港式中文者的注意。港式中文要写得好，首先是通用中文要写得好，同时夹用粤语语句、文言语句、英语语句时，要遵守消极修辞的原则，并吸收“三及第文体”的好传统。这样，才能形成一个“新三及第文体”。

“新三及第文体”与“三及第文体”很大的一个差异，在于“新三及第文体”里文言的成分式微，代之以英语语句。这和香港本身的语言生活的变化是紧密联系的。而文言成分在不少港式中文里是完全消失的，这更和华语大环境里的文言使用减少有关系。这种情况如要改善，既希望在中文书面语里多一些文言成分，增加文章典雅的色彩。这要寄希望于各地的中文教育，特别是基础中文教育。中国内地今年出版的部编《中国语文》新教材大大增加了文言文和古诗词的分量，希望在大华语圈里带一个好头。

## 参考文献

毕明.最佳情人.《明报周刊》，2014 年 8 月 17 日
毕明.其实好易满足.《明报周刊》，2018 年 1 月 13 日
程祥徽、田小琳著.《现代汉语》(修订版)，三联书店(香港)有限公司，2013
黄仲鸣.《香港三及第文体流变史》.香港：香港作家协会，2002
林沛理.《英为中用十大原则》.香港：商务印书馆(香港)有限公司，2017
石定栩、邵敬敏、朱志瑜.《港式中文与标准中文的比较》(第二版).香港：香港教育图书公司，2014
田小琳著.《香港语言生活研究文集》.北京：人民教育出版社，2013
田小琳著.《语言文字应用研究文集》.香港：三联书店(香港)有限公司，2016

附录：毕明《最佳情人》(《明报周刊》，2014 年 8 月 17 日)

### 最 佳 情 人

谁是最佳情人?

灰姑娘？傻的吗；白马王子？食懵你；诗人？咳血嘤嗝；楚留香？非也。

是读书人。但不是读任何书都会令你成为好情人，只有多读小说、文学、诗歌的，才会是好情人。

不是我说的，是有科学根据的：加拿大约克大学心理学教授 Raymond Mar 和多伦多大学心理学教授 Keith Oatley 分别在 2006 年及 2009 年的研究，发现读小说的人最有同理心，最能兼容他人的意见、信念及兴趣。换句话说，最不自我中心，可以并包他人，是以能诚心接受另一个人、体谅另一个人。

你试过读罢一本书，掩卷叹息，恍如隔世，放眼红尘有点散漫，呼吸心跳有点颤抖，思绪风露立中宵，左脑欷歔右脑得仁，左眼醍醐右眼灌顶，丹田升起一种无以名状的感动，躯体经历心口融化的感恩，像一次私密亲爱的逃逸，入血得要命，想揪作者出来聊一千零一个晚上没有？那一刻，在高潮中接近得道，你明明踏实满足，又患得患失。书，舍不得放下，眼，合上了还是书中的往事前尘，短暂取代了你现实的意识，阅读之后恋留对阅读的思念。

这叫作“deep reading”(深层阅读)，在《时代杂志》早有谈及。读者如我们，透过高度投入的阅读，以尘世有限光年有限肉身，进入无数小说主角的百年身，穿越生关死劫，生还胜利伤痕，再回头千年道行。藉文字通过纸张渗入指尖潜入皮肤入血蚀骨，书中的苦成为了你的“长相思催心肝”，书中的悔成为了你的“月如无恨月长圆”，也成为了王尔德告诉我的“Wisdom comes with winters”，“we teach people how to remember, we never teach them how to grow”；又或者安徒生童话故事中的蝴蝶教晓我“单是生存并不足够”，“one must have sunshine, freedom, and a little flower”。我笑了。深层的笑。我省了，深层的省。

阅读教灵魂翻新重生。爱情，容易自我过大，情人如果没有同理心，眼界向内，容易只顾自己，忽略伴侣所感所需。阅读小说、文学，让你从他人的角度看世界人情。

他这样挣扎，她那样骗己骗人，谁那样在现实中魔幻沉沦。J.D. Salinger 在经典的《麦田捕手》告诉世人关于女生：“就算是不太漂亮，甚至有些笨蕉的，但每次只要她们干些可爱的事，你已爱上了她们一半，然后自己去咗边都唔知，女生！”每一道血泊痛痕，你和故事角色一起承受，悲愤同感，他嫉俗你愤世，她受伤你呕血，付出情绪打包智慧，来回别人灵魂的地狱再折自己的人间。

每一次阅读，经历了人生的磨难和人性的脆弱，你知道上山刀火海及不上日常的消耗吃人，契珂夫写过“Any idiot can face a crisis-it's day to day living that wears you out",看得心惊肉跳,自始每一日活得敬畏用心,不敢轻率。每一次阅读,是提炼,感受别人的痛苦和人生。看完一本书,深度感动,悔疚,你会明白生命更多,软弱更多,遗憾更多,人性更多。《神雕侠侣》情花毒穿肠,卡夫卡《变形记》现实吃人,《The Pilgrim Hawk》透过爱情揭露自由的贱卖。

多阅读,未必懂活得更好,但可以对别人的不足和人性的瑕疵更温柔。研究指读小说的人可以接受别人的想法,不排斥批判的同时,也保留自己的思想,这是需要很多社交经验的淬炼方能达至的。书本模塑我们,启发我们,为性格增值。每一个教训、追悔、悸动,都是锻造身心的修行。其实电影都一样。

读书人,他们不是和你说话,是和你倾谈,UC Berkeley 的 Anne E. Cunningham 在"What Reading Does For The Mind "的研究显示读书人的遣词用字更精到入心,令人欣喜。他们不是知道你是明白你,因读书人擅于进出灵魂,接触心灵深处。他们不是醒目是有智慧,比起不阅读的人拥有"higher cognitive functions",自然对世情体味更深练达更多。

读书人,如果是好情人,大概最大的资产是温柔,因为不论看得多谁的故事和诗歌,人世还是离不开人生八苦。人与人活到最亲密,除了爱与谅,就是温柔吧。

# 从庭审回声问的情感类型看法庭话语表达策略*

陈海庆　时真妹　李凯悦

(大连理工大学外国语学院,辽宁 大连,116024)

**摘　要**　本文基于对CCTV12庭审现场栏目随机选取的20场庭审现场视频及转写语料的分析,采用定量与定性相结合的个案研究方法,借助PRAAT语音分析软件,以会话含义理论和"目的性原则"为指导,对庭审会话回声问中的情感表达进行了分类,并从修辞策略,互动结构和语调因素三方面对庭审会话回声问情感表达及其语用目的进行了讨论和阐释。

**关键词**　回声问　情感　表达策略　语用目的

## 1. 引　言

作为人类一项特殊的复杂心理活动,情感在人们的生活,学习,工作中起着举足轻重的作用,在日常交际中通常以口头或书面的形式表达出来。法庭审判是一项程序严谨、严肃规范、抗辩性强、目的明确的机构性法律活动。因此,作为一种机构性话语,庭审会话有别于日常会话,要受一定规则约束,换言之,在庭审过程中,庭审参与者说什么、怎么说、何时说均受到法庭程序的严格限制(张清 2013)。在庭审活动中,尤其是在刑事审判活动中,通常不允许司法人员有任何人为情感因素介入。然

* 基金项目　国家社科基金项目"中国当代庭审话语语调表征及其信息效果研究"(项目编号:15BF066)。

作者简介　陈海庆,男,山东潍坊人,大连理工大学教授、博士生导师。研究方向:语用学、语篇分析、语言哲学。
时真妹,女,大连理工大学外国语学院教授、硕士生导师。研究方向:应用语言学。
李凯悦,女,山东济南人,大连理工大学外国语学院硕士研究生。研究方向:语用学、语篇分析。

而，在庭审话语回声问中，适当地运用情感因素并结合相应的言语表达技巧进行沟通，既可以更加形象地还原事实真相，又能帮助庭审活动参与者更好地实现自己的语用目的，进而促进整个庭审活动的有效开展。

庭审话语回声问是指庭审会话中以陈述语序呈现，以问号为标志，直接或间接，部分或全部地重复前一话语的回声问句。作为一种重要的语言现象，回声问已引起国内外学者的普遍关注，如 W. M. O'Barr（1982）P. Goodrich（1987）、J. Gibbons（2003）、廖美珍（2003，2005）、张清（2013）等。然而，对于庭审会话中的回声问研究却相对较少。按照表达方式的不同，庭审话语回声问可以分为直接回声问和间接回声问两大类，其中，直接回声问又可分为全部重复回声问和部分重复回声问；间接回声问可以具体分为对事实的解释和话轮转换两类。就其目的原则来看，庭审会话回声问具备多种语用功能（廖美珍，2004），即表达某种态度或情感，要求确认证实、表示接收和反馈信息并准备下一话轮等。为此，笔者运用定量与定性的个案分析法，从 CCTV12 庭审现场栏目随机选取 20 场庭审视频并将其转写成书面文本，将庭审语料中共计 273 个回声问的情感表达进行划分和统计；同时运用 PRAAT 语音分析软件，根据其音高、音强值的不同进行分析，并分别从修辞策略，互动结构和语调因素三方面对其进行讨论和阐释。

## 2. 庭审回声问的情感分类

回声问的疑问标示元属于边界调，疑问信息通常由最后一个音节传递（林茂灿，2002）。其中，音高和音强是回声问的语调特征。音高取决于声音在喉内振动的频率，音强的声音振动频率也高，人们可以选择不同的振动频率来表达不同的情感。音强指音节发出时的强度，原则上任何音节都可以表达音强（胡壮麟，2002：80—81）。为此，笔者运用 PRAAT 语音分析软件，对二十场庭审语料中共计 273 个回声问的音高音强值进行了统计分析。结果表明，回声问中的情感表达可以根据音高值 400 Hz 和音强值 80 dB 划分为两大类：一类是情感表达不明显甚至没有情感表达的，此类回声问的音高音强值都或多或少地低于 400 Hz 和 80 dB；另一类是情感表达很明显的，一般回声问的音高音强值都会高于这一标准，结合具体的语境来看，此类情感表达又可以细分为愤怒，怀疑，惊讶，同情和否定五种。另外，不同身份的法庭活动参与者在庭审过程中的情感表达也不尽相同。如表 1 所示。

**表 1 情感表达分类与统计**

<table>
<tr><td rowspan="18">情感表达（273/100%）</td><td rowspan="3">不明显甚至没有（142/52%）</td><td colspan="2">法官（101/71%）</td></tr>
<tr><td colspan="2">公诉人（28/20%）</td></tr>
<tr><td colspan="2">辩护人（13/9%）</td></tr>
<tr><td rowspan="15">表达明显（131/48%）</td><td rowspan="3">怀疑（48/36%）</td><td>法官（12/25%）</td></tr>
<tr><td>公诉人（36/75%）</td></tr>
<tr><td>辩护人（0/0%）</td></tr>
<tr><td rowspan="3">愤怒（46/35%）</td><td>法官（0/0%）</td></tr>
<tr><td>公诉人（46/100%）</td></tr>
<tr><td>辩护人（0/0%）</td></tr>
<tr><td rowspan="3">惊讶（19/15%）</td><td>法官（5/26%）</td></tr>
<tr><td>公诉人（8/42%）</td></tr>
<tr><td>辩护人（6/32%）</td></tr>
<tr><td rowspan="3">同情（12/9%）</td><td>法官（0/0%）</td></tr>
<tr><td>公诉人（0/0%）</td></tr>
<tr><td>辩护人（12/100%）</td></tr>
<tr><td rowspan="3">否定（6/5%）</td><td>法官（5/83%）</td></tr>
<tr><td>公诉人（1/17%）</td></tr>
<tr><td>辩护人（0/0%）</td></tr>
</table>

由表 1 可以看出：首先，庭审会话回声问中，不明显的情感表达稍多于明显的情感表达，这一现象符合法庭的要求和原则，即法庭活动的参与者不应该过于情绪化；其次，在所有 142 个不明显的情感表达中，法官占据大

多数，由此可见，原则上法官保持中立态度，以保证庭审过程的公平公正；再次，在庭审活动回声问中，比较常用的情感表达是怀疑和愤怒，相比之下，同情和否定使用相对较少，且不同的法庭活动参与者的情感表达侧重点不同，例如，公诉人往往在提问时侧重于怀疑和愤怒等情感表达，辩护人更侧重同情当事人，法官有时也会夹带着个人情绪进行提问。

## 3. 庭审回声问表达策略及语用目的

庭审会话回声问中的情感表达比较复杂。其中，为了达到不同情感的表达效果和语用目的，庭审过程中的话语修辞策略、互动结构和语调因素起着重要作用。

### 3.1 修辞策略

公元前 4 世纪中期，亚里士多德在其著作《修辞学》一书中系统地阐释了说服性演讲和逻辑技巧。迄今，该书中所体现的亚里士多德的远见卓识和在任何场合下都可使用的理论仍具有非常重要的参考价值。他的核心观点是在说话者和听者之间建立心灵上的联系。亚里士多德将修辞定义为“在每一件事例上发现可行的说服方式的能力”（程朝阳，2014）。他认为，可供使用的说服方式有两种：一是非技术性的，主要指事先已经存在的文件或证明，如契约等；二是技术性的，指凭借修辞方法和说话人的努力而达成的说服论证。亚里士多德又将技术性说服方式细分为说话人品格，引起情感共鸣和逻辑论证。说话人品格指的是说话人本身所具有的品质，当演讲以一种可信赖的方式实现时，听者就很容易被说服。也就是说，说话者本身只有具备感性、美德和善良这些品格，才能说服听众。引起情感共鸣指的是激发听众在情感上的共鸣，以引导他们按照说话者所希望的方式去思考或行动。逻辑论证即通过论证的方式进行说服。研究表明，技术性修辞策略在庭审会话回声问中得到不同程度的运用，体现出不同的说服方式以及情感语用表达效果。

#### 3.1.1 说话人品格

廖美珍（2012）指出，法庭互动中存在一种隐形的权力分布，回声问多出现在公诉人或法官与当事人的互动中，很少见于辩护人的问话中，从未见于当事人的话语中。在庭审过程中，法官，公诉人和辩护人是主要的提问者，当事人主要负责回答问题，当事人能够积极配合回答问题的一个重要前提就是提问者所具备的品格。当当事人认为法官、公诉人或辩护人足够理智、知识和善良时，才更容易被说服。通常在庭审活动开庭前，法官会告知当事人有要求特定人员回避的权力，这就为法官接下来的言行提供了可接受性的条件。在这种情况下，法官作为整个庭审活动的主体，必须足够中立，不能掺杂任何个人情感，这样才能赢得当事人的信任。从这个方面来说，公诉人和辩护人因其所持有的各自的目的不同，很难判断他们是否足够中立或者值得当事人信任。由此可见，庭审过程中，说话人品格这一修辞手段主要由法官使用。尤其是在审判活动的初始阶段，根据回声问的音高、音强值也可以判断，这一修辞手段几乎不承载任何个人情感，只是为了整个庭审活动的展开而做铺垫。例如：

(1) 审：现在核对当事人身份。叫什么名字？
被：刘锦涛。
审：=刘锦涛?。
被：嗯。[①]

例(1)中被告很直接地回答审判长的问题并迅速对其回声问做出了反馈，可见被告已经相信审判长是足够中立足够让他信任的。通过审判长本身所具备的品格进行回声问，可以根据案件需要及时确认与案件相关的基本事实，以便有效地进行庭审活动。

① 节选自语料 16，20150926 六岁幼童被害案。

3.1.2 情感诉求

说话者通过激发听者与自己产生情感共鸣，进而引导他们按照自己所希望的方式去思考或行动，这一修辞手段最容易传达说话者的情感。因此，在庭审过程中的使用也比较频繁，法官、公诉人或辩护人都可借助这一修辞手段实现自己的语用目的。尽管理论上说，法官在庭审过程中必须做到中立而不失理智，然而在某些特定场合下，他们也会受个人情感影响。由于公诉人和辩护人各自怀有不同的目的，难免在具体审判过程中会有情感的流露或表达。因此，庭审中的回声问就成了公诉人和辩护人激发听者情感共鸣的手段，为按照他们的想法去思考或行动进行引导。例如：

(2) 公：＝你有没有想过这样打他会造成什么后果？

被：没想过。

公：＝*你当时打他的时候没有想过吗?*。

被：嗯。[①]

(3) 被：就是我说，我打的。

审：▲*你给医生讲，孩子伤是你打的?*。

被：嗯。[②]

(4) 辩：那就是说(・)你行凶杀人之后，你到你生母坟前的目的是什么？

被：准备自杀。

辩：*＝准备自杀?*。

被：是的。

辩：你为什么有这种想法呢？

被：对不起我父母。[③]

例(2)中公诉人直接回问被告“你当时打他的时候没有想过吗”，根据具体语境，公诉人当时情绪很激动，对被告因为有点小事就把自己亲生儿子打死的行为非常愤慨。通过直接回问，公诉人希望被告能感受到自己内心的情感以便为自己的弑子行为忏悔，尽快认罪伏法。例(3)中法官对被告的回答表示出质疑和否定，通过回声问向被告传达自己的不满，以期被告能够及时悔悟，坦白事实。例(4)中的辩护人的直接回声问“准备自杀”具有两个目的：一是寻求信息的确认，确保辩护人所听到的与被告所传达的信息一致；二是表达辩护人对被告这一想法的惊讶和同情，希望引起其他听者(法官，公诉人等)的共鸣，以期能对被告减轻处罚。

3.1.3 逻辑论证

亚里士多德把逻辑论证具体分为推理和例证两大类。例证可分为事实论证和说话者编造的隐喻或寓言。推理则包括证明性的和矛盾性的两种，前者根据公认的前提得出结论，后者则根据未被公认的事实(程朝阳，2014)。众所周知，庭审活动是一项高度严谨而又规范的机构活动。因此，所有的庭审活动参与者都必须遵守法律规定，实事求是。某种程度上，庭审过程中的参与者仍旧可以借助逻辑论证手段通过回声问方式传达某种情感，达到某种语用目的。研究发现，逻辑论证这一修辞手段在非回声问的庭审话语中使用较为频繁。通常情况下，在回声问中逻辑论证这一修辞手段并不常见，只有在庭审的事实举证和推理中的证明例证中可以用于回声问，以此来传达说话者的情感和语用目的。例如：

(5) 公：＝打过架没有？

被：有。

公：是你打她还是她打你？

被：两个人打。

公：*＝都打过?*。

被：嗯。

公：▲*是你打过她还是她打过你?*。

① 节选自语料16，20150926六岁幼童被害案。

② 节选自语料16，20150926六岁幼童被害案。

③ 节选自语料15，20150919少年杀亲事件。

被：她也打过我。[①]

例(5)中被告故意用模糊话语进行陈述以混淆事实真相，但公诉人已经看清楚被告的意图并通过回声问进行刺探性的提问，进而向被告传达自己的不满情绪，警示被告要陈述事实真相，以确保法庭审判的公平公正。

### 3.2 互动结构

廖美珍(2003)在其研究中阐述了法庭问答互动的7大对应结构类型，分别为：一问一答对称结构(Qi－Ri)；三步结构(I－R－F)；问答加一次后续来回结构(Q－R－Fi＋r－Fii)；主问答加连环后续结构(Q－R－Fi＋r－Fii－Fiii－Fiv)；主辅结构(Q－R→Qi－Ri)；包孕结构(Q－Qi－Ri－R)；重复结构(Qi－Ri－(Qn)-(Rn))。笔者发现，庭审过程中，主辅结构、包孕结构和重复结构很少使用，只是在一些特殊情况下才会有所涉及，主问答加连环后续结构其实是问答加一次后续来回结构的延伸。因此，本文选取前三种互动结构进行分析，探究不同互动结构中的情感表达效果及其语用目的。

#### 3.2.1 一问一答对称结构

作为庭审话语中最简单的一种结构，这种一问一答的互动结构属于典型的相邻对结构，一问一答即是一个互动过程，如果一次问答没能结束互动，则形成系列结构，不同对应之间相互独立，互不影响。例如：

(6) 审：…被告人你叫什么名字？
被：王小波。
审：还有没有(·)别的名字？
被：没有。
审：出生年月日？
被：1991年11月15日。
审：什么民族？
被：汉族。
审：文化程度？
被：初中。[②]

值得注意是，这种一问一答结构主要出现在法庭调查之前的身份核定这一类程序性问话中，具有程式性特征。它主要用于开庭前法官依照法律规定向当事人澄清与案情相关的基本信息，几乎不涉及个人情感因素，因为法官作为这一问答行为的发问者，主要目的是依法展开庭审活动，保证庭审活动的有序进行。

#### 3.2.2 三步结构

三步结构由一个问答加一个后续行为构成。此处的后续行为会因为礼貌、情景、位势等因素的制约而可有可无。庭审话语中的后续行为具体可以分为两种：一种是“嗯”“啊”等，表示话语尚未结束，下面还会继续发问；另一种是“好”“行”等，表示问答互动已经结束。例如：

(7) 辩：…你们结婚以后夫妻之间吵架吗？
被：吵架。
辩：嗯。最严重的时候(·)达到什么程度？
被：打架。[③]

(8) 辩：▲打过没有？
被：没打过。因为孩子老不在我身边，在我爸妈那儿了嘛。
辩：好。[④]

廖美珍(2003)在其研究中指出这种三步式互动结构不是法庭话语的典型特征，并不适合分析法庭问答话语。通过对所转写的二十场庭审视频语料的研究发现，此结构中第一种后续行为在庭审过程中的使用频率要远远高于第二种后续行为。从某种程度上讲，这种互动结构是问答双方合作程度的一种体现。这种互动结构大都出现在辩护人和被告的互动会话中，他们的共同目的都是为了减轻被告处

① 节选自语料19,20150725大年初八杀妻案。
② 节选自语料19,20150725大年初八杀妻案。
③ 节选自语料20,20150704歌厅惨案。
④ 节选自语料16,20150926六岁幼童被害案。

罚。因此，这种互动结构中难免会涉及辩护人个人情感的流露，且这种情感的表达往往不能明显地被人察觉。

3.2.3 问答加一次后续来回结构

这种互动结构中，Q－R 是主问答结构，Fi＋r－Fii 为后续结构。此后续结构包含两个来回，第二个来回没有独立地位，属于一个对应结构单位。Fi＋r 是对答话的重复，Fii 是对 Fi＋r 的回应。实际上，这种互动结构就是回声问，在庭审过程中十分常见。与上一互动结构相比，这种互动结构可以非常明显有效地表达说话者的情感和语用意图。例如：

(9) 公：那么你在什么时间见到的王德福？
被：26 号的下午。
公：＝*26 号下午?*。
被：对。①

例(9)中的直接全部回声问可以清楚地表明：公诉人对被告所提供的信息持一种质疑态度，想通过这一互动结构向被告寻求信息的确认和证实。此类互动结构在庭审的法庭调查阶段使用非常频繁，无论是对说话者的情感流露，还是对其语用意图的表达都非常明显。

### 3.3 语调手段

胡壮麟(2002)指出，音高与喉内声波震动的频率有关，音高值较大的语音，振动频率也大，人们常常选择不同的震动频率来表达不同的情感。音强指音节发出时的用力程度，通常用来表示强调、惊讶等，原则上，音强可以由任一音节承载。因此，结合具体语境并运用 PRAAT 语音分析软件和传统的耳听方法，从音高和音强两方面分析庭审回声问中说话者情感表达及其语用目的的实现是很有必要的。

3.3.1 音高

(10) 审：文化程度？
被：没有上过学。
审：＝*没有上过学?*。
被：嗯。②

(11) 公：大约有(・)一米高，是不是？
被：＝没有一米高。
公：▲*没有一米高?*。
被：嗯。③

对比图 1 和图 2 可以看出，不同的音高所传达的情感效果及语用目的有所不同。图 1 中，回声问"没有上过学"尾调并没有明显的上升，但其音高值仍高于前一话语，可见审判长稍持怀疑态度，想通过回声问向被告寻求信息确认。比较而言，图 2 中回声问的尾调音高值超过 500 Hz，音长也比图 1 有所增加。由此可见，图 2 中的回声问发问者比图 1 中的发问者情感表达更加强烈，公诉人对被告亲手杀死自己没有一米高的儿子极度愤慨，通过音高值的增加来传递说话人这一态度，也为再次向被告确认案件的有关事实真相表明意图。可见，音高值较高的回声问，其发问者的情感表达效果更为强烈，其语用目的更为直接和明显。

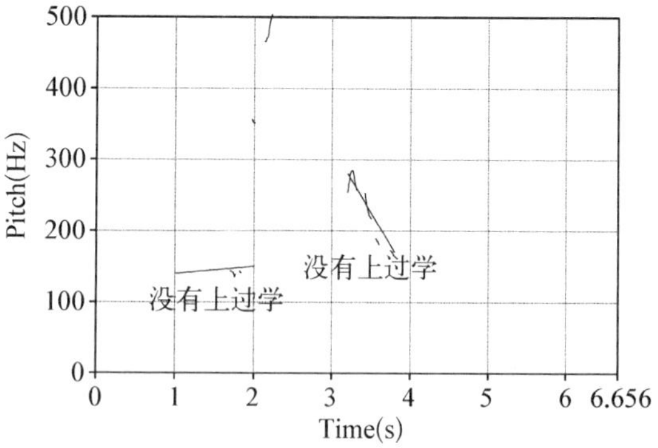


**图 1 "没有上过学"与"没有上过学"音高对比分析图**

① 节选自语料 18，20151010 亡命之徒。
② 节选自语料 17，20150815 婴幼儿被害疑云。
③ 节选自语料 16，20150926 六岁幼童被害案。

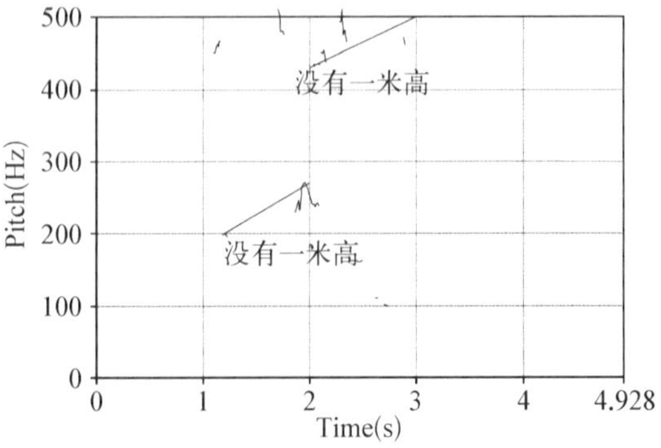


**图 2 "没有一米高"与"没有一米高"音高对比分析图**

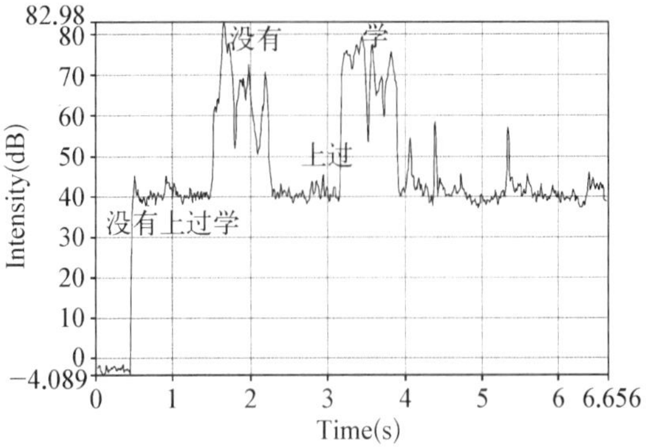


**图 3 被:"没有上过学"与审:"没有上过学"音强对比分析图**

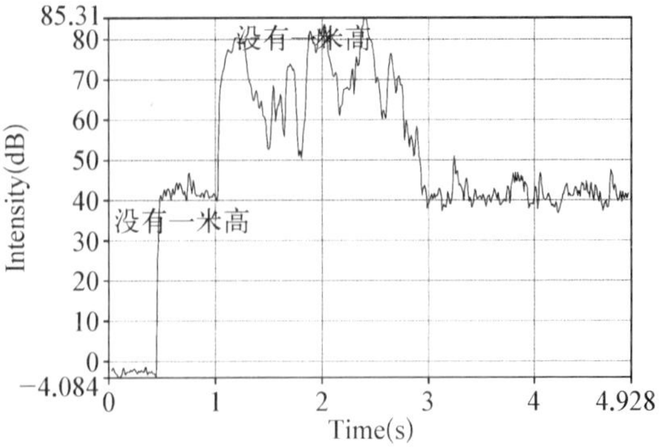


**图 4 被:"没有一米高"与公:"没有一米高"音强对比分析图**

3.3.2 音强

(12) 审:文化程度?
被:没有上过学。
审:=*没有上过学?*。
被:嗯。[①]

(13) 公:大约有(·)一米高,是不是?
被:=没有一米高。
公:▲*没有一米高?*。
被:嗯。[②]

图 3 中,回声问的音强值比前一话语高出很多,且有两个非常明显的高峰值,最高值集中在 80 dB 左右,表明审判长对被告的回答是持怀疑而发问的。与图 3 相比,图 4 中回声问的音强值高、高峰值较多;另外,图 4 中回声问不同音节之间的强度值的差异比图 3 要小,表明图 4 中公诉人的情绪要比图 3 中的审判长更为强烈和明显。由此可见,图 4 中公诉人的情感及其语用意图的表达要比图 3 中的意图表达更为明确。笔者认为,庭审过程中,同一话语的音高和音强之间存在某种必然的联系,庭审会话回声问更是如此,因为说话者可以通过改变音高和音强的方式来传达自己的情感,以便更有效地实现自己的语用目的。

## 4. 结 语

庭审会话是典型的机构性话语,其程式性、互动性、严肃性、抗辩性和目的性特点决定了回声问话语研究的思路、方法和结果。首先,根据音高音强值的不同,庭审会话回声问中的情感表达可以划分为明显型和不明显型;表达明显型的情感又可以分为怀疑、愤怒、惊讶、同情和否定五种类型。可以说,庭审活动中参与者身份的不同,其情感表达的侧重点也不同,因而说话人的情感表达效果及其语用目的也各差异。其次,说话人品格这一修辞手段

① 节选自语料 17,20150815 婴幼儿被害疑云。
② 节选自语料 16,20150926 六岁幼童被害案。

主要用于法官在庭审开始前的问话互动中，其目的是赢得当事人的信任，它几乎不涉及个人情感。比较而言，引起听者情感共鸣修辞手段在表达说话者情感与实现其语用目的方面效果最佳；逻辑论证虽然在庭审过程中并不常见，但在庭审举证和证明式论证中在一定程度上可以传达说话者的情感。在本文提到的三种常见的庭审回声话语互动结构中，一问一答结构几乎不涉及情感，三步结构主要出现在辩护人与被告的互动话语中，情感表达相对含蓄，问答加一次互动来回结构（即回声问结构）在法庭调查阶段使用尤为频繁，此类互动结构也是三种结构中表达情感和语用目的最为明显的。最后，值得强调的是，庭审会话的回声问中，音高值和音强值高的话语在传达说话者情感及语用意图和目的方面更为直接有效。可以说，庭审过程中的回声问情感表达是为实现说话者具体语用目的服务的，在整个审判活动中都具有不可替代的作用。

本文语料转写标记：

“=”表示话轮之间没有停顿；“(·)”表示0.2秒以内的停顿；“(ns)”表示停顿的秒数；“：：：”表示语音的延长；“_”表示强调；“→”表示需要注意的话轮；“(……)”表示完全模糊的话语；“(×××)”表示不确定的话语；“@”表示笑；“▲”表示打断；“?。”表示回声问。

## 参考文献


程朝阳.法庭调解语言中的修辞技艺探析[J].北方法学，2014(4)：118－129.

范愉.司法制度概论[M].北京：中国人民大学出版社，2004.

何自然.语用学概论[M].湖南：湖南教育出版社，1988.

胡海娟.法庭话语研究综述[J].广东外语外贸大学学报，2004(1)：8－11.

胡壮麟.语言学高级教程[M].北京：北京大学出版社，2002.

廖美珍.法庭问答及其互动研究[M].北京：法律出版社，2003.

廖美珍.法庭语言技巧[M].(第2版)，北京：法律出版社，2005.

廖美珍.目的原则与法庭互动话语合作问题研究[J].外语学刊，2004(5)：43－52.

廖美珍.中国法庭互动话语对应结构研究[J].语言科学，2003(5)：77－89.

林茂灿.汉语韵律结构和功能语调[R].语音研究报告，2002：7－22.

刘虹.会话结构分析[M].北京：北京大学出版社，2004.

卢家楣.情感教学心理学研究[J].心理科学，2012(3)：522－529.

牛保义.英语附加疑问句的动态研究[J].外语教学与研究，2005(3)：187－191.

王瑾琼. A Study on Echo Questions[D].武汉科技大学，2012.

张清.法官庭审话语的实证研究[M].北京：中国人民大学出版社，2013.

Anna Wierzbcha. Defining Emotion Concepts [J]. Cognitive Science, 1992(16): 539－581.

Gibbons Jhon. Forensic Linguistics: *An introduction to Language in the Justice System* [M]. Oxford: Blackwell Publishing, 2003.

Gillian Brown & George Yule. *Discourse Analysis* [M]. Cambridge: Cambridge University Press, 1983.

Goodrich, Peter. Legal Discourse: *Studies in Linguistics, Rhetoric and Legal Analysis* [M]. London: Macmillan, 1987.

Grice, H. P. Logic and Conversation. 1975, In Davis S. (eds.), *Pragmatics: A Reader*, Oxford: OUP, 1991. Pp. 305－315.

Leech, Geoffrey. *Principles of Pragmatics* [M]. Harlow: Longman, 1983.

Levinson, S. *Pragmatics* [M]. Cambridge: Cambridge University Press, 1983

O'Barr, William M. *Linguistic Evidence: Language, Power, and Stratigy in the Courtroom*. San Diego: Academic Press, 1982.

Phelps, E. A. Emotion and Cognition: Insights from Studies of the Human Amygdala[J]. Annual Review of Psychology, 2006(57): 27－53.

Sperber, Dan and Wilson, Deirdre. *Relevance: Communication and Cognition* [M]. The Second Edition. Oxford/Cambridge: Blackwell Publishers, 1995.

Verschueren, J. *Understanding Pragmatics*[M]. Beijing: Foreign Language Teaching and Research Press, 1998.

# 香港楼宇命名修辞特点分析

## ——港式中文研究实践

李 斐*

（香港岭南大学，中国语文教学与测试中心）

**摘 要** 香港楼宇在命名上主要受到了三方面的影响：一是文言影响。在考虑用中文命名时，多会选用典雅且具有古典意象的文言词语。二是粤语影响。可大致分为两类：第一类是从粤语语音翻译而来，多选用寓意吉祥发达的词语作为名称；第二类是由英文翻译而来，多选用粤语中的某个音近的字，既有音译的成分，又照顾到英文原本的意思，且具有吉祥如意、兴旺发达的含义。三是英文影响。音译双关的命名方式起到了很好的修辞效果。

**关键词** 香港楼宇 文言 粤语 英文 修辞

### 一、香港楼宇的分类

楼宇就是楼房、大厦，多用于港澳地区。多于一栋以上的楼宇所组成的建筑群，称为屋苑。一般来说，屋苑多为私人或半公营建筑商兴建的住宅小区。

所谓衣食住行，住是人生最重要的四要素之一。在香港所见的楼宇，多为商业写字楼和私人住宅楼。私人住宅一般可分为私人楼、唐楼、居屋、公屋、村屋、丁屋等不同种类。

所谓私人楼，也称私人屋苑、私楼等。它是指市民私人业主持有，用于居住的物业，私人楼有多栋式、单栋式、独立屋等，这种楼盘可在物业市场自由买卖，楼价随市场行情升降。

公屋是香港公共屋邨的简称。公屋是香港政府（香港房屋委员会、香港房屋协会、香港平民屋宇有限公司）为中低收入市民提供的住宅，居住者一般为租户。公屋由政府出资修建，业权由政府所有，政府以廉价的金额出租予市民。截至 2016 年中，香港约有 210 多万人居住于各个公共屋邨的出租单位（包括房委会 72 万个、房协 14 万个、平民屋宇 1 600 个单位），也就是说，约 1/3 的市民租住于公屋。申请公屋的市民需年满 18 岁，其入息有上限要求，以四人家庭为例，其家庭每月总收入不超过 27 050 元港币，即可申请公屋。公屋多用“××邨”为名。

居屋是“居者有其屋”的简称，它是政府于 1973 年推行的 Home Ownership scheme 所兴建的房屋。居屋由香港房屋委员会兴建房屋，以低于市值的价格，并在扣除地价后售予低收入市民。由房委会自行兴建的居屋，多以“××苑”来命名，这是按照英国的 council housing 传统，楼宇群多用 Court 统称，故而中文则译为“苑”；居屋中的楼宇多用“××阁”命名。居屋入住者的入息亦有上限，即每人每月收入不得超过 27 400 港元。

村屋是指兴建于香港新界围村中的房屋，它和丁屋的概念有所重叠。丁屋是指香港新

---

* 作者简介 李斐，香港岭南大学中国语文教学与测试中心，高级讲师。

界原居民的男性后人(即男丁)获准在私人土地上兴建的房屋,它是香港政府1972年New Territories Small House Policy(小型屋宇政策)的产物,由香港殖民时期沿用至今。一般来说,年满18岁的新界男性原居民,可以向政府申请,建造一座面积不超过700平方呎,高度不高于8.22米的三层楼房,该楼房就是丁屋。一般而言,丁屋就是村屋,村屋除丁屋之外,还包括其他兴建于围村的屋苑。

## 二、港式中文的定义及分析原则

所谓港式中文,是指流通于香港的中文书面语,即通用中文(规范中文/标准中文)在香港地区的书面语变体,是带有港式味道的中文书面语。港式中文主要分为两种类型,第一种是在通用中文的基础上,为了表达的需要,夹用少量粤语、英语、文言语句的书面中文;第二种是受到英语表述影响的中文书面语,但句中并不一定会出现英语、粤语或文言语句。

港式中文在词汇和句式上,在修辞的语体风格上,都和通用中文有所不同。常常中英夹杂、文白混合、粤普杂陈。港式中文多见于香港的各类书面中文,包括政府公文、法律文件、报纸杂志上的新闻报道及各类文章,它已经形成了一种特殊的语体风格。港式中文是客观存在的,是大量通行的,也是香港市民广泛接受的一种特殊风格文体,所以,对港式中文的分析极具意义。

港式中文是一种融合了社会(制度)变体、地域变体、功能变体的综合变体。首先,香港曾被英国殖民统治一百多年,自1997年回归后也是实行"港人治港、一国两制"政策,所以,港式中文是由于不同的社会制度造成的一种特殊文体,这一点和一般语言学意义上的社会变体有所区别。其次,说它是地域变体,是由于香港处于中国东南端,书面语受粤语口语影响较大。再次,港式中文仅指书面语,不包括口语,故而可以说是一种功能变体。

目前,对待港式中文,社会和学界大致有三种态度。

第一种态度是全盘否定、坚决反对。《"港式中文"的一斑》(《语文建设通讯》1995)《"港式中文"形成的原因及后果》(《一九九七与香港中国语文研讨会文集》1996)《港式中文不宜大行其道》(《香江文坛》2004年11月号)《教师深造助学生戒港式中文》(《星岛教育》2004-5-24)等论文及文章明确反对港式中文的存在,认为港式中文是受粤语和英语干扰而形成的,不符合汉语规范化的要求,不利于汉语书面语的健康发展,应该严格纠正,或干脆取消。

第二种态度是承认其存在价值、持肯定态度。《港式中文何去何从——总论》(《语文建设通讯》1999)、李家树等《港式中文以粤语词入文评议》(《第七届国际粤方言研讨会文集》2000)、张励妍《港式中文的标准规范化探讨》(第十届国际粤方言研讨会,2005)等文章大都认为港式中文是客观存在的,不应轻易否定。

香港理工大学石定栩教授发表了一系列文章和著作研究港式中文的特点,如《英语对香港书面汉语句法的影响》(《外国语》1999-4)、《香港书面汉语句法变异:粤语的迁移与文言的保留及其它》(《语言文字应用》2002-3)、《港式中文与标准中文的比较》(香港教育图书公司,2006/2014)将港式中文与通用中文从词语、句法、语用等方面作了比较,对港式中文在香港语文生活中所起的作用做了定位和定性,文章与书籍中的观点反映出作者对港式中文的客观存在持肯定态度。

第三种是田小琳教授所提出的,肯定港式中文存在的意义,但对其应有一定的限定。《再论香港地区语言文字规范问题》(《语言文字应用》1996-3)、《港式中文及其特点》(《暨南大学华文学院学报》2008-3)、《港式中文的语体特点》(《海峡两岸现代汉语研究》,香港文化教育出版社,2009)、《港式中文之文化源头》(《21世纪初叶"两岸四地"汉语变异》,台湾新学林出版股份有限公司,2010)、《香港语言生活研究论集》(人民教育出版社,2012)、《语言文字应用研究文集》(香港三联书店,2016)

等可作为代表。

因为港式中文是香港书面中文中受众最为广泛的一种语体风格，近年来由于种种原因，在部分媒体上的文章里，其夹杂粤语口语词的数量有上升趋势，所以，田小琳教授提出夹用少量而恰当的粤语语句、文言语句、英语语句可以体现港式中文文体的修辞特点，但粤语入文不可随意为之、过度艰涩的文言语句亦可能阻碍文意的表达，英语的泛用则可能道致理解的歧义。

## 三、从港式中文角度看香港楼宇命名的修辞特色

下文试图用港式中文的研究理念，来看香港楼盘命名的修辞特色。希望追本溯源，理解香港楼盘命名的原因和特点；同时从微观着手，为港式中文研究拓宽更多的研究领域。

1. 文言影响

古汉语和现代汉语并非完全割裂的，也不是孤立地、对抗性地存在于语言当中。现代汉语词汇中保留了很多古汉语词汇。和内地流通的通用中文相比，港式中文中的古汉语词则比通用中文中多，而且由于古汉语词和现代汉语词常常连用、叠加，造成语言中很多特殊的层叠现象。如差人(警察)、饥馑活动(饥饿活动)、高企(高扬)、罔顾(不顾)、未几(不久)、三时许(三点多)、颓食(没胃口)等。

试举两例如下：

(1) 为支持“饥馑三十”活动，用爱拉近世界，帽子品牌 NewEra 推出两款联乘 9FIFTY snapback，在扣除成本后，全数收益将拨捐香港世界宣明会，作为“饥馑三十”的营运经费。(《给力“饥馑”》，《大公报》，2014-4-1)

(2) 立法会昨日一般性通过公务员加薪法案，会上有议员关注公务员调整薪俸点追不上通胀，以及提出公务员应划分级别调整薪酬。(《立法会通过公仆加薪》，《新报》，2014-3-26)

“饥”本意为灾荒、粮食歉收，例如，《商君书·垦令》中有“商无得籴，则多岁不加乐；多岁不加乐，则饥岁无裕利；无裕利则商怯，商怯则欲农”的说法。“馑”也有“饥荒”的含义，但其程度更甚于“饥”，例如，《尔雅·释天》中提到“谷不熟为饥，蔬不熟为馑”，《穀梁传·襄公二十四年》中也说：“二谷不升谓之饥，三谷不升谓之馑”。因二字意思相近，故称为双音节词，在文言文中常用，现代汉语通用中文中则非常少见。但港式中文中“饥馑”常与其他词语一起使用，构成专有名词如“饥馑三十”、“饥馑活动”等。

“薪俸”一词则是“薪水”“俸禄”的合成缩略形式。“薪水”最初指打柴汲水，据《南史·陶潜传》记载：陶潜送给他儿子一个仆人，并写信说：“你每日生活开支费用，自己难以供给自己，现派一个仆人来帮助你打柴汲水。他也是人家的儿子，要好好待他。”后来人们便把工资叫作薪水。东汉以前，一般俸禄都发放实物，如粮食、布帛等，唐以后一直到明清，主要以货币形式为俸禄发给朝廷官员。古代官员俸禄的名称不止一种，如月给、月薪、月钱等，而明代曾将俸禄称月费，后又改称为柴薪银，意思是帮助官员解决柴、米、油、盐这些日常开支的费用。自魏晋六朝时，“薪水”一词除了指砍柴汲水外，也逐渐发展为日常开支费用的意思，《魏书·卢昶传》中说：“如薪水少急，即可量计”。“俸禄”本是古代皇朝政府按照规定给各级官员的报酬，因为社会制度的转变，在今日早已没有了皇朝政府，更没有了古代的官员制度，所以，该词已经在内地的当代生活词语中消失了。香港则传承了该词，并和“薪水”结合，构成了新词。

有些词语在通用中文中只出现于非常文言的语境之中，是使用频率极低的词语；港式中文则用于日常生活、甚至口语之中，是常用词。

(3) 日前分别入禀高院寻求司法复核，推翻城规会就《坚尼地城及摩星岭分区计划大纲草图》的规定，限制其只可建 3 层楼的决定。(《法庭消息：摩星岭物业入禀 挑战城规会楼限》，《文汇报》，2012-2-26)

在先秦时期的汉语中，“禀”只有“秉承”“秉性”义，例如，《左传·昭公二十六年》：“先

王所禀受于天地，以其为民也”。又如，《文选》中收录的三国时期的陈琳《答东阿王笺》：“此乃天然异禀，非钻仰者所庶几也”。“禀”的“下对上言事”义在古汉语中的用法出现得比较晚，一直到南朝时期才出现，《宋书·刘穆之传》：“内外谘禀，盈堦满室”，中的“禀”已经具有了“禀告”义。由“禀告”而衍生的“入禀”（入而禀）在现代汉语通用中文中基本上已经不再使用，在港式中文的报刊中却非常常用，并非只能用于文言文的语体中。

（4）往中环午宴，途中只见中银香港(2388)总行门外大排长龙，场面相当悲壮，拖男带女，又有耆英，似乎大家为了赚那个差价而拼命。（《钞疯与癫 Phone》，《am730》，2012-2-15）

“耆”在古汉语中指老或老人的意思，此字于《说文解字》中有收录。《说文》“耆，老也”；古籍中亦常见该字，或单用，如《史记》“（尧）年耆禅舜”；或与“老”或“耋”连用，组成并列结构的双音节词，如《礼记·射义》“幼壮孝弟，耆耋好礼”中有“耆耋”一词，又《礼记·檀弓下》“天不遗耆老，莫相予位焉”，有“耆老”一词。《现代汉语词典》中收录了“耆老”和“耆宿”两词，都明确标注是书面语。而港式中文中，“耆英”却不一定用于古汉语场合，在日常报纸杂志的文章中也十分常见，上文引的例子是说为了争抢中国银行纪念版货币而转手炒卖赚钱，不论男女还是老人，都拼了命去争抢，这个句子足以证明“耆英”一词并非只能用于非常文言或非常典雅的语体中。

再看香港楼宇命名，其文言影响可谓非常之大。因为楼宇的名称一般以英文为主，所以在考虑命名中文时，则多会选用典雅且具有古典意象的文言色彩词语。请看下表：

| 楼宇中文名称 | 楼宇英文名称 | 落成年份 | 所在地区 |
|---|---|---|---|
| 及时居 | Chase Villa | 1964 | 新界 |
| 晶晶小筑 | Brighton Villa | 1966 | 新界 |
| 映月阁 | Tai Tam Crescent | 1975 | 香港 |
| 百步轩 | Bamboo Garden | 1981 | 新界 |
| 金安大厦 | Come On Building | 1981 | 新界 |
| 雅莲阁 | Lotus Mansion | 1983 | 香港 |
| 金枫阁 | Maple Mansion | 1984 | 香港 |
| 春樱阁 | Primrose Mansion | 1982 | 香港 |
| 匡怡居 | Conifer Lodge | 1986 | 新界 |
| 容龙 | Dragon Inn | 1993 | 新界 |
| 瀚林花园 | Hollywood Garden | 1993 | 新界 |
| 碧如台 | Bijou Hamlet | 1994 | 新界 |
| 长江雅苑 | Chan Court | 1998 | 新界 |
| 赞卢 | Chan Lo | 不详 | 新界 |
| 积善别墅 | Fung Chik Sen Villa | 不详 | 新界 |
| 濠丰大厦 | Oxford House | 1999 | 香港 |
| 陶源 | The Bloomsville | 2002 | 九龙 |
| 涤涛山 | Constellation Cove | 2002 | 新界 |
| 杜鹃楼 | Azalea House | 不详 | 九龙 |
| 听涛村 | Barbecue Garden | 不详 | 新界 |
| 傲云峰 | Celestial Crest | 不详 | 新界 |
| 卓誉峰 | The Celebrity | 2009 | 九龙 |
| 星堤 | Avignon（希腊语，河岸之城） | 2013 | 新界 |

建于1964年新界的Chase Villa，如果按照字面翻译当为“狩猎别墅”，Chase有追逐、狩猎的含义。但中文命名时，却选取了“及时居”三个字，狩猎追逐动作一定要快，要及时，所以跟英文的原意符合，同时又符合古汉语中“好雨知时节、当春乃发生”的“及时”之感，又因是别墅，将之解释为“及时行乐”之意，以不算不妥。

Hollywood Garden如果按照通行的命名方式，应该是好莱坞花园，或者荷里活花园，但香港的命名却是“瀚林花园”。其中，“瀚”的粤语发音是“hon6”，对应holly。wood则以意译的方式作“林”。而“瀚林”与“翰林”在粤语中亦为同音，所以，该花园的中文名称可以让人联想到饱学之士所居住的花园，身份尊贵自不在话下。同理，The Bloomsville 的中文名为“陶源”也是非常巧妙。The Bloomsville 的字面意思是“繁花之城”。说到花，自然想到名句“忽逢桃花林，夹岸数百步，中无杂树，芳草鲜美，落英缤纷”。将“桃源”首字改为“陶渊明”之“陶”，一则避免和正名重复，二则因为此处确无桃花栽植。但这个命名方式让人依然想到陶渊明笔下的那片怡然自得、忘却纷争的乐土。

2. 粤语影响

香港流通粤语，口头交际的语言最流行的是粤语。在香港，人们说的母语教学就是指粤语教学。虽然粤语有一套较完整的方言字体系，但在报刊媒体中，粤式中文却不是主流。

然而，在楼宇的命名中，却会看到较多的粤语影响。大致可分为以下两类。

第一类，楼宇的中文名称是从粤语语音翻译而来，例如，A. Kun Lock Building 的中文是“均乐大厦”，其中，“均”对应 kun，“乐”对应 lock，这是粤语发音的直接书写形式。这类楼宇命名的方式，多选用寓意吉祥发达的词语作为名称，请看下面的例子：

| 楼宇中文名称 | 楼宇英文名称 | 落成年份 | 所在地区 |
|---|---|---|---|
| 港兴阁 | Kong Hing Court | 1981 | 九龙 |
| 港盛阁 | Kong Shing Court | 1981 | 九龙 |
| 港泰阁 | Kong Tai Court | 1981 | 九龙 |
| 港荣阁 | Kong Wing Court | 1981 | 九龙 |
| 港昌阁 | Kong Cheong Court | 1982 | 九龙 |
| 港富阁 | Kong Fu Court | 1982 | 九龙 |

可以看到，这些楼宇以“港”字开头，说明其地理特征。再加以兴、盛、荣、泰、昌、富等字样，寓意兴旺发达，繁荣昌盛的好意头。

第二类，楼宇的名称由英文翻译而来，多选用粤语中的某个音近的字，既有音译的成分，又照顾到英文原本的意思。请看下面的例子：

| 楼宇中文名称 | 楼宇英文名称 | 落成年份 | 所在地区 |
|---|---|---|---|
| 金汉大厦 | Backingham Building | 1959 | 九龙 |
| 雅苑 | Alpha Court | 1959 | 香港 |
| 双喜大厦 | Aberdeen Harbour Mansion | 1972 | 香港 |
| 安碧苑 | Amber Garden | 1976 | 香港 |
| 生生商业中心 | B2B Centre | 1982 | 香港 |
| 好兆年行 | Austin Tower | 1982 | 九龙 |
| 爱宝大厦 | Able Building | 1996 | 香港 |
| 卓尔居 | Chelsea Heights | 1998 | 新界 |
| 柏慧豪园 | Central Park Towers | 2007 | 新界 |

“雅苑”是英文 Alpha Courtd 的中文名称，其中，“雅”的粤语发音是“aa1”，接近英文 Alpha 的首音节。“金汉大厦”是英文 Backingham Building 的中文名称，其中，“金汉”对应英文 Bachingham 的后两个音节，但刻意回避掉首音节，因为“白”无论在古汉语还是在现在香港社区词中多有穷困、无果的含义，如“白衣”“白手起家”“食白果”等。但这类命名并非全部，例如，Central Park Towers 如果按照意译，当作“中央公园大厦”，但香港径名为“柏慧豪园”，就是因为“柏”在粤语中的发音是“baak3”或“paak3”，接近 park 的语音。

这种楼宇的命名方式，在香港较为常见，因为粤语在香港是第一流通的语言，人们在命名楼盘时，除了考虑英文发音对应的粤语字，还希望能有吉祥如意、兴旺发达的含义，所以，这种音译双关的命名方式起到较好的修辞效果。

3. 英文影响

香港是中西文化交融的地区，是全球最具国际化的大都会之一。由于受到英国管制百年时间，其殖民政策中极为重要的一环就是全力推行英语，只有英语才是香港社会的正式语文。在金融、法律、经济、教育等方面，英文曾占有绝对优势。香港市民的英语听说读写的程度较高，对英文的接受程度也高。表现在语言上，就是音译词非常丰富。因香港特殊的历史、地理关系，港式中文中吸收了不少英语语源的词语。举例来看：

(1) 哩士缀花、干湿褛加上简约设计，正正是少女们梦寐以求的 fashion items，以满足她们酷爱法国写意格调的情意结。(《YECCA VECCA 法式写意》，《honey》，2010－11－19)

(2) Hussein Chalayan 的 2010 秋冬骚上，甫开始，汽车发动引擎、电台广播音乐及天气报告的片段，让我们很快猜到踏上美国公路之旅。(《黑色力量》，《JESSICA》，2010－10－27)

(3) 陈强可说是接触得最多 80 后的一位 DJ，逢星期一至五凌晨一点至两点，他会在节目《你睇我唔到》开咪，访问一些边青、弱势社群。(《陈强，商台 DJ》，《Pandaa!》，2010－8－8)

(4) 带点中亚风格的地砖，大大张的梳化非常舒适。(《下午 3 点 3，躲在家一样的 cafe》，《饮食男女》，2010－12－17)

上述五例借自英文词语。其中，"哩士"译自 lace，通用中文用固有词"花边"或音译为"蕾丝"。"骚"译自英文 show，通用中文用"表演"一词，如"时装表演"，亦有用台湾音译词"秀"的，且"秀"的语用场合越来越普遍，现已进入《新华字典》第 11 版；与"秀"相比，港式中文的翻译完全用了粤语语音，没有考虑到"骚"本身所具有的词义，给沟通造成不必要的麻烦，如在香港的报刊上随处可见"花生骚"，就是英语 fashion show 的粤语译音，对英语不熟悉的人恐怕会对该词的所指产生理解的偏差。"咪"是英语 microphone 的音译，通用中文用另外的音译词"麦克风"，两词对比，我们认为港式中文中的音译词容易混淆汉语词"咪"的本义。"梳化"是 sofa 的音译词，通用中文译作"沙发"；我们认为"梳化"极易让人误解为"梳头化妆"之意，会造成沟通中不必要的麻烦。

再看楼宇命名的修辞特点，音译的楼宇名称主要集中于港岛。

例如，"鸭都喇利大厦"是英文 Abdoolally House 的中文翻译，其中，"鸭都喇利"完全是音译，没有任何意译的成分。该大厦建于 1966 年，位于香港岛的中环地区。

"亚毕诺大厦"是 Arbuthnot House 的中文名称，该大厦建于 1979 年，位于香港中环西半山。

"雅宾利大厦"是 The Albany 的中文名称，该大厦建于 1989 年，位于香港岛的中半山地区。

这样的例子在港岛是非常多的，尤其是一些位于中环附近，外国人集中的地区。这些命名方式主要由英文直接音译而来，后加"大厦"作为类别统称。这类楼盘的命名方式多为 1997 年香港回归之前，回归后就日渐少见了。

当然，也有一些位于九龙地区的，例如，"柯士甸大厦"Austin Plaza 的中文名称，该大厦位于九龙的尖沙咀地区，建于 1958 年。建于 1997 年的"波蒂妮斯大厦"同样位于尖沙咀地区，它是 The Bodynits Building 的中文翻译名称。然而，九龙地区以音译命名的大厦，仅集中于外国人较多的尖沙咀一带，其年代也都在香港回归之前。

以音译命名楼宇的方式，从修辞效果上来看，会显得洋味十足，给人国际化的感觉。但不足之处也很明显，不懂英文的人很难记住这些毫无意义关联的名字，为沟通带来了困难。

## 参考文献


黄耀堃.论锐变中的香港语文.香港：青木书屋，1998

李斐.港式中文词类活用现象调查报告.汉语学报，2012(3)

李斐.港式中文外来词结构类型分析.《汉语方言语法论丛》第七辑.北京：商务印书馆，2016

李斐.港式中文同形异质词特点探析.《海峡两岸现代汉语问题学术研讨会论文集》第九辑.澳门：澳门理工学院出版社，2017

邵敬敏、石定栩."港式中文"与语言变异.《华东师范大学学报》，2006(2)

石定栩、邵敬敏、朱志瑜.《港式中文与标准中文的比较》，香港：香港教育图书公司，2014

石定栩、朱志瑜.英语对香港书面汉语句法的影响.《外国语》，1999(4)

田小琳.港式中文及其特点.《暨南大学华文学院学报》，2008(3)

田小琳.《香港语言生活研究论集》.北京：人民教育出版社，2012

田小琳.《语言文字应用研究文集》.香港：三联书店(香港)有限公司，2016

田小琳、李斐.港式中文同素逆序词考论.《汉语学报》，2014(1)

# 从“浅谈”“浅议”“浅论”类论文标题看学术期刊论文标题的演变

## ——一位学术期刊编辑的视角

周 萍*

（华东师范大学，上海 200062）

**摘 要** 在学术论文中，诸如“浅谈”“浅议”“浅论”类论文标题层出不穷。从知网近六十年的数据来看，“浅”类论文发文数量呈逐年递增的趋势，特别是在20世纪八九十年代数量直线上升，但“浅”类论文的质量并没有随着发文数量的大量增加也呈上升的趋势。20世纪80年代，学术生态才刚恢复，很多学者带着对学科的探索采用“浅”类论文标题，这完全可以理解。但随着我国学术研究队伍的不断壮大，学术研究也不断地深入、细化，甚至向着更广博乃至向交叉学科研究的方向发展，在这样的研究背景下，“浅谈”“浅议”“浅论”等“谦敬式”学术论文标题并不恰当、得体。

**关键词** “浅”类标题 学术论文 学术期刊 演变趋势

在学术论文写作中，论文标题的重要性不言而喻，好的论文标题往往能准确表达论文内容，恰当反映文章所研究的范围和深度。在学术期刊选稿过程中，论文标题的重要性更为突出。面对大量来稿，编辑们往往通过论文标题来决定是否要细读全文，这就直接影响着一篇论文被退稿还是进入初审的流程。有人说“好的标题是文章成功的一半”，这个说法似不为过。作为一名学术期刊编辑，在处理网上来稿时，常常会看到这样的论文标题“浅谈对……的认识”“……浅议”，这样的标题是否恰当？下面以审稿中的一些实例和中国知网中搜索到的论文标题为例，说明学术论文标题中此类标题的特点与改进方式。

### 一、“浅谈”“浅议”“浅论”类论文标题的句法构造与发文情况

“浅谈”“浅议”“浅论”类论文标题在句法结构上有两种形式：一是动宾关系，由“浅谈”“浅议”“浅论”作谓语，加上后面的研究内容作宾语，构成支配型学术论文标题。如“浅议危害食品安全犯罪的刑法规制”“浅谈我国企业内部控制制度存在的问题及应对措施”。另一类是偏正关系，“浅谈”“浅议”“浅论”放在标题的最后，是学术论文标题的中心，前面一部分从研究内容或者研究范围等方面对中心语加以限定，构成偏正型学术论文标题，如“数字图书馆个性化信息服务浅谈”“《国际刑事法院罗马规约》浅论”等。

这类标题在历年来的学术论文中使用率高吗？学科分布如何？主要用来探讨哪些问题？笔者结合中国知网的数据做了一个详尽的分论。

1. “浅谈”类论文标题

在学科分布中，“浅谈”类论文标题排在前10位的是：中等教育、初等教育、建筑科学

* 作者简介 周萍，博士，华东师范大学国家话语生态研究中心研究员，华东师范大学学报编辑部编辑。研究方向：话语分析。

与工程、外国语言文字、企业经济、高等教育、公路与水路运输、教育理论与教育管理、职业教育、工业经济，其中，有 6 个学科与教育有关（“外国语言文字”学科的论文主要探讨的是外语教学的问题）。“中等教育”和“初等教育”的发文量从 1958 年至今多达 20 万篇，占到“浅谈”类论文发文总量的 40%。

在年度分布中，“浅谈”类论文的发文量从 1995 年期大幅度上升，在近年来数量有所下降，具体如图 1 所示。

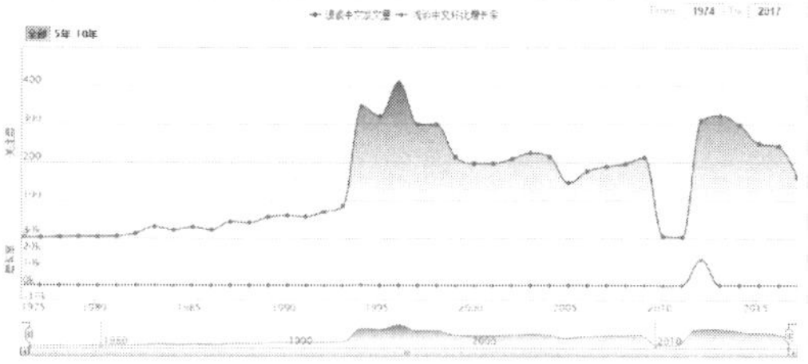

**图 1　“浅谈”类论文发文量**

2. “浅议”类论文标题

在学科分布中，“浅论”类论文标题排在前 10 位的是：中等教育、企业经济、高等教育、建筑科学与工程、初等教育、外国语言文字、会计、金融、宏观经济管理与可持续发展、工业经济。其中，教育学科（包括中等教育、高等教育、初等教育、外国语言文字）的发文量约 3.5 万篇，占到“浅议”类论文发文总量的 40%。

在年度分布中，“浅议”类论文的发文量从 1995 年期大幅度上升，在近年来数量迅速下降，具体如图 2 所示。

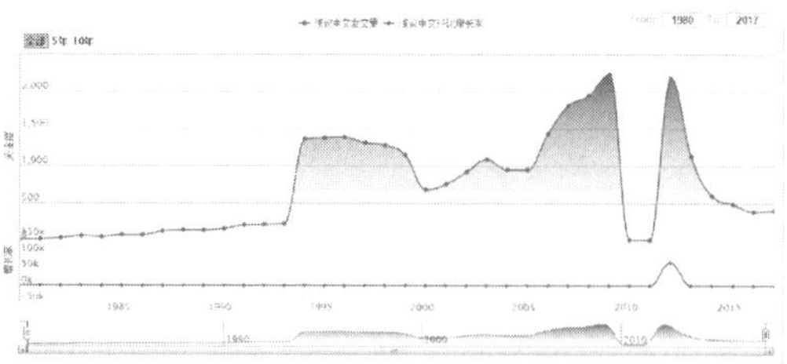

**图 2　“浅议”类论文发文量**

3. “浅论”类论文标题

在学科分布中，“浅论”类论文标题排在前 10 位的是：中等教育、企业经济、高等教育、中国文学、建筑科学与工程、外国语言文字、教育理论与教育管理、图书情报与数字图书馆、新闻与传媒、美术书法雕塑与摄影。其中，教育学科（包括中等教育、高等教育、外国语言文字、教育理论与教育管理）的发文量约 13.9 万篇，占到“浅论”类论文发文总量的 47%。

在年度分布中，“浅论”类论文的发文量呈逐年上升的趋势，其中，2010—1011 年大幅下降，而 2012 年期又直线上升，具体如图 3 所示。

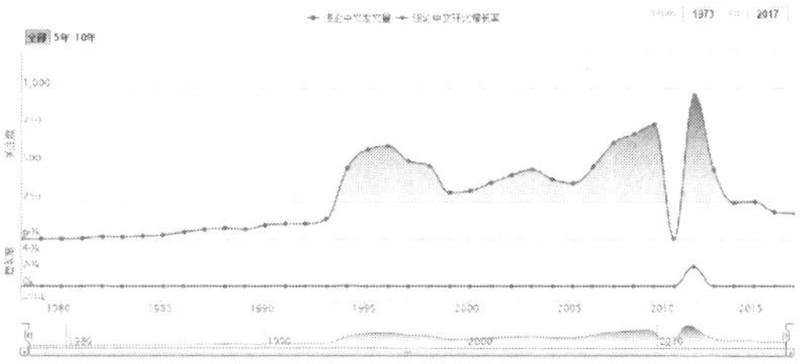

**图 3　“浅论”类论文发文量**

从以上数据可以看出，“浅谈”“浅议”“浅论”类论文在学科上主要集中在教育学科上。如“浅谈”论文中，最受关注的论文是内蒙古牙克石市第二小学的李红梅在《现代阅读（教育版）》2013 年第 4 期发表的《浅谈如何在小学数学教学中培养学生数学学习的兴趣》，该文下载次数 2 289，被引 72 次。在发文数量上基本上呈逐年递增的趋势，但这几类论文在近三年都有明显减少的态势。

## 二、“浅谈”“浅议”“浅论”类论文标题的演变趋势

好的论文标题都要尽量做到文约而事丰、言短而旨远。在知网 1958 年至今 60 年的数据中，“浅谈”“浅议”“浅论”类论文标题有哪些变化呢？

从前面的数据来看，“浅”类论文发文数量呈逐年递增的趋势，特别是在 20 世纪 80—90 年代数量直线上升，这与我们国家 20 世纪 80

年代大量学术期刊创刊、发展，至90年代繁荣的局面是分不开的。但“浅”类论文的质量并没有随着发文数量的大量增加呈上升的趋势。

在20世纪50年代，“浅”类论文主要是医学特别是中医方面的学科论文。在20世纪60—70年代，偶有文学方面的论文，如冯至在《文学评论》1962年第4期发表的《诗史浅论》。进入20世纪80年代后，被破坏的学术生态开始复苏，这一时期出现了不少高质量的“浅”类学术论文，如张锡厚在《文学评论》1980年第5期发表的《敦煌写本王梵志诗浅论》，葛兆光在《北京大学学报（哲学社会科学版）》1981年第2期发表的《晋代史学浅论》，蒋孔阳在《文艺研究》1983年第2期发表的《浅论自然美——学习马克思〈1844年经济学—哲学手稿〉的体会》等。

有文章指出，一部分学术论文标题的语言充分表现了作者的谦虚美德和对相关人员的尊敬之意。用词极具礼貌性，充满了友情。这种礼貌性主要由“浅论”“试析”“管窥”“商兑”“商榷”等词语来体现。这类标题下的论文事实上并非真正是“浅”“管窥”，完全有可能是独到的深刻的见解，所以这里的“浅”“管窥”等词语只不过是一种谦敬的说法而已①。“浅”类论文标题的“谦敬说”在20世纪80年代是合乎情理的。在经历动荡之后，有大量的学者厚积薄发，写出了优秀的文章。但当时学术生态才刚恢复，很多学科的研究才重新起步，很多学者是初出茅庐的青年学者，带着对学科的探索、对学术的敬畏，他们用“浅”类论文标题完全可以理解。事实上，我们今天来回顾那几年的论文，会发现很多讨论不仅不浅，反而非常深入与深刻。如葛兆光的《晋代史学浅论》，填补了中国史中的薄弱环节——晋代史的研究。

随着我国学术研究队伍的不断壮大，学术研究也不断深入、细化，或者向着更广博乃至向交叉学科研究的方向发展。这种情况下，“浅”类论文标题还能称得上是一个好标题吗？

我们依旧以葛兆光的论文为例。在中国知网的数据中，他发表了320篇文章，除了1982年发表的《晋代史学浅论》，其他所有文章标题都不是“浅”类标题。其中，高被引的三篇论文分别是《朝贡、礼仪与衣冠——从乾隆五十五年安南国王热河祝寿及请改易服色说起》《揽镜自鉴——关于朝鲜、日本文献中的近世中国史料及其他》《预流、立场与方法——追寻文史研究的新视野》，这3篇文章中，既有探讨“改易服色”的“小问题”，也有涉及“立场、方法”这类宏观的探讨，但是一律都没有用“浅”类标题。

再看近年发表的“浅”类标题的论文，学科集中在教育类，特别是中小学教育的实践类文章占比很重。这类文章的作者以及读者以从事基础教育的一线教师为主，严格意义上来说，这些不能称得上是严谨的学术论文。

其他的“浅”类论文在哲学社科类论文中占比较少，近年来更是有下降的趋势。现在的“浅”类论文是否还是作者自谦实则思考深入的文章呢？我们看到的数据是：在核心期刊发表的论文，“浅”类论文比例非常低；2000年之后，“浅”类论文的下载量和被引率也呈逐年下降的趋势，这与前面罗列的“浅”类论文2000年之后直线上升的发表数量是完全相反的。虽然论文质量的高下不能简单地通过这几样数据来评判，但不可否认，这也是明确的指标之一。

试举一例，一篇论文题为《〈飘〉与妇女觉醒——〈飘〉中女性价值观浅论》，再看论文的摘要“玛格丽特·米歇尔在她的小说《飘》中，通过一系列个性鲜明的女性形象，揭示了美国内战前后南方社会中妇女低下的社会地位，同时肯定了她们对南方社会的贡献，对她们的博爱无私和勇于反抗、追求自我意识和自主权的精神给予了由衷的赞美，表述了作者的观点——妇女应该走出家庭获得解放。”，文章的

① 孟建安.学术论文标题的语言及其编辑加工.《许昌师专学报》，2000(3).

标题准确地概括了文章的主旨，也算是简短精练，但我们也不得不承认，这是“浅论”，不够深入。

在今天这个学术论文大量生产的时代，“浅谈”“浅议”“浅论”等“谦敬”式学术论文标题是否恰当、得体呢？这得从学术期刊的类型、学术论文的定位来考虑。

学术论文就是用系统的、专门的知识来讨论或研究某种问题或研究成果的学理性文章。一般是需要深入思考并提出创新见解的文章，而且应排除在本学科领域已成为常识的内容。从20世纪80年代学术生态复苏至今，在很多学科中大而泛的问题早已被充分讨论，现在学术研究正向着更为深入和精细的方向发展，这时如果还用“浅”类标题，不但不能再显示作者的“自谦”，而且更多向外界传递的是作者的不自信与自我否定。

学术期刊在录用论文时，也会考虑论文的质量与发表后的影响。论文的创新也体现为标题的创新，如果用“浅”类标题，往往会给人造成该论文没有深入研究、纯是浮在表面的讨论、缺乏创新之感，这样的论文被核心期刊录取的概率也会大大降低。

论文标题是论文范围与水平的第一个重要信息，必须用心斟酌选定。如果论文有创新之处，标题却平庸乏味，则很容易导致文章明珠暗投。从一位学术期刊编辑的视角来看，“浅”类论文标题还是慎用为好。

# 基于篇际关系的承文性研究*

姚　远

（上海外国语大学国际文化交流学院，上海 200083）

**摘　要**　本文在宏观层面上探讨了语篇之间因“篇际关系”而形成的层级连贯性。通过构拟互文语篇理论视角下语篇世界的层级关系，发现语篇的实现是从微观向宏观跨越的关键层级。在此基础上，本文以热拉尔·热奈特五种“跨文本性”中的“承文性”为考察对象进行篇际关系的探索，首先厘清“承文性”等核心概念，推导出其基本构成要素，解析文本演变的承文性特征，力图解释承文本派生的动因和机制，归结出语篇生成和理解的规律。

**关键词**　篇际关系　前文本　承文本　派生关系　承文性　语篇结构

## 一、引　言

纵观20世纪60年代以来语篇研究走过的历程，不难发现这是一个不断“突破”与“超越”的过程：从对“句”的突破，到如今对“篇”的超越，语篇研究的范围已经从语篇之“内”发展到语篇之“际”。

“现代语言学之父”索绪尔将语言视为一个符号系统，并认为语言符号的价值是由其在

*　基金项目　“上海外国语大学2013年度重大科研项目(KX161052)”和“上海外国语大学外国语言文学Ⅰ类高峰学科建设项目”。

作者简介　姚远，博士，上海外国语大学国际文化交流学院讲师。研究方向：语篇语言学、对外汉语教学。

系统中所处的地位(即由该符号与其他要素的关系)来决定的。索绪尔认为:“每个个体只有在整体中才能体现其价值,脱离整体的个体(符号)不是语言学的研究对象”。(索绪尔 2011:23)

索绪尔将系统思想理论化,并确立为语言学研究的重要原则。他的再传弟子埃米尔·本维尼斯特继承并发展了他的思想,将话语与主体有机地结合在一起,并认为陈述(énonciation)使语言与世界产生关联,正如王论跃所总结的:“在陈述发生以前,语言只代表语言的可能性,只是有了陈述行为,语言才成为现实。”(本维尼斯特 2008:356)索绪尔的语言系统观和本维尼斯特语言主体性和个体化的思想都成为日后篇际关系研究的重要理论依据。

虽然对篇际关系的探索在索绪尔和本维尼斯特的思想中已经有了萌芽,但直到20世纪80年代,才有学者真正突破“句”的界限开始深入到对“篇”的研究。

1980年,荷兰学者范·迪克提出了话语的宏观结构(macrostructure)理论,认为在一个语篇中,除了连续的句子之间存在局部的、微观的关系之外,在整体和全局上有宏观结构决定着它的整体连贯和组织。并且制定了一系列从微观结构到宏观结构的转化规则。

1981年,Robert de Beaugrande 和 Wolfgang U. Dressler 在著作 *Introduction to Text Linguistics*(《语篇语言学概论》)中明确提出了 intertextuality(篇际性,有的学者译为互文性)这一概念,并将其作为语篇的七个标准之一进行较为深入和系统的探讨。

随着研究的深入,越来越多的学者开始意识到:语言是一个系统内由不同层级的单位所组成、系统外与其他要素相关联的符号体系。因此,对语言的研究不能只关注语言本身,还应结合很多外部因素去进行整体考察。系统功能语言学的创始人韩礼德认为,语言不完全是索绪尔所说的单一符号体系,而是一个多层次的系统,各层次之间存在着“实现”(realization)的关系。人们使用语言进行表达时,必须从深层的“意义潜势”(meaning potential)中做出相应的选择。韩礼德提出语言研究的最终目的是功能而不是形式,而且强调对语言的研究不能脱离语境。虽然系统功能语法打破了结构主义过于注重形式分析的藩篱,但主要还是通过语法各层面上的单位及其之间的关系来研究语篇。

同属悉尼学派的系统功能语言学家马丁在韩礼德等学者的基础上提出了评价维度、经验维度、联结维度、识别维度和篇章格律维度五个语篇分析的维度,并将语类(genre)作为语篇研究的重要内容,重视研究语篇与语境之间的关系,对一个语篇的形成过程中,位于底层的语言形式、语义、语域、体裁和社会文化语境之间的层次和实现关系进行了构拟。“他的研究从以句子为主的语篇走向了超越句子的大语篇,从语法意义走向了语篇语义,并建构了一系列的系统网络。”(王振华等 2010)大大推动了语篇研究的发展。

海外学者的研究为篇际关系的发展奠定了一定的理论基础。国内对语篇的研究大约始于20世纪80年代,进入21世纪以来发展迅速。如胡壮麟、张德禄、朱永生、李战子、徐赳赳、王振华等均致力于国外语篇语言学理论的引介和中国化,对系统功能语言学、评价理论、语篇结构和语篇意义等进行了长期而深入的研究。郑贵友《汉语篇章语言学》(2002)、姜望琦《语篇语言学研究》(2011)等也都探讨了语篇语义、篇章与语境、篇章的结构等问题。此外,以辛斌和祝克懿为代表的一批学者的研究是将互文性理论与具体的语篇分析相结合。辛斌探讨了互文性理论在语篇研究中的价值,确立了该理论在语篇分析中的地位(刘斐 2013)。祝克懿(2012,2013)则提出“互文性理论的再认识——互文语篇理论的中国化”这一具有创见的理论构想,提炼出互文语篇结构的三个认知维度(宏观认知维度、动态认知维度与多元认知维度)以及三大理论支柱(系统功能理论、函数关系理论与空间层级理论),有力地推动了互文性理论的中国化。但总体观之,目前国内的语篇研究多集中于单个语篇内部结构的分析、句际之间的衔接关系和语篇内部的连贯等，对篇际关系的研究尚处于起步阶段。

要真正了解一个语篇，应该从整体出发，把握语篇系统内外的关系，考察语篇间性，以及围绕在语篇周围影响或制约其生成的因素，构拟语篇的生成机制和过程。基于这种认识，我们借鉴法国著名结构主义叙事学家热拉尔·热奈特关于"跨文本性"区分的五种结构类型来解释篇际关系。

1982年，热奈特在其著作《隐迹稿本》(*Palimpsests: Literature in the Second Degree*)中提出了"跨文本性"(transtextuality)概念。所谓"跨文本性"，具体指一个文本与可论证存在于此文中的其他文本之间的关系，也就是一个文本在另一个文本中或显或隐的"再现"，包括互文性(intertextuality)①、副文本性(paratextuality)、元文本性(metatextuality)、承文本性(hypertextuality)和广义文本性(architextuality)五种。热奈特从跨文本关系的角度将互文类型进行了下位区分，十分巧妙地将克里斯蒂娃等人提出的"互文性"融入自己的理论构建中，贡献了一种具有较强实用性的文本研究方法和分析工具，开拓出篇际关系研究的新方向和新的发展空间。

在五种跨文本关系中，文本之间的"派生关系"(承文本性)是热奈特重点讨论的一种关系类型，但至今国内学界的研究仅在宏观理论层面有所提及，从语言学角度进行的研究成果更为少见。徐赳赳的《现代汉语篇章语言学》(2010)、王瑾的《互文性》(2005)、李玉平的《互文性：文学理论研究的新视野》(2014)等著作都对热奈特的承文性理论产生的背景、基本观点等进行了一定的介绍和总结，秦海鹰的《互文性理论的缘起与流变》(2005)、程锡麟的《互文性理论概述》(1996)、辛斌的《互文性：非稳定意义和稳定意义》(2006)、《语篇研究中的互文性分析》(2008)、祝克懿的《元语篇与文学评论语篇的互动关系研究》(2011)等论文也都结合汉语实例讨论了承文本性的概念和表现形式等，但是多数只是停留于对概念的介绍和分析，至于承文本的类型、关系、生成机制、生成制约因素等深层现象都还没有系统揭示。因此，从承文性出发，探讨以派生关系生成的承文本的各种类型和路径，探讨其背后的派生动机和制约因素，显然是研究篇际关系进而还原文本生成和理解过程的一个重要论题。

## 二、基于语篇语言学的篇际关系研究

在语篇语言学研究领域中，最早明确提出"篇际性"概念的当属Beaugrande和Dressler，他们在《语篇语言学概论》中提出七个构成语篇的要素，其中的第七个就是"篇际性"(intertextuality)，指"对当下语篇的生成和接受依赖于参与者(即主体，本文注)对其他语篇的认识"。(R. de Beaugrande&W. U. Dressler 1981：206)他们通过对某一语篇的复述实验分析，证明了语篇的表层表述(text-presented knowledge)和(语篇主体)世界知识储备(stored world-knowledge)之间存在互动关联。作者指出，"篇际性"是一种交际行为，"语篇性"的概念最终要依赖于对"篇际性"影响的探索。两位作者早在30多年前就已发现语篇不是孤立的，也不是语言研究的最大单位。当下语篇与其他语篇发生着千丝万缕的联系，一个语篇的表层语言形式受到该语篇作者的认知框架的制约和影响，并且这种制约和影响能够用科学实证的方法来证明。这就为语篇研究开辟了新的领域。

传统的观点认为，语篇是一个由"词、词组、句子、段落"等系列语法单位按递归方式线性组合而成的结构体，语篇的结构是依靠句际的衔接连贯来实现的。互文语篇理论则认为语篇的基本结构单位不应是句子，而是语篇中根据功能意义切分的板块。这些板块经由不同的关系组合成上一层级的板块，进而构成语

① 注释此处的互文性指热奈特五种跨文本关系中的一种，也称"狭义互文性"，非克里斯蒂娃所创的广义互文性。

篇。可见,互文语篇视角的研究不再局限于既有的语篇线性生成模式和解读过程,是文本横向组合、纵向聚合而成的立体的语篇结构关系。

基于以上认识,我们尝试构拟一个语篇世界的结构层次图。

图1展示了语篇世界的层级结构和内部关系。位于最底层的是最小的语篇结构单位——语篇单位。语篇单位是语篇中能进行整体处理的最小言语片段,可大可小,但必须是能够在交际中独立运用、结构完整的语义单位,通常是由语法的最大单位——小句和复句所体现的语篇成分。语篇单位通过转折、因果、并列等各种线性逻辑关系组合成语篇结构块(下文简称结构块),下层结构块可以通过各种关系组合成更大的上层结构块,最终达到顶层结构块。顶层结构块在形式上与语篇相当,与交际动因、语境等外部因素相结合,被赋予特定的交际功能之后就实现为一个语篇。语篇的语义内容是无穷的,但是语篇的结构是有限的。拉波夫(W. Labov)将一个完整的叙事语篇分成点题、指向、进展、评议、结果或结局和回应六个部分(黄国文 1988: 147—149),就是基于体裁的结构切分。

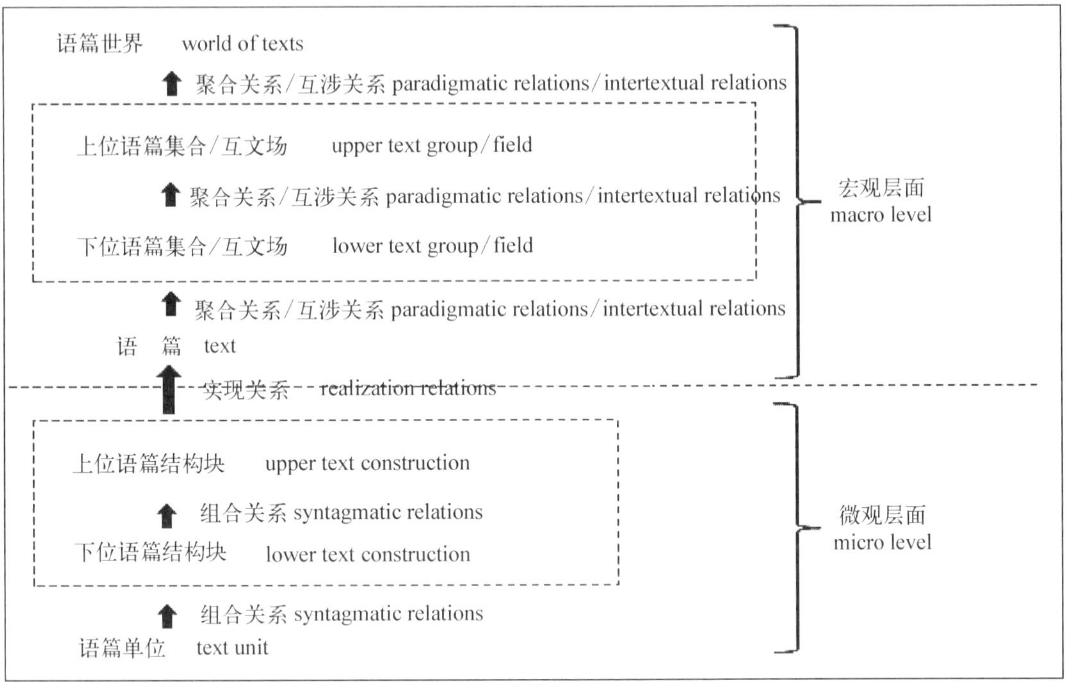


**图1 语篇世界结构层次图**

从语篇单位到顶层结构块是层层组合的关系,顶层结构块与外部因素相结合成语篇则是通过"实现"的关系。所以,从顶层结构块到语篇是从微观、静态到宏观、动态的质的跨越。可见,"语篇"是语篇世界中承上启下的一级,连接着宏观和微观两个领域。

一般的语篇分析到此即止,而互文语篇视角的分析将眼光投向了"语篇"之上更为广阔的宏观层面:在语篇世界的宏观层面,语篇之间通过各种"篇际"关系相连,它们或通过"互涉"构成互文场,或"聚合"成多层级的语篇集合。所谓"互文场",即指由篇际的互涉关系将前语篇和后续语篇连接而成的一个结构紧密的有机整体,如某著作与其书评之间由评论关系连接构成了互文场,与其仿作之间又由改写关系构成其他互文场。

在宏观层面，除了互文场之外，还有一些语篇由某一线索聚合在一起，彼此之间只是相互关联，并没有直接的作用和影响，这些语篇就构成了“语篇集合”。例如：

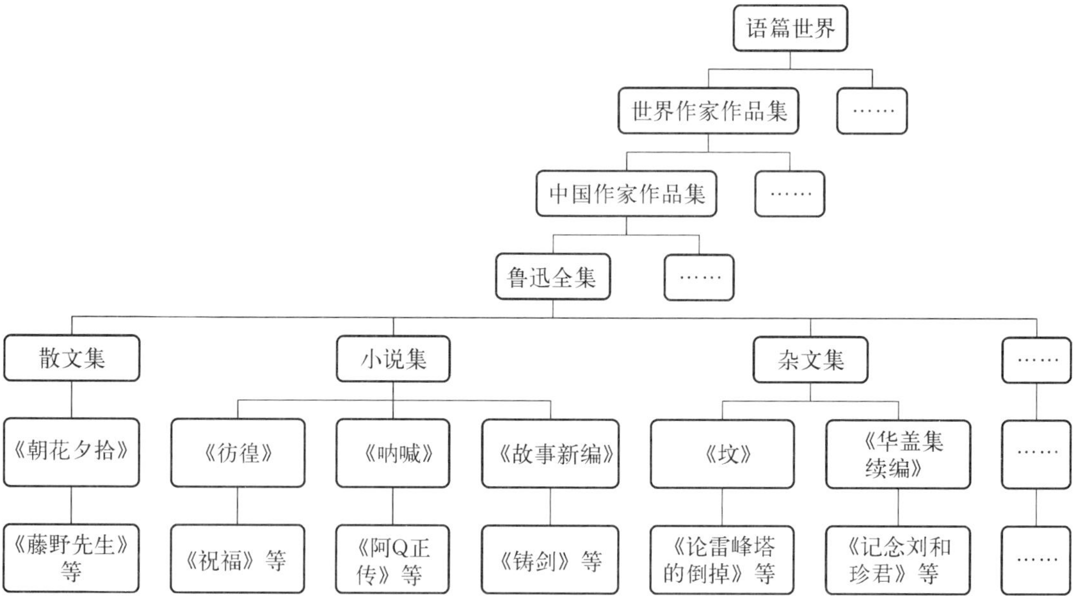


**图 2 语篇集合结构层次实例图**

可见，语篇可以按照语体、文体、主题内容、时间、空间、写作手法、作者等线索集合，与其他集合之间通过并列、互补、上下位等关系共同聚合成上一层级的语篇集合，成为语篇宏观层面上重要的组成部分。

简言之，语篇集合和互文场作为语篇宏观世界的基本组成单位，通过各种关系层层组合，最终集合成无边无际的语篇世界。因此，语篇世界实质上就是一个最大的互文空间。

在语篇世界中，“关系”是各个层级之间的纽带。我们看到，在微观世界的内部主要是“组合”的关系，在宏观世界中通过“聚合”“互涉”等关系来连接，从微观到宏观的突破则是通过“实现”关系来体现的。如果把语篇的世界比作整个宇宙，语篇就是宇宙中无数的星球，这些星球内部由原子乃至更小的成分组成，它们互相之间又结合成数不清的星系、星团，在宇宙基本力的相互作用下，始终处于看似复杂实则有序的运转之中，构成了宇宙的万千景象。语篇的世界亦是如此：任何语篇都是位于互文网络之中的一个结点，与其他结点（语篇）发生着联系，是众多互文作用力综合作用下达到动态平衡的结果。所以，任何语篇都是世界中的一个个体，与其他个体发生着系统的层级关系。

本文要探讨的承文性，就是语篇世界中众多篇际关系的一种。

## 三、承文性研究的理论核心

### 1. 承文性的概念意义

热奈特提出的“跨文本性”，是为了将文本之间联系和转换的几种关系明确化，并赋予互文性研究可操作性。起初是运用于诗学和修辞学领域，此后逐渐被语言学在内的其他学科所采用。热奈特在《隐迹稿本》(2001)中认为跨文本性是除了一篇文本的全部或部分在另一篇文本中的“切实再现”之外（狭义的互文性），还有一种“文本间故意地、自觉地被赋予的”关系。（辛斌 2006）热奈特把后者叫作超文性(hypertextuality)（萨莫瓦约 2003：20），即本文的研究对象承文性。

热奈特把承文性定义为“通过简单转换（simple transformation，后文简称转换，transformation）或间接转换（indirect transformation，后文简称模仿，imitation）把一篇文本从已有的文本中派生出来”的关系。（热奈特 2001：14）即“任何联结文本B（也称承文本、派生文本、当下文本等）与先前的另一文本A（也称蓝本、源文本等）的非评论性攀附关系，前者是在后者的基础上嫁接而成。……B绝不谈论A，但是没有A，B不可能呈现现在的生存模样，它诞生于一种活动过程的结尾，我把这种活动过程暂时称作‘改造’①，因此，B或多或少明显地呼唤着A文本，而不必谈论它或引用它。”（热奈特 2001：74—75）简言之，承文性就是指一篇文本通过“改造”而从先前某部依然存在的文本中被派生出来的关系，如原作与仿作之间的关系。从语篇语言学的角度来下一个定义，就是前语篇与后续语篇以改造为特征的互涉关系。热奈特还举例说明这一改造形式，《艾涅阿斯纪》和《尤利西斯》都是从《奥德赛》中派生而出的，二者都是《奥德赛》的承文本。

2. 承文性三要素

通过上文的分析发现，在对承文性的讨论中有三个永远绕不开的概念：被派生的文本（前文本）、派生出的文本（承文本）和派生关系。下面即以这三个概念引领展开论述。

（1）前文本与源文本

被派生的文本就是热奈特所说的“先前的文本A”，在之前的研究中也常被称为源文本。由于源文本多指当下文本生成过程中所依凭的文本，所指涉范围要大于“派生所依据的文本”，且为了突出此类文本是在“当下文本”被改造的“先前”就存在的，故本文将其称为前文本。

（2）承文、承文性与承文本

承文与承文性都来自同一个法语词hypertextualité，它们的本意是相同的，承文就是承文性的简称。但是该词被译介到中国之后，由于汉语中的后缀“-性”加在动词或名词之后用于表示事物的某种性质或性能，因此二者在表意上有了些微区分。人们常用承文性作为表达“语篇因改造而形成的互涉关系”这一现象的理论术语。而承文可以是“动词＋宾语”的动词性结构，意为“承续前文”，强调承文本形成的动态过程；还可以是一个名词性结构，意为“承续之文”，作为“语篇改造”的成品，表在语篇世界里经由转换或模仿等行为而来的言语结构体。

“承续之文”也就是“派生出的文本”，即“文本B”，本文统一将其称为承文本，也就是热奈特所说的“通过简单改造（今后简称改造）或间接改造（今后称作模仿）而从先前某部文本中诞生的派生文本”。（热奈特，2001：77）

下文中我们将用承文性表达“文本之间的派生现象”，用承文指代“文本的派生过程”，用承文本表示“派生所得的语篇”。需要说明的是，虽然派生所得的语篇和被派生的语篇实际上应被称作承语篇和前语篇，但考虑到使用习惯和接受度，本文还是采用承文本和前文本这两个术语。

承文本与前文本虽是不同的个体（或集合），但它们的联系非常紧密。承文本又被称为二级文本，是非独创性的，对前文本有着很强的依赖性。但承文本也绝不是对前文本的简单抄袭和引用，而是通过故意的、自觉的“改造”，引入创作者崭新的意图而形成的二级文本。也就是说，承文本与前文本之间存在着一定的距离。正是这种距离的存在，才能使两者之间拥有丰富的对话关系。鲁迅的历史小说《铸剑》是根据东晋干宝《搜神记》中的《三王墓》改写的，讲述的是铸剑高手干将之子为其父报仇之事。这样一个在中国古代很常见的以“复仇”为主题的故事，却被鲁迅进行了现代性的转换、改造。因为这篇小说是鲁迅在经历

① 即“转换”，不同译者采用的译名不同，本文采用史忠义的译名“改造”。

了“五卅运动”、“三・一八惨案”等事件之后，为表达对抗暴政应该“抽刃而起，以血偿血”的愤慨而作，这种精神体现在《铸剑》的字里行间。因此，前文本《三王墓》虽与承文本《铸剑》的主题内容相一致，但是《铸剑》却因作者的改写而被注入鲜明的立场态度，对前文本有所了解的读者在阅读时也会很容易感受到这种差异进而了解作者的意图。

当然，前文本和承文本都是相对的概念。我们所看到的也只能是“当下的”、暂时处于静态的“前文本”与“承文本”而已。而且承文本和前文本不一定是一一对应的关系，还有一对多、多对一和多对多的关系。这也是文本派生关系的丰富性和多元性之一。

(3) 派生关系与篇际关系

篇际关系指语篇和语篇之间的互涉关系，派生关系属于其中的一种；在“承文”过程中，“派生”是从前文本向承文本转化的方式路径，“篇际”则是派生行为所形成的结果状态。

语篇的衔接和连贯一直是构成语篇性的两个关键因素，尤其是连贯，“存在于语篇的底层，通过逻辑推理来达到语义连接，是语篇的无形网络。”(黄国文 1988：11)本文认为，不仅在语篇之内，语篇之间也存在着连贯。与篇内连贯一样，篇际连贯同样不是语篇之间简单的表层形式上的链接，而是使语篇发生互涉关系的语义关联，这就是产生篇际关系的深层因素。《话语研究论丛》第三辑所载《2016 年国内期刊发表的话语研究方面的 100 篇论文题目索引》中的 100 篇论文，就是一个以“话语研究”为同一主题的语篇集合。这一主题将相关语篇集合起来并使它们彼此形成连贯。此外，按照内容、结构、体裁等篇际关系都可以将语篇连贯起来形成集合。

为更清晰地说明问题，本文将前文本、“派生”互涉关系和承文本所组成的结构称为承文场。承文场是借鉴语义学中语义场的概念而来。语义场理论(The Theory of Semantic Fields)是德国学者特雷尔(J. Trier)提出的，指一个带有层次结构的系统，通过对不同词汇的对比分析，根据它们词义的共同特点或关系划分出来的类。意义相关的词构成一个词汇场，词汇场还可以进一步构成更大的词汇集合，最终构成某一语言的词汇总和。

借鉴词汇场理论，我们提炼出承文本的系统和词汇语义场的共性特征，设立承文场的概念。因二者都是相互联系、相互区别、相互制约和相互依存的系统，在基本理念上也是相通的。在语义场中，词汇之间因共同的语义而形成集合，而在承文场中，语篇之间通过“改造”手段而“派生”，因“派生”而发生“篇际”关系，因“篇际”关系而形成语义“连贯”。

综上，我们将承文性的三要素概括为：前文本、承文本和派生关系，承文过程的起点是前文本，终点是承文本，中间经由各种派生关系形成篇际连接，它们也是形成承文性的三种基本属性。

可见，承文本这个经由改造派生而来的文本，就是一个回响着“前人的声音”和“作者的声音”的场域。“前人的声音”体现了语篇的生成性和关联性，“作者的声音”则是根据交际目的、语境、创作者的意图、接受对象等来进行的，也与作者对文体、语体的改造意图有关。“一切莫不归结于对话”(巴赫金 1998：340)，这种对话关系使组成该语篇的各种成分充分融合，成为一个既有外部关联性又有内在独立性的和谐整体，为实现某一交际动因而协同工作。

## 四、结　语

本文在互文语篇理论的视角下，通过对篇际关系的考察，探究语篇世界的本质。互文语篇理论认为，语篇不应是语言研究的最大单位，语篇之间也存在着各种关联性。本文将热奈特五种“跨文本性”中的“承文性”引入语篇分析领域，通过分析其构成要素和派生关系，构建了承文场语篇集合，总结出文本演变的承文性特征，从而证明语篇世界是一个多层级的体系，语篇之间是通过各种篇际关系相关联的。一个语篇总是与“先前”的和“同期”的其他语篇之间存在着的对话关系，从而使语篇中的各种成分互相作用，为实现某一交际动因而形成一个和谐的整体。

希望本文的研究能为互文语篇理论的构建提供些微理论支撑，限于篇幅，关于承文性的相关问题未能深入展开，对语篇的具体分析也未能涉及。这些问题拟将另行撰文讨论。

## 参考文献


巴赫金(M. M. Bakhtin)著，白春仁等译.《巴赫金全集》第五卷.石家庄：河北教育出版社，1998

本维尼斯特(É. Benveniste)著，王东亮等译.《普通语言学问题》.北京：生活·读书·新知三联书店，2008

程锡麟.互文性理论概述.《外国文学研究》，1996(1)

萨莫瓦约(T.Samoyault)著，邵炜译.《互文性研究》.天津：天津人民出社，2003

黄国文.《语篇分析概要》.长沙：湖南教育出版社，1988

姜望琪.《语篇语言学研究》.北京：北京大学出版社，2011

李玉平.《互文性：文学理论研究的新视野》.北京：商务印书馆，2014

刘斐.三十余年来互文性理论在中国的传播与发展.《当代修辞学》，2013(5)

秦海鹰.互文性理论的缘起与流变.《外国文学评论》，2004(3)

热拉尔·热奈特(G. Genette)，史忠义译.《热奈特论文集》.天津：百花文艺出版社，2001

索绪尔(F. de Saussure)著，布凯(S. Bouquet)、恩格勒(R. Engler)整理，于秀英译.《普通语言学手稿》.南京：南京大学出版社，2011

王瑾.《互文性》.南宁：广西师范大学出版社，2005

王振华.语篇研究新视野——《语篇研究——跨越小句的意义》述介.《外语教学与研究(外国语文双月刊)》，2007(5)

王振华、张大群、张先刚.马丁对语篇语义的研究.《当代外语研究》，2010(10)

辛斌.互文性、非稳定意义和稳定意义.《南京师范大学学报(社会科学版)》，2006(3)

辛斌.语篇研究中的互文性.《外语与外语教学》，2008(1)

徐赳赳.《现代汉语篇章语言学》.北京：商务印书馆，2010

郑贵友.《汉语篇章语言学》.北京：外文出版社，2002

周小成.篇际的本质和类型.《解放军外国语学院学报》，2009(1)

祝克懿.互文：语篇研究的新论域.《当代修辞学》，2010(5)

祝克懿.元语篇与文学评论语篇的互动关系研究.《当代修辞学》，2011(3)

祝克懿.克里斯蒂娃与互文语篇理论.《中国社会科学报》，2012年10月24日。

祝克懿.互文性理论的多声构成：《武士》、张东荪、巴赫金与本维尼斯特、弗洛伊德.《当代修辞学》，2013(5)

祝克懿.文本解读方式探析.《当代修辞学》，2014(5)

R. de Beaugrande and W. U. Dressler 1981 *Introduction to Text Linguistics*. London: Longman

# 国家话语生态研究：新时代的语言学回应

## ——“第一届国家话语生态研究高峰论坛”述评

陶贞安[1]　裴洲司[1]　陈佳璇[2]

（1. 华东师范大学国家话语生态研究中心，上海 200062；
2. 韩山师范学院文学与新闻传播学院，广东 潮州 521041）

科学发展最深刻的推动力源于对社会发展的需要。那么，当今社会发展对语言学提出了什么要求？语言学又该如何回应？2017年10月，“第一届国家话语生态研究高峰论坛”对此展开了探讨。

“第一届国家话语生态高峰论坛”是上海市社会科学界第十五届学术年会十大学术专场之一，由上海市社会科学界联合会、上海市语文学会、华东师范大学学报（哲社版）编辑部、华东师范大学国家话语生态研究中心、中国修辞学会、《社会科学》报联合主办，华东师范大学国家话语生态研究中心主任、上海市语文学会会长、中国修辞学会执行会长胡范铸教授主持。

本次论坛可谓是语言学与政治学、传播学、社会学、国际关系学者之间第一次大规模的直接对话。上海外国语大学党委书记、教育部国际司原副司长姜锋，华东师范大学副校长、统计学一流学科建设负责人汪荣明，华东师范大学原副校长、上海俄罗斯东欧中亚学会会长范军，教育部语言文字应用所副所长魏晖，浙江政务新媒体研究院院长、浙江科技学院原党委书记王建华，浙江师范大学原党委副书记、浙江师范大学语言所所长张先亮，中国修辞学会会长、复旦大学教授陈光磊，澳大利亚中文教师协会前会长洪历建，《社会科学》杂志总编胡键，浙江传媒学院话语传播中心钱江学者特聘教授黄敏、华东师范大学国际问题所所长陆刚、华东师范大学对外汉语学院副院长叶军、南京师范大学外国语学院汪少华教授、《解放日报》理论部主编王多等一百多位海内外学者参加了本次论坛，围绕“话语生态与全球治理”和“话语生态与国家发展”进行了激烈的讨论。

### 一、共同体构建、社会生态改善：话语生态研究何以必要

目标决定问题，问题选择方法。胡范铸教授指出，所谓“国家话语生态研究”，固然与既有的修辞学、社会语言学、话语分析、生态语言学乃至批评语言学有关，却又并不相等，而是新时代语境下语言学研究对于目标、问题、方法的重新思考，是自觉“以话语分析为路径，向权力说真话，推进跨社群对话，推进跨文化理解，构建和谐话语生态，并进而为构建国家命运共同体、人类命运共同体做出贡献”的一种努力。

汪荣明教授认为，国家、话语、生态三者结合，不仅意味着学术转型，更意味着学者责任。十九大明确提出，要坚持推动构建人类命运共同体。命运共同体的构建不仅仅是一个政治

问题、经济问题，也是语言问题。当代语言运用研究的核心问题是话语，而话语研究的根本意义在于探索如何有效地改善社会话语生态。这不仅是语言学研究的重大任务，也是政治学、传播学、社会学、国际关系研究的重大任务。

无疑，这是极有价值，也极富挑战的研究。

## 二、危机管理、语言政策：跨社群对话何以推进

经过长期努力，中国特色社会主义进入了新时代。这个新时代，是全国各族人民团结奋斗、不断创造美好生活、逐步实现全体人民共同富裕的时代，是全体中华儿女勠力同心、奋力实现中华民族伟大复兴中国梦的时代，是我国日益走近世界舞台中央、不断为人类做出更大贡献的时代。在这一新时代，我国社会的主要矛盾已经转化为人民日益增长的美好生活需要和不平衡不充分的发展之间的矛盾。这里的不平衡，既包括经济、教育、医疗等方面的不平衡，也包括民主、法治等方面的不平衡。陈光磊教授强调：各地区、各社群之间的不平衡与隔阂更需要一个充分沟通的社会话语生态。

张先亮教授提出，话语权的一大问题是权力主体“失能”。在语言生态的构建中，话语权首当其冲。和谐的语言生态需要与之相适应的话语权生态。目前现状是政府机构权力主体失能，专家话语权也失效。如何改变这一失能、失效问题，值得高度关注。叶军教授指出，话语传播的社会功能不是为了制造撕裂，而是为了交流；不是为了引起冲突，而是为了合作。交际双方必须遵循某种规约，对话才能进行下去，需遵循某种规约，才能保证话语传播的有效性。由此，他进一步提出一系列规约原则。

胡范铸教授从一个具体案例——交警绊摔抱娃女的舆情管理入手，提出了一种全新的话语分析模型。他指出，舆情是观念的碰撞区，碰撞是社会认识分裂的表征，借助舆情处理，不但有效地消解舆情，还能弥合社会认识，乃至确立更清晰的法规规则，这应该是社会治理更高的目标。由此，他指出警方的处理从“构建国家话语生态”的角度看基本上还是属于“平息舆情”性质。随着社会治理目标的发展，舆情管理应该开始注意从“平息危机”到“化危为机”，即把每一次的危机都看作是构建社会共识的机会；进而提出“底线性”舆情这个概念，并分析“底线性”舆情应对的基本原则。最后，提出一种让人耳目一新的话语分析理论模型：“事件义素分析”。

政府机构在维护国家安全、维持社会秩序、管理公共事务等方面发挥了巨大的作用，但毋庸讳言也有不少问题。由此，就产生了政府官员是否需要向民众道歉和如何道歉的问题。华东师范大学传播学院甘莅豪副教授指出，陕西白水县组织部部长马银录“向农民道歉”事件所遇到的困境反映了政府官员道歉时的悖论，这一悖论提示官员道歉行为亟待制度化。道歉制度化有两种转化过程：从私人日常生活转到公共领域，从道德领域转向法律法规领域。道歉制度化在打破公私领域界限、道德法律界限过程中存在较多争议。然而，这些争议并没有阻止各国和各地区纷纷进行道歉制度化的实践行为。这些实践行为遵循了两种不同的路径：问责型道歉和免责型道歉。问责型道歉包括法律问责和行政问责。免责型道歉包括减轻处罚性免责和证据性免责。虽然这两种路径在全球呈现互补分布，可是从道歉时机和道歉效果来看，将这两种制度化路径进行整合，建立一个“统一的社会道歉制度”，才能切实保障道歉制度的合法、有效。

除了在政府机构与民众之间搭建沟通的桥梁、改善沟通方式、制定相应政策之外，在中国这个多民族的国家，一个合理的语言政策能让各民族更好融合、和谐共处。洪历建教授指出，语言政策是关系国家、民族发展的千年大计。在国际交往日益频繁、族群意识日益提高、种族冲突令人担忧的今天，是推行单语政策、单一文化，以此解决语言交流障碍和族群冲突问题，还是提倡多语意识、培养多语能力，

化解语言与文化导致的族群隔阂问题，不是一个简单的语言文化问题，而是关系到国家安全的问题。打造21世纪的中国，首先要从中国人该说什么话开始。中国人说中国话，不是简单的汉语。在推广普通话的同时，既应该鼓励少数民族学说普通话，也应该鼓励汉族青年人学说少数民族语言。如有大量的中国人拥有多语能力，能更好地融入各地区、各民族，那对国家安全至关重要。

## 三、“强国”不是 Power、“龙”也并非 dragon：跨文化理解何以可能

胡键研究员从全球治理与话语生态的关系提出，中国是一个崛起的大国，从大国历史来看，崛起的大国往往会陷入在国际舆论漩涡当中，也就是受制于不良的话语。中国国际话语弱小，一个非常重要的原因是中国缺乏话语的内容塑造能力和话语的议题设置能力。他认为，中国参与全球治理的同时，也必须参与国际话语的构建和治理。在国际话语治理中，要同时关注话语空间治理、话语技术治理以及内容机制的治理。此外，在话语治理中，还要区别国内话语生成机制与国际话语生成机制的不同特点，以便于合理区分内宣与外宣。

作为一个崛起中的大国，我们在跨文化交际和传播过程中，术语的理解和翻译，对形成中华文化形象具有极其重要的意义。从某种角度看，译名的处理就意味着话语权的构建。那么，现阶段一些关键词语的翻译是否能传达其真正内涵与真实面貌呢？姜锋博士指出，国际话语体系非常重要，而一些关键词语的翻译尤其值得关注。例如，我们这个新兴大国将来要建成一个伟大的强国，则“强国”该如何翻译？目前译为“power”是否合适？在习主席的语言框架中，人类命运共同体所要面对的不是国与国之间的矛盾，而是全人类的共同矛盾。在此前提下，“power”所暗含的“强权政治”似乎与我们追求共享共赢的未来不相符合。由此而论，话语传播存在很大的挑战，但也有巨大的施展空间。

华东师大传播学院黄佶副教授提出，“龙”是中国的象征，“dragon”一词依据对西方政治广告的分析，在欧美国家绝大多数都是邪恶的象征。因此，把“龙”译为“dragon”不利于中国在国际社会塑造良好的国家形象。在比较了“dragon”、“loong”等词的利弊之后，黄佶提出采用“loong”一词作为“龙”的英文翻译。积极音译中国文化负载词，是塑造良好的中国国家形象重要的具体措施，也是中国人文化自信的具体体现。

在过去的十几年间，孔子学院蓬勃发展，在跨文化交际中发挥了重大的作用。华东师范大学晨晖学者张虹倩从孔子学院发展与全球治理的角度提出了建言。“孔子学院的任务一是传播汉语，二是传播中国文化。”这是孔子学院迄今为止的基本定位，也可说是中国国内“汉语国际教育”界的基本认识。在孔子学院设立之初，这一定位对于纠正只注意语言教学的传统具有一定的积极意义；但是随着孔子学院和汉语国际教育的发展，尤其是随着世界格局的变化，继续坚持这样的定位，不但将制约孔子学院和汉语国际教育本身的继续成长，更可能影响国家整体战略的有效实施。孔子学院要走出困境，就必须重新认识自己的定位，确定汉语国际教育的目标在于“推进人类命运共同体建设”，从而在国际政治大背景和负责任大国条件下，从“全球治理”的根本任务出发获得持久的发展动力。

本次论坛是国家话语生态问题的第一次面对面的学术交流和思维碰撞。正如华东师范大学范军教授指出的，“话语就是实践”，中国话语体系中的开放、包容、自由、民主等，不但需要我们去认识、去解释，更要变成我们自己的思想、价值观和行动指南，才能在世界上拥有真正的话语权。

话语生态研究既需要学科发现，更需要社会担当；既需要批评性分析，更需要建设性思想。也许这就是“第一届国家话语生研究高峰论坛”的启示。

# "命运共同体、全球治理、话语生态"的研究何以展开

## ——中国修辞学会2017年学术年会暨第七届国家和机构形象修辞学研讨会综述

东文娟

（华东师范大学对外汉语学院，上海 200062）

"命运共同体"的建设离不开全球治理，全球治理离不开话语生态的构建，基于"命运共同体、全球治理、话语生态"的研究何以展开？2017年10月21日至22日，由中国修辞学会、上海市语文学会、华东师范大学国家话语生态研究中心、《当代修辞学》杂志联合主办的"中国修辞学会2017年学术年会暨第七届国家和机构形象修辞学研讨会"对此做出了积极的回应。

本次大会是本世纪中国修辞学界的一次盛会。

大会以"命运共同体、全球治理、话语生态"为主旨，中国修辞学会会长、《当代修辞学》前主编、复旦大学教授陈光磊；中国修辞学会顾问、《当代修辞学》前主编、复旦大学教授宗廷虎；《华东师范大学学报》前主编、《当代修辞学》编委会主任、华东师大教授胡范铸；中国修辞学会副会长、香港岭南大学教授田小琳；中国修辞学会副会长、浙江科技学院教授、前校党委书记、浙江政务新媒体研究院院长王建华；副会长、浙江师范大学教授、前校党委副书记张先亮；中国修辞学会副会长、《当代修辞学》前主编、复旦大学教授刘大为；中国修辞学会副会长、《当代修辞学》主编、复旦大学教授祝克懿；中国修辞学会副会长、暨南大学华文学院副院长曾毅平；教育部长江学者特聘教授、南京大学沈阳；钱江学者特聘教授、浙江传媒学院黄敏以及来自大陆、香港、澳门、澳大利亚、韩国等境内外的一百多位专家学者参加了本次年会。中国修辞学会会长陈光磊教授主持了开幕式，中国修辞学会副会长、上海市语文学会会长、华东师范大学国家话语生态研究中心主任胡范铸教授为开幕式致辞。

本次大会也是修辞学与多学科著名学者一次大规模直接对话的盛会。

会议期间特设了多学科视野的"第一届国家话语生态研究高峰论坛"。莅临论坛的有教育部国际司原副司长，上海外国语大学党委书记姜锋博士，华东师范大学副校长，统计学专家汪荣明教授，华东师范大学前副校长、上海俄罗斯东欧中亚学会会长范军教授，教育部语用所副所长魏晖研究员，《社会科学》总编胡键研究员，《解放日报》理论部主任王多，澳大利亚中文教师协会前会长洪历建教授，华东师范大学对外汉语学院院长吴勇毅教授，国家人社部职业汉语能力考试中心主任张鼎政博士，《秘书》主编赵毅教授以及来自《社会科学报》《中国社会科学报》、上海市社联等各方面的专家。

本次大会的议题充分显示了中国修辞学界研究范式的不断创新和不拘一格。

年会大会学术报告为：复旦大学刘大为教授《语言变化的两条途径：修辞化与语法

化》;香港岭南大学田小琳教授《港式中文文体的修辞特点》;浙江科技学院王建华教授《语用学分析:政务新媒体研究的一种路径》;南京大学沈阳教授《"三个和尚"和"三个皮匠"——形同义异熟语的修辞作用》;复旦大学祝克懿教授《"复旦百年修辞"确为一个真实的命题》;暨南大学曾毅平教授《汉语国际化中的公共关系修辞》;曲阜师范大学鞠玉梅教授《学术论文摘要的修辞劝说机制——基于中外语言学与应用语言学论文的比较研究》;上海大学邓志勇教授《西方修辞学与当代哲学的交融及其启示》;江汉大学潘世松教授《语言生态伦理的自律价值》。

"第一届国家话语生态研究高峰论坛"上的报告为:《社会科学》总编胡键《话语生态的变迁与全球治理的变革》;华东师范大学传播学院黄佶副教授《跨文化翻译需要树立六个新观念》;澳大利亚中文教师协会前会长洪历建《国家安全与国家语言政策》;华东师范大学国际问题所所长陆钢《反恐维稳语义解读与国际政治联想》;教育部语用所副所长魏晖《语言文化交流及其作用》;浙江师范大学张先亮教授《语言生态视域下的话语权问题》;华东师范大学晨晖学者张虹倩《全球治理视阈下的汉语国际教育和孔子学院建设:问题、因由、对策》;华东师范大学国家话语生态研究中心胡范铸教授《"底线性"舆情应对中的"事件义素分析"——兼论话语研究与话语生态研究若干问题》;华东师范大学传播学院甘莅豪副教授《道歉制度化的类型、争议与权威》;浙江传媒学院黄敏教授《记忆重塑与认同建构:台湾〈自由时报〉(2006—2016)有关抗日史报道的话语分析》;华东师范大学对外汉语学院叶军教授《热点事件微博微信传播的话语生态——兼议议事的语言规约》;南京师大外国语学院汪少华教授《论中国政治话语体系的认知建构》;华东师范大学政治学系叶淑兰副教授《中国特色外交话语话语权生成机制研究》;国家人社部职业汉语能力考试中心主任张鼎政《职业汉语能力在国家话语生态中的作用》。

年会设立的专题工作坊共分五个分会场:"话语与标记工作坊"由浙江外国语学院周明强教授主持;"语体与语境工作坊"由大连理工大学外国语学院陈海庆教授主持;"语用与社会工作坊"由同济大学英语系副主任黄立鹤主持;"修辞方式与批评工作坊"由烟台大学田英华副教授主持;"国家与机构话语研究"由上海师范大学对外汉语学院秦惠兰副教授主持。

本次大会的参与群体更显示出中国修辞学后继有人。

来自北京大学、复旦大学、南京大学、南开大学、浙江大学、厦门大学、中山大学、华东师范大学、大连理工大学等著名高校的一大批青年学者脱颖而出。会议还专门评选了"中国修辞学会 2017 年会青年学者论文奖",有 21 位青年学者荣获此荣誉。

会议期间还举行了中国修辞学会理事会会议,中国修辞学会会长陈光磊教授主持了理事会。会议向大力支持中国修辞学会年刊《中国修辞》2014 卷、2015 卷、2016 卷出版的福建泉州师范学院、湖南湘南学院、浙江师范大学表示感谢!并决定继续出版《中国修辞》2017 卷。会议还讨论并通过以下事项:批准在辽东学院成立中国修辞学会学术资料中心;华东师范大学胡范铸教授担任中国修辞学会执行会长;增补香港岭南大学中国语文教学与测试中心高级语言导师李斐为学会理事;中国修辞学会 2018 年年会在杭州举行。

这次大会既是中国修辞学学术队伍的大规模集结,更是中国修辞学研究空间的拓展,必将在中国当代修辞学史上留下浓重一笔。

# "当代修辞学的多元阐释"国际研讨会暨第八届望道修辞学论坛述评

储丹丹　王　心

（复旦大学中文系，上海 200433）

2017 年 11 月 18、19 日，由复旦大学中文系和《当代修辞学》编辑部主办的"当代修辞学的多元阐释"国际研讨会暨第八届望道修辞学论坛在复旦大学召开。会议开幕式由复旦大学中文系祝克懿教授主持。复旦大学中文系系主任陈引驰教授、复旦大学出版社王卫东总编辑致开幕辞。本次会议以高端论坛模式，邀请了海内外语言学及相关学科的著名学者作专题报告。

出席本次会议并作大会报告的学者包括：陆俭明（北京大学）、蒋严（英国伦敦大学）、刘大为（复旦大学）、杨乃乔（复旦大学）、谭学纯（福建师范大学）、祝克懿（复旦大学）、胡范铸（华东师范大学）、辛斌（南京师范大学）、田海龙（天津外国语大学）、王文斌（北京外国语大学）、霍四通（复旦大学）、曾毅平（暨南大学）、毛履鸣（美国迈阿密大学）、王振华（上海交通大学）、蒋勇（复旦大学）、徐赳赳（中国社会科学院）、张德禄（同济大学）、顾曰国（中国社会科学院）、陈光磊（复旦大学）、宗廷虎（复旦大学）。这些学者研究领域虽各有不同，但在各自的领域都有着重要的学术影响和突出的学术贡献。通过本次会议的"集结号"，学者们汇聚一堂，从不同的语言学科背景出发，对当代修辞学所关注的前沿问题表述了精深的见解，对许多新的、富于启迪的修辞现象进行了多元的理论阐释。会议包括一个主旨报告、六组专题报告和一个纪念专题；内容涉及语言哲学、语篇研究、语体分析、语义分析、信息结构、话语分析、符号分析、多模态研究、修辞学史、比较修辞学等多个领域的前沿论题。学者们报告的宏富内容以及互动环节的精彩点评仅撷取一二，呈现如下：

陆俭明首先作了"再说语言信息结构理论——兼评'信息包装'"的主旨报告。报告从四个方面阐释了进行"语言信息结构"研究的必要性：第一，是语法研究与教学的实际需要；第二，是传递信息的需要；第三，是对语言进行再认识的结果；第四，可以为汉语语法研究提供新的视角。最后，陆俭明还讨论了句子信息结构理论提出的"信息包装"概念，认为信息结构本身包含句子信息结构和篇章信息结构，"信息包装"的提法容易造成误解。

第一组专题报告的中心议题为语义研究与语体研究。

蒋严的报告"语义待定性及其分析手段：修辞和语法中的语义本体问题探索"围绕是否可以从句子层面得出语义真值这一问题讨论了语义待定性问题。"语义待定性"是指一些语义结构从句子本身无法确定其意义的现象。语义待定性的存在揭示了真值语义学赖以立论的语义真值并非是绝对的。"广义的语义待定性"指语言的内容有待确定，"狭义的语义待定性"不是一种句法的省略，而是一种语义上的缺省。缺失的语义是一种参照项，从语言事实的角度，可以根据参照项把本来不存在的内容通过语法手段做出补充，从而把这个语言哲学角度的讨论还原成一种语法修辞角度的讨论。顾曰国在互动环节中提出，待定性的问题是站在第三方的角度观察讨论的，对于交际双方而言则不存在语义的缺失。蒋严认为待定性问题讨论的主要焦点是：就句子意义本身来说，它是不完整的，虽然我们知道怎样去补充。

刘大为的“作为语体变量的情景现场与现场描述语篇中的视点引导结构”从语体变量的理论设想出发，讨论了现场描述语体的两个显著特征，并认为这两个特征正是作为语体变量的情景现场所要求的言语交互性和当下感知性所造成的。报告借鉴了认知语言学的视点理论，对视点引导结构进行了详尽的分析，对后一特征“依靠指示引入描述对象的机制”则在指示与指称对比的基础上展开了讨论。

第二组专题报告的中心议题为“语言哲学研究、语篇研究”。

杨乃乔作了“思、言、字与形而上学的等级序列——论语音中心主义与德里达解构策略的语言学意义”报告，分别从拉丁文和希腊文的词源来追溯逻各斯与理性、思、言之间的渊源关系，在此基础上讨论了西方拼音文字的等级序列。并进一步指出：“言”使意义或思在场，书写则使声音或“言”在场。在西方拼音文字中，文字是声音的记录。而在汉语中汉字是书写，使意义或思在场。汉字介入思维，而拼音文字不介入思维，文字与意义中间还隔着一个声音。在讨论环节中，王文斌提到德里达在《论文字学》中说到“语言保持差异，差异保持语言”，到底是指文字和语言的差异还是别的差异？杨乃乔举例作答：德里达特意改变法语中的“差异”一词“différence”中的第二个“e”，生造出一个与“différence”完全同音的单词“différance”来表示“延异”，通过书面改写的操作使书写脱离了语音和意义的控制，这样文字就从西方拼音文字的等级序列中解放了出来。

谭学纯在“学术文本读写转换之二：碎片信息管理及再叙述”中提出，以作者身份操作的学术叙述，其实是同一研究主体以读者身份在文献互文性场域读取某一类有关联度的学术信息碎片，是据此完成读写转换的再叙述。读写转换过程中研究主体对学术信息碎片的不同管理，决定了再叙述的不同层次。在讨论环节中，刘大为提出“碎片化信息如何定义”的问题，认为如果没有特定目标，信息就是信息本身，没有碎片化和不碎片化之分。谭学纯则认为，研究主体获取到的信息之所以称为“碎片化”的，因其必须重新进入一种大结构，重建一种意义秩序。

祝克懿作了“语录体语篇生成的互文路径”的报告，以典型的语录体语篇“诸子语录”“禅宗语录”“宋儒语录”“毛主席语录”为考察对象，梳理了语录体的文体流变过程。报告认为关于语录体的研究比较普遍的是将语录体默认为语篇，而讨论问题的前提是模糊的，关于“语录体语篇”内涵意义的规定性也是不清晰的。报告明确了语录体语篇的界定问题，以此为基础，从文体互文、语体互文、语篇互文的角度分析了古今语录体语篇生成的外部条件和内在理据性。辛斌认为汉语语录在翻译时可对译为三个词：一是 Quotations；一是 Ana；一是 Recorded Utterance。这里讨论的语录当属第三种。祝克懿认为“记录”“摘录”为古今语录体语篇生成最为重要的两种互文路径。

第三组报告的中心议题为“批评话语分析”。

胡范铸作了“‘底线性舆情’应对中的‘事件义素分析’：兼论国家话语生态研究的意涵”的报告，围绕“舆情管理，如何从化解危机到化危为机”展开讨论，报告认为，平息舆情，化解危机只是处理舆情的第一步，更高目标应是将每一次危机都看作构建社会共识的机会。在讨论环节中，顾曰国认为社会除了“断裂”之外，还有“社会有序性和稳定性”，“断裂”应是基于后者的。胡范铸认为有断裂的前提是常态。研究者应将关注点放在具有影响力的事件上，通过事件不断构建新的常态。

辛斌作了"南海仲裁案'裁决'书的批评性互文分析"的报告，从互文性和再语境化的角度分析南海仲裁案"裁决"书在援引《联合国海洋法公约》以及中菲政府文件上的一些谬误，并从再表征(re-represent)、言语表征的角度着重分析"裁决"书是如何通过删除、置换和添加等转换方式来再语境化他人话语的。报告认为根据"再语境化"理论，把特定词语、观点或者事实再语境化涉及语义随不同语境的改变，因语境变了解读同一话语的方式和依赖的互文本也会发生变化。

田海龙作了"修辞学与批评话语分析的超学科对话"的报告，就"超学科"概念，围绕批评话语分析和修辞学之间超学科的关系展开讨论。报告认为，新修辞学有关修辞与认识的论述在理论上对于批评话语分析具有启发性。在讨论环节，祝克懿提出，报告中"跨学科""超学科"术语并举，二者是翻译出现的差异还是不同的概念？前者已为学界普遍接受，启用后者的区别意义为何？陆俭明则从其不同的功能作用予以区分："跨学科"是要去吸收别的学科的思想，"超学科"则是要把两个学科的东西加以融合，创造出一种新的思想。

第四组的报告围绕"汉语本体研究和应用研究"中心议题展开。

王文斌的"从独语句的存在看汉语的空间性特质"从英汉造词和文字编码上的差异切入，指出英语偏重动词，汉语偏重名词。偏重动词的实质是偏重时间，偏重名词的实质是偏重空间，并进一步说明操汉语的人和操英语的人思维模式有所不同。在此基础上，他详细考察了独语句的句首、句中和句末位置，并明确指出独语句不是省略的结果，而是汉语空间性特征的一种句法表达。在讨论环节中，毛履鸣指出英语中也存在类似汉语的独语句现象。

霍四通作了"一本修辞著作的中国传奇——中国现代修辞学史研究的新发现"的报告，以"中国现代修辞学到底从何开端"为论题切入点，用翔实的历史材料证明了中国现代修辞学史的起点不是1905年问世的汤振常的《修词学教科书》和龙伯纯的《文字发凡·修辞卷》，而是日本泽田诚武1904年在《北洋学报》发表的《演说美辞法》。在讨论环节中，毛履鸣、顾曰国指出，当时的翻译有的是直译，有的有创新，即翻译的再语境化。译者会随手添加和补充自己的理解来丰富译作。

曾毅平的"论领域变体性质的职场汉语教学"中提出"职场汉语"概念。他认为，职场汉语本质上是通用汉语的职业领域变体，其教学以修辞学题旨情境论、语体论、领域语言论为基础理论，属涉华职业教育范畴。教学目的是服务于雇主职场汉语交际需要，教学内容以实用为原则，教学模式具有"短平快"的特点。在讨论环节，学者们就职场汉语如何具体操作以及如何结合新媒体如手机APP客户端让职场汉语需求者更好地学习和习得汉语等问题展开了讨论。

第五组报告的中心议题为"比较修辞研究、语篇语义研究"。

毛履鸣的"比较修辞研究和跨语言主义之间的对话"重新定义了"跨语言主义"和"差异"概念。"跨语言主义"是美国修辞学新兴的理论，主张话语行为的动态性以及用语言表达话语行为二者之间所潜在的矛盾和差异。跨语言主义代表着对言语关系的新认知，这种言语关系强调对差异的开放和对语言产生动态过程中结语的语言化、语境化、再语境化创造。在讨论环节，王文斌引用德里达的经典论断说明语言之间的相似性和差异性都是本质性的，他提出语言对比往往有第三方的基础。毛履鸣认为传统比较有第三方，这个第三方是可以用A和B比较创造出来的。事实上在比较时可以通过语言的功能作为对比点，这样就不一定要考虑第三方。

王振华的"基于语篇格律系统的判决书纹理分析"首先给"语篇"下了定义：语篇是文本或者话语生产者通过文本话语这种产品以及消费者的互动来实现的社会目的的表意体系。

判决书作为一种法律语篇，是一种由竞争、冲突、顺应、合作和同化形成的社会过程。判决书的物理实现过程涉及案件的审理、控诉双方的立场、态度、建议、证据证言、适用的法律、判决的结果等。在讨论环节，胡范铸认为，判决书语篇作为一种回应性语篇，是一种半独立的语篇或半语篇，区别于独立语篇，如日记。

蒋勇和王志军的“等级含义论对任指词浮现极性特征的解释力”基于英语、汉语的语言事实和关联论、博弈论，评述等级含义论对任指词浮现极性特征的解释力并做出修正，指出任指词的浮现极性特征主要是由它本身的任选义和梯级蕴含义决定的。在讨论环节，陆俭明和蒋严就任指词的汉语用例、任指词解释理论的适切性等问题进行了讨论。

第六组报告的中心议题为“修辞与语用研究”。

徐赳赳的“新媒体研究——以QQ为例”系统考察了作为新媒体的QQ聊天篇章的特征。报告从词法、句法和篇章不同层次分析聊天话语的形式特征和语义特征，并探究了造成网络聊天话语特点的修辞动因和新媒体篇章的语言特征。在讨论环节，陆俭明提到网络语言的时间性是研究新媒体语言的重要参考要素，网络语言发生的时间和其时社会情形对网络语言的使用有影响。

张德禄的报告“论辩、评价与思辨能力培养”认为论辩是发展思辨能力的核心。报告重点剖析了如何在外语专业教学过程中培养学生的思辨能力并归纳了论辩式思辨能力培养的教学模式，确定实景实践、理论概念、辩论讨论、应用创新是外语教学体裁结构潜势的必要成分。

顾曰国作压轴报告“断言、知心与修辞立其诚”，围绕“修辞即做人”，“修辞要存诚”修辞主题论述了“断言”与“诚”的关系。报告指出“断言”就是断言的人跟其言捆绑，“断言行为”就是把自己作为负责任的断言人跟命题捆绑在一起。一旦把这个命题说给别人，断言人就要承担道义责任，即“诚”的问题。“诚”分天之诚、社会之诚和人格之诚。人格之诚分为两种：一种是对自己诚，一种是对他人诚。社会之诚与人格之诚可能存在一定的扭曲关系。修辞立其诚，是一种理想人格之诚，是一种人生目标。在讨论环节，学者们提到《易经》中的“修辞立其诚”与现在的修辞立其诚中“诚”的内涵外延问题，顾曰国认为，“修辞”就是做人，做一个在社会过程中不断修正自己的人。

会议闭幕式上特设纪念专题，纪念陈望道先生逝世四十周年。陈光磊教授、宗廷虎教授分别致辞，深情缅怀了陈望道先生。陈光磊的“陈望道先生的学术精神与中国修辞学的发展取向”提出，修辞学研究要关注时代要求，认知文化责任；联结相关学科，多元研究修辞；融通古今中外，致力学术创新。宗廷虎的“陈望道先生不断创新的精神：中国修辞学的瑰宝”提出，修辞学对象、修辞思想、修辞研究方法的不断拓展与创新是保持修辞学永葆青春的源泉，也是中国现代修辞学一个多世纪以来修辞研究和实践的瑰宝。确实，本次会议也是以其活跃的学术思想、创新的学术精神在向学科传统致敬！在向陈望道先生致敬！

本次会议恰逢复旦大学中文学科建立一百年庆典。作为“复旦百年讲坛”系列庆典活动之一，学者们以多元的研究范式从不同的维度共同探讨了当代修辞学的创新理论模式和发展路径，富于前瞻性的理论阐释和精彩纷呈的点评为推动当代修辞学理论方法的“众声喧哗”又迈出了坚实而有力的一步。

# 元文性：语篇的意义生成

殷祯岑

（复旦大学，上海 200433）

**中文摘要** 在互文语篇理论的视野中，语篇的整体性来源于语篇意义在文本单元的交织、互动中的转换生成。然而，互文性语篇理论虽然尤为关注整体意义的异质来源，至今却未能提出异质文本在语篇空间中交织、互动生成统一整体的过程和机制。这一由混乱向有序，由异质向统一的意义整合过程不仅是互文语篇理论安身立命的理论依据，也是语言研究，尤其是语言意义问题研究的核心问题，至今没有得到妥善解决。论文尝试借鉴耗散结构理论，将互文语篇理论发展成为对一切语篇的意义生成和意义样态具有切实可操作性的分析方法，以解释语篇意义的生成和理解问题。

耗散结构理论（dissipative structure theory）于1969年由比利时物理学家、诺贝尔奖获得者普利高津（Llya Prigogine）提出，研究在一定条件下，系统内部自发地从无到有生成有序结构的现象。耗散结构理论认为，在开放系统中，若粒子间的能量差巨大，能量就以粒子宏观运动的方式，固定地从高能粒子向低能粒子传递，引发能量对流。与对流能量相契合的随机涨落可从中获得能量，吸引周围粒子与它发生一致运动，成为巨涨落。巨涨落不断吸引其他粒子扩大自身，最终生成自组织耗散结构。若系统中同时出现多个巨涨落，能量增长最快的那个会成为新结构的核心，其他涨落要么融入新结构，要么迅速衰亡。此外，系统的边界条件也影响耗散结构的生成，只有符合边界条件要求的巨涨落才能生存。

我们将语篇空间中的异质文本单元整合生成整体意义的过程视为耗散结构在系统中自组织生成的过程，并将其分析为意义核心的生成、意义结构的生成、意义结构的整合、边界条件的制约四个阶段。贯穿这四个阶段的意义整合机制，则有自组织生成机制和控制生成机制两种。自组织机制是指，语篇空间内，局部文本单元之间以各种方式产生意义能量差，形成能量对流，生成意义巨涨落从而生成新的意义结构，实现语篇意义的整体性；控制机制并不是与自组织机制对立的另一机制，而是指语篇意义的生成往往不是纯粹的文本单元自组织互动的结果，而且渗入了更多地主体控制的因素。主体对意义生成过程的干预和控制表现在对文本单元的表征、排列、加工、连缀、明示意义核心等几个方面的内容。上述两种机制不存在本质区别，只有程度上的差异。

在互文语篇理论和耗散结构理论的双重视域下，本文提出语篇的元文性论题。元文性指语篇整体意义在异质文本单元的交织、互动中整合生成的属性。本文由此推演出元文主体、元文过程、元文机制、元文手段、元文现象诸核心概念，尝试构建语篇元文性分析的理论框架。

出明显的优越性。我们以篇际语境分析和科学争论为例探讨了科学修辞解释中的语境分析,并进一步展开论述了科学修辞解释的语境特征。最后,我们通过对修辞解释模式的历史分析,说明了科学修辞解释中语境结构和预设的重要性,并对科学修辞解释的整体过程展开解析。分辨了传统科学解释和科学修辞解释的区别,特别关注了科学修辞表征与解释过程中的逻辑基础问题及其表征逻辑特征。

最后,根据控制要素和科学修辞评价机制问题、科学修辞解释的判定逻辑特征等,进一步研究了科学修辞评价与其判定机制。

总之,我们根据对科学修辞学研究方向的把握,从中梳理出具有完整科学解释意义的科学修辞解释概念,并通过对其解释内涵的理解、发展趋向的把握及其融合研究趋向特征的分析,希望能够揭示当前科学修辞解释在语境融合视野下的崭新生命力,并期望给出一种相对完善的科学修辞解释模式。这一方面为科学研究中的修辞学思维方式确立更加坚实的学科基础,给出了科学修辞学一种新的研究向度,另一方面也论证了科学修辞解释在当今科学哲学和科学解释研究中的学术价值。

**关键词** 科学修辞 语境 语境分析 修辞分析

**图书在版编目(CIP)数据**

中国修辞 2017/胡范铸，甘莅豪主编.
—上海：学林出版社，2018.9
ISBN 978－7－5486－1422－7

Ⅰ.①中… Ⅱ.①胡… ②甘… Ⅲ.①修辞学－文集
Ⅳ.①H05－53

中国版本图书馆 CIP 数据核字(2018)第 162430 号

**责任编辑** 李晓梅
**特约编辑** 李保俊
**封面设计** 周剑峰

**中国修辞 2017**
中国修辞学会　主办
胡范铸　甘莅豪　主编

**出　　版** 学林出版社
（200235　上海钦州南路 81 号）
**发　　行** 上海人民出版社发行中心
（200001　上海福建中路 193 号）
**印　　刷** 上海师范大学印刷厂
**开　　本** 787×1092　1/16
**印　　张** 8.75
**字　　数** 21 万
**版　　次** 2018 年 9 月第 1 版
**印　　次** 2018 年 9 月第 1 次印刷
ISBN 978－7－5486－1422－7/H・111
**定　　价** 38.00 元